»Du hast Worte des ewigen Lebens«

Dokumentation
Nr. 57 (2013)

Im Auftrag des Lutherischen Weltbundes

LUTHERISCHER
WELTBUND

»Du hast Worte des ewigen Lebens«

Transformative Auslegungen des Johannesevangeliums aus lutherischer Sicht

Herausgegeben von Kenneth Mtata

EVANGELISCHE VERLAGSANSTALT
Leipzig

Bibliografische Information der Deutschen Nationalbibliothek
Die Deutsche Nationalbibliothek verzeichnet diese Publikation in der
Deutschen Nationalbibliografie; detaillierte bibliografische Daten sind
im Internet über http://dnb.dnb.de abrufbar.

© 2013 by Evangelische Verlagsanstalt GmbH · Leipzig
Printed in Germany · H 7645

Das Buch wurde auf FSC-zertifiziertem Papier gedruckt.

Coverentwurf: Kai-Michael Gustmann, Leipzig
Coverbild: © Peter Williams/WCC
Satz: Stephane Gallay, Genf
Druck und Binden: Druckhaus Köthen GmbH & Co. KG

ISBN 978-3-374-03606-6
www.eva-leipzig.de

INHALT

VORWORT

Martin Junge

Wo die Heilige Schrift gelesen und verkündet wird, weckt dies den Glauben der Glaubensgemeinschaften und stärkt sie in ihrer Praxis in der Welt. Heilige Texte zu lesen hat sehr viel zu tun mit der Fähigkeit, auch die Welt „lesen" zu können, und umgekehrt. Je mehr Glaubensgemeinschaften ihre Auslegungskompetenz, bezogen auf die Heilige Schrift wie auf ihre Umwelt, vertiefen, umso mehr gewinnt ihr Handeln an Frische und fördert Leben. Anders gesagt trägt die biblische Auslegung dazu bei, das christliche Engagement für den gesellschaftlichen Wandel zu untermauern.

Im Jahr 2011 initiierte der Lutherische Weltbund (LWB) ein Programm zum Thema Hermeneutik, das sich zum Ziel gesetzt hatte, eben dieses Bestreben, die gemeinsamen heiligen Texte und Kontexte zu „lesen", zu bestärken. Die Bibel verbindet nicht nur die Christen und Christinnen der Gegenwart, sondern bietet uns auch eine Brücke zu früheren Glaubensgenerationen. In diesem Sinn muss das Zeugnis vergangener Auslegungen ernst genommen und sie müssen in Bezug gesetzt werden zur modernen Auslegungspraxis. Unsere verschiedenen Kontexte sind miteinander vernetzt, daher müssen wir nach Möglichkeiten suchen, wie wir nicht nur unsere Unterschiede mitteilen, sondern den Austausch zudem nutzen können als Gelegenheit, uns gegenseitig zu bereichern aber auch zu hinterfragen.

Der LWB hat diesen Prozess initiiert mit dem Ziel, die Glaubensgemeinschaften der Gegenwart einzubinden in die grosse Wolke von ZeugInnen der Vergangenheit und das Wort Gottes mit neuer Aufmerksamkeit zu hören. Im Blick auf das 500. Reformationsjubiläum 2017 ist es ausserdem angebracht, uns die besondere Bedeutung der Bibel in der Reformation des 16. Jahrhunderts ins Bewusstsein zu rufen. Die Bibel hat auch heute noch einen zentralen Platz für die weiter wachsende Zahl der Christen und Christinnen weltweit. Der gute Zugang zur Bibel und ihre allgemeine Verfügbarkeit in aller Welt schaffen Bedarf an umfassenden Auslegungsinstrumenten, damit die Bibel zu einer Quelle der Erneuerung für Kirche wie Gesellschaft werden kann. In diesem Sinne empfehle ich Ihnen die vorliegende Veröffentlichung, die die Ergebnisse der ersten internationalen Hermeneutikkonsultation des LWB beinhaltet.

Einleitung

Kenneth Mtata

Transformative Hermeneutik

Während „Lesekompetenz" (*literacy*) gewöhnlich mit der Fähigkeit lesen zu können verbunden wird, ist es auch hilfreich, sie als eine allgemeine Fähigkeit zu betrachten, Texte und Kontexte zu „lesen", „lesen" in einem umfassenderen Sinne. Auf der einen Seite ist „Lesen" eine Fähigkeit, seine Umwelt zu verstehen und am besten (maximal) zu nutzen. „Falsches Lesen" auf der anderen Seite ist die Neigung, unzureichend wahrzunehmen. Lesen spielt in Glaubensgemeinschaften eine entscheidende Rolle, da ihnen heilige Texte anvertraut sind, die gelesen und verstanden werden müssen, um Glaubensvorstellungen zu prägen und das Leben der Gemeinschaft zu gestalten. So haben Kirchen die dringliche Verantwortung, die Bibel nicht nur in rechter Weise zu lesen, sondern sie auch auf die Gestaltung des Lebens der Glaubensgemeinschaft im eigenen Kreis und in ihren Beziehungen nach Aussen anzuwenden. Die Herausforderung besteht darin, wie solche vorgegebenen biblischen Texte in den sich rasch verändernden heutigen Kontexten der Glaubensgemeinschaft gelesen werden sollten. Die Schwierigkeit liegt nicht nur in der Tatsache, dass die Heilige Schrift die Lebens- und Glaubensgrundlage bildet und von daher ernstgenommen werden muss, sondern auch darin, wie die räumlich und zeitlich voneinander getrennten Kirchen sich diese Texte aneignen können, ohne sie falsch zu verstehen. Eng verbunden mit dem falschen Lesen biblischer Texte ist auch das falsche Lesen des Kontextes, in dem diese Texte aufgenommen werden. Aus einem solchen Dilemma ergeben sich gewöhnlich zwei extreme Entwicklungen. Die erste ist die Annahme, dass das, was in den biblischen Texten geschrieben steht, wörtlich genommen und direkt auf das heutige Leben angewandt werden sollte. Die zweite ist die Annahme, dass die heiligen Texte aufgrund ihres Alters zu fremdartig sind, um sich heute bei der

9

Gestaltung des Glaubens und des Lebens auf sie zu verlassen. Zwischen diesen beiden Extremen den rechten Weg zu finden, ist eine der Aufgaben des vom Lutherischen Weltbund (LWB) durchgeführten Hermeneutikprozesses, der in diesem Band sein erstes Ergebnis vorlegt.

Die dem LWB angehörenden lutherischen Kirchen haben sich dazu verpflichtet, „die Heilige Schrift des Alten und Neuen Testaments als die alleinige Quelle und Norm seiner Lehre, seines Lebens und seines Dienstes"[1] zu bekennen. Diese aus der Reformation hervorgegangen Kirchen sehen ihren Platz in der auf die frühe Kirche zurückgehenden ökumenischen Tradition. Sie nehmen daher die drei ökumenischen Glaubensbekenntnisse (das Apostolische, das Nizänische und das Athanasianische Glaubensbekenntnis) und die Bekenntnisse der lutherischen Kirche, insbesondere die unveränderte Augsburgische Konfession und den „Kleinen Katechismus" Martin Luthers als die Linse, durch die sie die Heilige Schrift in zutreffender Weise auslegen.[2] Wenn die Heilige Schrift die Grundlage für „Lehre, Leben und Dienst" bildet, ist es notwendig, diese Funktion für jede Generation und in der jeweils spezifischen örtlichen Situation der Kirche zu klären. Wenngleich eine solche Klärung immer bestenfalls vorläufig sein kann, sollte doch versucht werden, im Blick auf die Beziehung zwischen der Bibel, der Vielfalt der Lesekontexte und der verbindenden hermeneutischen Linse einer bestimmten theologischen Tradition ein gewisses Mass an funktionaler Klarheit herzustellen, um ein gemeinsames Vorgehen in der heutigen Welt zu fördern. Eine solche Klarheit trägt nicht nur dazu bei, die Einheit der Kirchen, die der reformatorischen Tradition angehören, zu stärken, sondern sie auch in ihrem fortgesetzten Dialog mit anderen Glaubenstraditionen und in ihrem gemeinsamen Zeugnis in der Welt zu unterstützen.

Im Bemühen, sich auf diese Klarheit zuzubewegen, hat der LWB das Hermeneutik-Projekt gestartet, das entworfen wurde vor dem Hintergrund von Spannungen über die Interpretation der Bibel im Blick auf verschiedene ethische Fragen, wobei die Frage der menschlichen Sexualität die offensichtlichste ist. Während dieser Hintergrund instruktiv ist, ist der bewusst gewählte übergreifende Hintergrund dieses hermeneutischen Programms die geplante Feier des 500jährigen Jubiläums der Reformation im Jahr 2017. Die Reformation im 16. Jahrhundert war geprägt durch eine neue Verpflichtung auf die Heilige Schrift. Die Verbindung zwischen Gottes Wort und religiöser, sozialer, politischer und wirtschaftlicher Erneuerung ist nicht einzigartig, sondern zeigt sich auch in Gottes Worten an Mose und in der Einsetzung des

---

[1] „Verfassung des Lutherischen Weltbundes", Artikel II, in: „From Winnipeg to Stuttgart 2003-2010. The Report of the General Secretary on Behalf of the Council", Genf, 2009, S. 146.

[2] Ebd.

Gesetzes und der Auffindung des Gesetzbuches (der Schriftrolle) während der Reformen des Josia (2.Könige 22-23). Ein weiteres gutes Beispiel ist die Wiedereinführung des Tempelgottesdienstes nach dem Exil: „Und sie legten das Buch des Gesetzes Gottes klar und verständlich aus, so dass man verstand, was gelesen worden war. Und Nehemia, der Statthalter, und Esra, der Priester und Schriftgelehrte, und die Leviten, die das Volk unterwiesen, sprachen zu allem Volk: Dieser Tag ist heilig dem Herrn, eurem Gott; darum seid nicht traurig und weinet nicht! Denn alles Volk weinte, als sie die Worte des Gesetzes hörten." (Neh 8,8-9) Zu Beginn seines Wirkens sah Jesus die Errichtung des Reiches Gottes als auf die Verheissungen des Wortes Gottes gegründet; „Da wurde ihm das Buch des Propheten Jesaja gereicht. Und als er das Buch auftat, fand er die Stelle, wo geschrieben steht: ,Der Geist des Herrn ist auf mir, weil er mich gesalbt hat, zu verkündigen das Evangelium den Armen; er hat mich gesandt, zu predigen den Gefangenen, dass sie frei sein sollen, und den Blinden, dass sie sehen sollen, und den Zerschlagenen, dass sie frei und ledig sein sollen, zu verkündigen das Gnadenjahr des Herrn.' Und als er das Buch zutat, gab er's dem Diener und setzte sich. Und aller Augen in der Synagoge sahen auf ihn. Und er fing an, zu ihnen zu reden: Heute ist dieses Wort der Schrift erfüllt vor euren Ohren." (Lk 4,17-21)

Es gibt reichlich Beispiele dafür, dass ein neues Hören des Wortes Gottes zur Erneuerung in religiösen und sozialen Institutionen führt. Im Kontext der Reformation können wir erkennen, dass die Heilige Schrift eine zentrale Rolle spielte, nicht nur durch die Legitimierung jenes „Neuen", von dem es hiess, dass Gott es tat, sondern auch als ein Mittel zur Neuaneignung der frühchristlichen Traditionen in einem neuen Kontext. Die Schrift scheint durch die weite Verbreitung der Bibel in der Volkssprache und auch durch das Angebot neuer Formen der Auslegung als ein Katalysator für Erneuerung zu diesem Prozess beigetragen zu haben. Die vorhergehende Periode war geprägt durch den ausschliesslich lateinischen Text mit einigen wenigen deutschen Übersetzungen, die sich auf minderwertige Manuskripte und nicht auf die ursprünglichen Sprachen stützten. Martin Luther gelang es, viel zu erreichen, weil er Zugang zu hochwertigen Manuskripten hatte und neben dem Lateinischen mit der Originalsprache arbeitete. Während Luther sich zwischen 1520 und 1522 auf der Wartburg versteckte, hatte er ausserdem auch die Zeit, seine deutsche Übersetzung zusammenzustellen. Des Weiteren nutzte Luther die gerade von Johannes Gutenberg neu eingeführte Druckerpresse, um viele Exemplare der deutschen Bibel zu drucken. Ausserdem verlangte die Betonung der Vorrangstellung der Heiligen Schrift gegenüber Tradition und persönlicher Offenbarung ein verstärktes Lesen und Studieren der Bibel. Wenn Gott nur durch das geschriebene Wort sprechen konnte, musste man es lesen und studieren.

Die in diesem Buch vorgelegten Beiträge versuchen, drei interpretierende Pole des biblischen Textes, der Interpretation der Bibel in der reformatorischen Tradition und der Vielfalt der Kontexte, welche die vielfältigen Auslegungen beeinflussen, zu beleuchten. Einige beschreiben nicht nur, sondern schlagen auch in zurückhaltender Weise vor, wie diese drei interpretierenden Pole fruchtbar miteinander verbunden werden können, so dass das Lesen der Bibel zu einem transformativen Prozess wird. Der zugrunde gelegte biblische Text ist das Johannesevangelium. Mit anderen Worten, das Johannesevangelium wird im Licht verschiedener Kontexte durch die Linse der ökumenischen, lutherischen und reformatorischen Traditionen gelesen. Das Ziel besteht nicht darin, die Vielfalt der Lesekontexte hervorzuheben, sondern gemeinsame Lesepraktiken zu finden, die durch die gemeinsame Leselinse der lutherischen und ökumenischen Traditionen bestimmt werden. Diese Sichtweise der Verbindung der drei interpretierenden Pole soll in den zukünftigen Bänden der Hermeneutikreihe aus verschiedenen Blickwinkeln vertieft werden. Im Folgenden wird keine Zusammenfassung der Beiträge gegeben, die in ihrer Eigenständigkeit gelesen werden sollten, sondern ein breiter Überblick über die Beziehungen zwischen den drei hermeneutischen Polen.

DER BIBLISCHE TEXT

Einer der wesentlichen Beiträge Martin Luthers und der Reformation war die Wiederentdeckung und Bewunderung der Materialität und der historischen Natur des Textes als das Medium, durch welches Gott zu den Menschen sprechen und ihnen den heiligen Geist geben würde. Gott würde einzelne Menschen und Gemeinschaften nur von ausserhalb durch das Lesen und Hören des Wortes und die Sakramente ansprechen. In seinem Kontext lehnte Luther andere Positionen ab, die entweder individuelle, intuitive oder innerliche geistliche Offenbarung losgelöst vom äusseren Wort priesen. Durch Hervorhebung des geschriebenen Wortes versuchte Luther, den Anspruch Roms auf ausschliessliche Autorität über die Interpretation des Wortes oder die Erhebung der Tradition der Kirche auf die gleiche Ebene wie das Wort Gottes, umzustossen. Diese Betonung des geschriebenen Wortes verlangte jedoch, dass die Bibel in der Volkssprache verfügbar war. Dies würde in keiner Weise die Notwendigkeit eines gründlichen Studiums und die Beherrschung der ursprünglichen Sprachen, Hebräisch und Griechisch, untergraben. Die Übersetzbarkeit des Wortes in die Volkssprache wurde als eine Erinnerung an die Inkarnation betrachtet, wie es von mehreren afrikanischen Theologen, wie Kwame Bediako und Lamin Sanneh, herausgestellt wurde.

Die Tatsache, dass das Wort Gottes übersetzbar ist, unterscheidet die Bibel auf verschiedene Weise von den heiligen Texten anderer Religionen.

Es wird von Anfang an notwendig, die Unterscheidung zwischen der Bibel, der Heiligen Schrift und dem Wort Gottes ernst zu nehmen, wie es in diesem Band von Hans-Peter Grosshans aufgezeigt wird, nach dessen Auffassung die „*Bibel* [...] ein Buch (wie andere religiöse Bücher) [ist], das durch seine Verwendung in der Kirche zur *Heiligen Schrift* wird und *Wort Gottes* werden kann, wenn Menschen von ihm in heilswirksamer Weise angesprochen werden" (Grosshans in diesem Band). Diese Unterscheidung des physischen Buches und seines objektiven Inhalts von der subjektiven Aneignung überlässt den Lesenden die Verantwortung, ohne den Heiligen Geist hinter dem Inhalt zu leugnen. Die Aneignung der Bibel als die Heilige Schrift eröffnet der Kirche die Möglichkeit, das Wort Gottes zu hören. Wenn sie mit dieser positiven Haltung entgegengenommen wird, setzt die Heilige Schrift die Kraft ihres Inhalts, der in der Vergangenheit in gewöhnlicher menschlicher Sprache geschrieben wurde, frei, um die Kirche in die Zukunft hinein zu bewegen. Um sich mit der Sprache des biblischen Textes vertraut zu machen und seinen *habitus* über die technische Fachkennntnis hinaus zu beherrschen, muss er regelmässig zu Hause, in der Kirche, im Privaten und in der Gemeinschaft gelesen und studiert werden. Er muss kritisch studiert, meditiert, diskutiert, argumentiert, dargestellt, gepredigt und miteinander geteilt werden. Auf diese Weise kann er Glauben und Leben gestalten. Wenn die gewöhnlichen Worte der Heiligen Schrift mit dieser Einstellung gelesen und gelebt werden, werden sie zu „Worten des ewigen Lebens" (ῥήματα ζωῆς αἰωνίου, Joh 6,68). Durch dieses sorgfältige Erforschen der Schrift wird die Begegnung mit Christus, dem Wort Gottes und dem ewigen Leben ermöglicht.

Mehrere Beiträge bemühen sich, die Anrede des biblischen Textes des Johannesevangeliums zu hören, indem sie es als Ganzes, aber auch seine Themen oder verschiedenen Abschnitte einzeln betrachten. Dieser Ansatz ergibt sich aus der Erkenntnis, dass sich das ganze Johannesevangelium aus verschiedenen Traditionen zusammensetzt, die auf Jesus und die frühchristlichen Gemeinden auf verschiedenen Wegen zurückgehen. Doch dieser eine Fokus (Jesus Christus) der Traditionen gibt dem abschliessenden Text des Evangeliums seine Ganzheit, nicht nur in sich selbst, sondern auch zusammen mit den Büchern des christlichen Alten Testaments und dem übrigen Neuen Testament. Dieser eine Fokus, „das Kernereignis", nach Paul Ricœurs Terminologie, „besitzt zugleich eine historische Bedeutung und eine kerygmatische Dimension".[3] Während eine solche frühe Genealogie der einzelnen *Perikopen* nur mit wenig Überzeugung festgestellt werden

---

[3] Paul Ricœur: „From Text to Action, Essays in Hermeneutics", Bd. II, Übers.: Kathleen Blamey und John B. Thompson, Illinois, 1991, S. 89. Original: „Du texte à l'action. Essais d'herméneutique II", Paris, 1986.

kann, wie Craig Koester es in dieser Publikation darlegt, bieten sie die für das Johannesevangelium charakteristische Kohärenz. Er stellt die Begriffs- bedeutungen von „Wort", „Leben", „Handlungen oder Zeichen", „Kreuzigung und Auferstehung" und „Geist" heraus. Koester betont, dass eine Art, einen biblischen Text zu lesen, darin besteht, seine übergreifenden Themen zu betrachten, die sich durch im ganzen Buch wiederkehrende Gedanken oder Motive auszeichnen. Dadurch kann man, wenn auch nur vorläufig, den Kontext erkennen, aus dem das Evangelium als solches hervorgeht. Eine solche Auffassung, dass man aufgrund seines Inhalts die hinter dem Evangelium stehende Gemeinschaft annähernd einschätzen könne, ist in letzter Zeit in Frage gestellt worden, bleibt aber dennoch in gewissem Masse plausibel.

Empfehlenswerte Lesepraktiken heben die „Andersartigkeit" biblischer Texte hervor, denen zugestanden werden muss, eine für die heutige Leser- schaft vertraute, aber auch eine nicht vertraute Sprache zu sprechen. Dies kann erreicht werden, indem man sowohl Ferne als auch Nähe zum Text schafft. Durch die Schaffung von Nähe ist man offen für das, was der Text zu sagen hat und bereit, „bekehrt" zu werden. Durch die Schaffung von Ferne erlauben die Lesenden es dem Text, sich an die frühere Zuhörerschaft zu wenden, indem sie versuchen, in dem vollen Bewusstsein der Einschränkung auf dieses Gespräch zu horchen, dass sie nur einen kleinen Teil dieses letzten Gesprächs belauscht haben.[4] Wenn der Text für würdig befunden werden soll, heute zu sprechen, haben die Lesenden die Verantwortung, diese historische Aufgabe zu übernehmen, „ihren Weg zu finden" zwischen der „Fremdheit" des Vergangenen und der „Vertrautheit" der heutigen Welt.[5] Nur eine solche engagierte und offene Beschäftigung mit der Vergangenheit kann wohl nicht nur bekräftigen, womit die Lesenden vertraut sind, sondern auch einige Überraschungen hervorbringen.

Zu dieser historischen Aufgabe gehört die Erforschung der Worte, Sätze und deren Verbindungen im ganzen Text in Beziehung zum zeitgenössischen Sprachgebrauch. In diesem historischen Sinne kann der biblische Text neu sprechen und die Lehre für das Leben der Kirche erneuern.[6] Dies war einer der wichtigsten Beiträge Martin Luthers. Für Luther war die historische Materialität des biblischen Textes höher einzuschätzen als die allegorischen Verfeinerungen kreativer Auslegung. Die historische Distanz des biblischen Textes wird auch dessen Kontinuität und Diskontinuität gegenüber vorher-

---

[4] David L. Bartlett/Barbara Brown Taylor (Hg.): „Feasting on the Word", Louisville, 2008, S. 15.

[5] Stefan Collini et al (Hg.): „History, Religion and Culture: British Intellectual History 1750-1950", Cambridge, 2000, S. 15.

[6] Jaroslav Pelikan (Hg.): „Luther's Works", Bd. 1, Saint Louis, 1958, S. 233.

gehenden religiösen Traditionen erkennen lassen, wie Denis Olson es in dieser Publikation zeigt. Auf diese Weise kann das Wort Gottes erneuern. Es gründet auf Gottes früherem Reden, das heutige Fragen anspricht. Es ist festgestellt worden, dass im jüdischen Glauben Erneuerung möglich war, weil es immer einen geschriebenen und festgelegten Text gab, der die Parameter bestimmte, innerhalb derer interpretierende Kreativität in der Auslegung stattfinden konnte.[7]

DER KONTEXT

Die Tatsache, dass das „Wort Fleisch [ward] und wohnte unter uns" (Joh 1,14), ist Gottes Anerkennung des Kontextes. Die Inkarnation des Wortes fand im Palästina des ersten Jahrhunderts statt, das heisst in Raum und Zeit. Der Grund, warum Gott zu allen Menschen zu allen Zeiten sprechen kann, ist, dass Gott zu örtlichen Kontexten wie auch zu den existentiellen Nöten des Menschen spricht. Der Grund, warum Gottes Reden die Hörenden zu neuen Verpflichtungen und neuem Leben erweckt, liegt darin, dass dieses Reden nicht einfach deren Lebenskontext billigt oder verurteilt, sondern an sie gerichtet ist, um sie zu stärken, zu erneuern und zu ihrer höchstmöglichen Authentizität anzutreiben – Gottes Wort ist kreativ; Gottes Reden erweckt. Als Jesus – nach Johannes – sagt: „Lazarus, komm heraus!" (Joh 11,43), kommt Lazarus zurück zum Leben. Doch nach diesem selben Verständnis ist diese Verheissung des Lebens aus Gottes Zuspruch nicht nur auf den Einzelfall Lazarus beschränkt; Jesus sagt: „und wer da lebt und glaubt an mich, der wird nimmermehr sterben" (Joh 11,26). In diesem Sinne ist Fülle des Lebens zugleich immanent und transzendent; die frohe Botschaft muss das Lokale und Unmittelbare ansprechen, aber auch etwas Tiefgreifenderes verheissen.

Dieses unmittelbare und transzendente Potential der Botschaft Gottes wird in der Tatsache deutlich, dass biblische Texte, die für spezifische Zuhörerkreise und örtliche Kontexte geschrieben wurden, mit der gleichen Wirksamkeit auch in anderen räumlich und zeitlich getrennten Kontexten aufgenommen werden konnten. In seinem Beitrag unterscheidet Vitor Westhelle zwischen verschiedenen Kontexten, die sich direkt auf die Auslegung der Heiligen Schrift auswirken. Da ist zuerst der Kontext, der als Anlass für das Schreiben des Textes selbst diente, aber auch den Kontext einbeziehen kann, für den der Text in erster Linie geschrieben wurde. Der zweite Kontext ist der Kontext der Rezeption, das heisst, wie existentielle Anliegen aus

---

[7] Vgl. Bernard M. Levinson: „Legal Revision and Religious Renewal in Ancient Israel", Cambridge, 2008.

15

verschiedenen Zeiten die an den Text gestellten Fragen geprägt haben. Diese beiden breiten Kategorien eines kontextuellen Herangehens an die Bibel sollten berücksichtigt werden. Wir haben oben bereits darauf hingewiesen, dass die bei der Abfassung des biblischen Textes verwendete Sprache und Ausdrucksform verständlich war für den besonderen Kontext, in dem der Text entstand, oder für das Publikum, für das er ursprünglich geschrieben wurde. Wir sind uns auch bewusst, dass der biblische Text zwar im Blick auf einen spezifischen Kontext geschrieben wurde, dass aber in der biblischen Literatur vielfach die Annahme vertreten wird, dass der Text auch von denen gelesen werden kann, an die der Text anfänglich nicht gerichtet war.

Die Annahme, dass es sowohl ein spezifisches als auch ein allgemeines Verständnis des Kontextes geben kann, zeigt sich bei Johannes beispielsweise in der Entgegnung auf den Zweifel des Thomas.

> Danach spricht er zu Thomas: Reiche deinen Finger her und sieh meine Hände und reiche deine Hand her und lege sie in meine Seite, und sei nicht ungläubig, sondern gläubig! Thomas antwortete und sprach zu ihm: Mein Herr und mein Gott! Spricht Jesus zu ihm: Weil du mich gesehen hast, Thomas, darum glaubst du. Selig sind, die nicht sehen und doch glauben! Noch viele andere Zeichen tat Jesus vor seinen Jüngern, die nicht geschrieben sind in diesem Buch. Diese aber sind geschrieben, damit ihr glaubt, dass Jesus der Christus ist, der Sohn Gottes, und damit ihr durch den Glauben das Leben habt in seinem Namen (Joh 20,27-31).

In diesem Beispiel können wir eine frühe Situation beobachten, in der es entscheidend um Glauben geht, wie es zum Ausdruck kommt durch die überall gegenwärtige Vorstellung von Glauben und Unglauben im gesamten vierten Evangelium. Von Anfang an weist das Evangelium darauf hin, dass Johannes der Täufer „zum Zeugnis kam, um von dem Licht zu zeugen, damit sie alle durch ihn glaubten" (Joh 1,7), während der abschliessende Teil bekräftigt, dass das Evangelium geschrieben wurde, „damit ihr glaubt, dass Jesus der Christus ist, der Sohn Gottes, und damit ihr durch den Glauben das Leben habt in seinem Namen" (Joh 20,31).

Wenn wir auch unsicher sein mögen, ob Glauben die „Intention" des „Verfassers" ist, können wir doch sicher sein, dass Glauben die sehr wichtige Stimme des Textes in seinem frühen Kontext der Rezeption ist. In diesem frühen Kontext des Johannesevangeliums steht die Gemeinschaft vor der Entscheidung, ob sie ihren Glauben öffentlich bekennt oder ihre Glaubwürdigkeit verliert, indem sie ihre Identität verbirgt; „Doch auch von den Oberen glaubten viele an ihn; aber um der Pharisäer willen bekannten sie es nicht, um nicht aus der Synagoge ausgestossen zu werden. Denn sie hatten lieber Ehre bei den Menschen als Ehre bei Gott" (Joh 12,42-43). Mit anderen Worten, das Wort des Johannesevangeliums konfrontiert mit einem bekenntnishaften Kontext, in dem man eine Entscheidung treffen muss zwischen Glauben an Jesus und dem eigenen Ansehensverlust in der Gesellschaft oder Verbergen der eigenen Identität und Verlust des eigenen Platzes im Haus des Vaters (ἐν τῇ οἰκίᾳ τοῦ πατρός) (Joh 14,2). Durch diese Kraft und diesen Einfallsreichtum des biblischen Textes, mit dem die unmittelbar Zuhörenden in einer solchen Breite angesprochen werden, kann dieser Text auch spätere Kontexte gläubiger Gemeinschaften mit einzigartiger Kraft und Einwirkung erreichen.

Missiologisch betrachtet ergibt dies, dass das geschriebene Wort Gottes, das das Leben in den früheren Generationen verwandelte, die Kraft hat, dasselbe heute und in anderen Kontexten auch zu tun. Die transformative Hermeneutik regt zu diesem kritischen Herangehen an das Wort Gottes an, so dass es das Leben der heutigen Leserschaft verwandelt. Wenn sie kontextuell ist, dann trachtet die biblische Interpretation danach, über das technische Lesen der Vergangenheit hinauszugehen und sich zu bemühen, die Verwandlung der Vergangenheit in die Gegenwart hinein umzusetzen (Eve-Marie Becker in diesem Band). Wie Anni Hentschel zeigt, kann „ein und derselbe Text von verschiedenen Personen unterschiedlich verstanden werden [...] da Lesen und Verstehen jeweils mit dem Kontext des Lesers bzw. der Leserin verbunden sind, wobei insbesondere die historische und kulturelle Verortung, Literaturkenntnisse, Alter und Geschlecht als wichtige Faktoren angesehen werden können".

Eine weitere kontextuelle Frage hat damit zu tun, was der Text für die heutige Gesellschaft bedeutet. Dies ist ein schwieriger Aspekt der Auslegung, weil es keine klaren Regeln dafür gibt, wie man von der Botschaft an die frühen Empfänger und Empfängerinnen dazu übergeht, dieselbe Botschaft auf heutige Situationen anzuwenden. Man muss *a priori* bereits entscheiden, welche Aspekte des Textes heutigen Fragen entsprechen. Wie sich unten und in allen Beiträgen dieses Bandes zeigen wird, wird diese *a priori* Zuordnung von entsprechenden Fragen aus dem biblischen Text zum heutigen Kontext geprägt durch die eigene theologische oder sogar „ideologische" Orientierung, ob man sich dessen bewusst ist oder nicht. Eine Auslegung der Bibel, die sich darum bemüht, den Kontext ernst zu nehmen, ist als solche auch immer ethisch. Wie Monica Melanchthon in diesem Buch zeigt, „ist die starke ethische Komponente der kontextuellen Bibelinterpretation" nicht zu übersehen. Doch die Form der ethischen Fragen ergibt sich aus Fragen, die sich aus dem Text selbst und auch aus dem eigenen Kontext ergeben. Wenn im Blick auf die Aussage des Textes genügend Distanz geschaffen wird, stellen sich, wie oben erklärt wurde, Fragen, die die Lesenden zunächst vielleicht gar nicht hatten. Wenn die Lesenden aber ihren eigenen Kontext sorgfältig betrachten, bringen sie auch Fragen an den Text heran, die andere Personen, die andere Erfahrungen gemacht haben, nicht einbringen könnten. Lassen sich diese gemeinsam geteilten existentiellen Fragen allgemein kategorisieren?

Bernd Wannenwetsch und Sarah Hinlicky Wilson unterstreichen beide die ethische Dimension der kontextuellen Hermeneutik, wenn sie sich auf Luthers Kategorien von Gesetz und Evangelium beziehen. Für Wannenwetsch gehört diese existentielle ethische Kategorie zu einem allgemeinen Verständnis staatsbürgerschaftlicher Beteiligung an der für alle Gesellschaften charakteristischen Gemeinschaft in Wirtschaft, Politik und Glauben (*oeconomia, politia, ecclesia*). Wannenwetsch verweist auf das johanneische Verständnis des Gesetzes als das „Gesetz der Liebe“, die „Ethik der Zugehörigkeit“, die die Beziehungen der ganzen Menschheitsfamilie, aber besonders diejenigen der Glaubensfamilie leiten muss. Er kritisiert eine Ethik, die daran interessiert ist herauszustellen, was oft „als die prinzipiengeleitete und grundsätzlich unabschliessbare Kunst verstanden wird, den Grad der Vereinbarkeit von unterschiedlichen moralischen Grundsätzen zu bestimmen oder diese den jeweiligen Umständen entsprechend gegeneinander abzuwägen. Wenn aber die wichtigste Frage diejenige nach unserer Zugehörigkeit ist, dann wird die Rivalität zwischen den verschiedenen Mächten, die unsere Loyalität jeweils beanspruchen, umso deutlicher zutage treten und somit das Bedürfnis wecken, uns über unsere tatsächliche Zugehörigkeit Klarheit zu verschaffen. Unsere Handlungen und Lebensführung insgesamt geben dann beredt Auskunft davon, wo wir wirklich hingehören.“ (Wannenwetsch in diesem Band).

Wenn man „Zugehörigkeit“ als entscheidend für ethisches Leben in der Gemeinschaft versteht, muss man diese „Zugehörigkeit“ auch als entscheidend verstehen für das allgemeine Streben nach Bürgerschaft in den Bereichen von Wirtschaft, Politik und Glaubensgemeinschaft (*oeconomia, politia, ecclesia*), die alle durch die politische Funktion des Gesetzes (*usus politics legis*) und die theologische Funktion des Gesetzes (*usus theologicus legis*) bestimmt sind. Nach diesem lutherischen Verständnis teilen alle Menschen unabhängig von Raum und Zeit diese Bereiche menschlicher Existenz (zumindest *oeconomia* und *politia*), so dass es möglich wird, Christen und Christinnen gemäss biblischer Interpretation aus kontextueller Sicht auf die Partizipation im öffentlichen Raum vorzubereiten. Mit anderen Worten, fördert das Trachten des Menschen nach Zugehörigkeit auf existentieller Ebene die Möglichkeit, kontextuelle Fragen der Vergangenheit mit Fragen der Gegenwart in Verbindung zu bringen (Eve-Marie Becker in diesem Band).

Wir können feststellen, dass viele kontextuelle Ansätze der Bibelinterpretation dazu geneigt haben, sich mit Wirtschaft und Politik zu befassen und dadurch die politische statt die theologische Funktion des Gesetzes hervorzuheben. Monica Melanchthon verweist auf den Kontext der Verstösse gegen Menschenrechte in Indien, wobei sie „organische Intellektuelle“

aufruft, mit den vor Ort Marginalisierten zusammenzuarbeiten. Diese organischen Beraterinnen und Berater bieten Hilfsmittel, um „dem Studium und der Auslegung der Bibel einen transformatorischen und lebenspendenden Impuls verleihen", da sie sich nicht nur auf den Text in dessen Vergangenheit konzentrieren, sondern bereit sind, sich mit drängenden Fragen der heutigen Zeit auseinanderzusetzen. Diese kontextuellen Theologen und Theologinnen üben „nicht nur Kritik sondern beteiligen [sich] auch an einer öffentlichen konstruktiven theologischen Reflexion", sagt Monica Melanchthon.

Es gibt eine Reihe von Herausforderungen für die kontextuelle Hermeneutik. Eine dieser Herausforderungen betrifft die übermässige Abhängigkeit der Hermeneutik von der politischen Funktion des Gesetzes, bei der die Bibel und die Theologie nicht mehr von einem anderen säkularen Diskurs zu unterscheiden sind. Es sollte darauf hingewiesen werden, dass eine gute Hermeneutik Gottes Volk in angemessener Weise darauf vorbereiten sollte, sich genauso mit Pontius Pilatus, den Römern und den Zöllnern zu befassen wie mit den Priestern, Schriftgelehrten, Pharisäern und Sadduzäern. Doch sollten sie auch in der Lage sein, dies auf der Grundlage ihrer eigenen theologischen Ressourcen tun. Christen und Christinnen sollten durch die Vernunft in der Lage sein, sich im öffentlichen Raum zu engagieren. Sie sollten in der Lage sein, sich den Herausforderungen der Ungerechtigkeit, der Macht und der Ausgrenzung zu stellen. Die politische Funktion des Gesetzes (*usus politicus legis*) hilft ihnen in dieser Hinsicht. Dennoch sollten Christen und Christinnen bei ihrem Umgang miteinander das Gesetz so anwenden, dass es um der Busse willen auf die Sünde aufmerksam macht. Aus diesem Grunde sollte das Gesetz in Beziehung zum Evangelium, der Verheissung und der Gabe Gottes verstanden werden. Die Auslegung der Bibel wird transformativ, wenn Gesetz und Evangelium in Beziehung zueinander gesetzt werden, da sie zusammen als das Wort Gottes wirken. Die Gefahr, sich einfach von einer politischen Agenda treiben zu lassen, besteht darin, dass man den Blick für die theologische Dimension der Sündhaftigkeit der Menschen, einschliesslich der Armen und der Ausgegrenzten, verliert. Dies zeigte sich während des Kampfes gegen die Apartheid, als am Tage schwarze Frauen und Männer gemeinsam gegen Rassismus marschierten und bei Nacht einige schwarze Männer schwarze Frauen vergewaltigten.

Die zweite Kritik, die gegen einen kontextuellen Ansatz vorgebracht wird, ist mit der obigen verbunden. Es ist die Tendenz, das, was den Kontext ausmacht, zu verallgemeinern. Wenn nicht jede Erfahrung eine direkte Auswirkung auf die biblische Auslegung hat, welche hat es dann? Mit anderen Worten, welche Erfahrung stellt einen effektiven Kontext für hermeneutische Zwecke dar? Kontextuelle Hermeneutik bietet dazu gewöhnlich keine methodische Klarheit. Deshalb ist Westhelles Beitrag in diesem Band notwendig. Der Aspekt des Kontextes wird jedoch noch dadurch verkompliziert, dass der heutige Kontext immer fliessend ist. Wenn es mehrere kontextuelle Fragen gibt, welche hat dann den Vorzug, als Grundlage für theologische Überlegungen zu dienen? Paul Tillich sagt dazu, dass Kontext oder „Situation" „als der eine Pol aller theologischen Arbeit bedeutet nicht den empirischen psychologischen oder soziologischen Zustand, in dem sich ein Individuum oder eine Gruppe von Menschen gerade befindet."[8] Für ihn „bedeutet sie vielmehr die Summe der wissenschaftlichen und künstlerischen, der wirtschaftlichen, politischen und sittlichen Formen, in denen diese Gruppe das Selbstverständnis ihrer Existenz zum Ausdruck bringt."[9] Tillich benutzt Beispiele aus Politik und Gesundheit (Geisteskrankheit), um diesen Punkt zu verdeutlichen: „Theologie kümmert sich z.B. nicht um die politische Spaltung zwischen Ost und West, sondern um den religiösen und ethischen Sinn dieser Spaltung" und „es ist nicht die Tatsache – sei es der Verbreitung, sei es der besseren Erkenntnis der Geisteskrankheiten – mit der sich die Theologie befasst, sondern es ist die Frage, was Geisteskrankheit [...] für das Verständnis des Menschen [...] bedeutet."[10] Mit anderen Worten: Tillich sieht den Kontext als die „Gesamtheit", in der Menschen sich bei der Wahrnehmung ihrer Situation befinden. Der für die Hermeneutik zentrale Kontext bezieht sich auf das Selbstverständnis des Menschen in Augenblicken, die seine Existenz und sein Wohlergehen bedrohen. Tillichs „Situation" ist die Kategorie, die die „Armen" und „Ausgegrenzten" gekennzeichnet haben als ihren Kontext für theologische Arbeit und das Lesen der Bibel. Die Frage ist, wie die kontextuelle biblische Interpretation der „Mittelklasse" für die Armen oder „Ausgegrenzten" von irgendeinem Nutzen sein kann.

Kontextuelle Bibelwissenschaftlerinnen und -wissenschaftler, wie meine früheren Lehrer Gerald West und Jonathan Draper, haben wertvolle Beiträge geleistet zur Erforschung dieser Beziehung zwischen den – wie West sie nennt – „gelernten" und „ungelernten" Leserinnen und Lesern der Bibel, also den Forschenden der „Mittelklasse", die die Bibel in Solidarität mit „marginalisierten" Gemeinschaften lesen.[11] Draper hat die enge Verbindung zwischen dem biblischen Text und dem Kontext aufgezeigt, indem er die Notwendigkeit betont, sich kontextuell einzuordnen. Für Draper ist „das Wort Gottes nicht im Buchstaben der Schrift zu finden. Noch ist es im Geist der hörenden oder lesenden Gemeinschaft. Es ist genau zwischen diesen beiden in der wechselseitigen dynamischen Beziehung, in einem Hin-und-Her, das

---

[8] Paul Tillich: „Systematische Theologie", Bd. 1, Stuttgart, 1956, S. 10.
[9] Ebd.
[10] Ebd., S. 10-11.
[11] Gerald O. West: „Biblical Hermeneutics of Liberation, Modes of Reading the Bible in the South African Context", Maryknoll (New York), 1995; ursprünglich veröffentlicht in Pietermaritzburg, 1991.

nie vollkommen objektivierbar ist."[12] Die Herausforderung der Beziehung zwischen den kontextuellen „Randgruppen" und der Solidarität mit deren „sozial engagierten" oder „organischen Intellektuellen", um Wests Sprachgebrauch zu folgen, bleibt ein fruchtbarer Bereich für weitere Erforschungen in der kontextuellen Hermeneutik. Dies gilt insbesondere, weil die meisten Beiträge in diesem Band von ausgebildeten Theologen und Theologinnen geschrieben sind und daher in vollem Masse von anderen Theologen und Theologie Studierenden in Seminaren genutzt werden können. Die transformative Hermeneutik bemüht sich um Möglichkeiten, die Erfahrungen von Gemeinden und die Fachkenntnisse von akademischen Theologen und Theologinnen miteinander zu verbinden, ein Bemühen, das in gewissem Masse von den oben genannten Forschern unter Beweis gestellt wird. Dieses Engagement kommt aus der Erkenntnis, dass die Bibel mit unterschiedlicher Zielsetzung gelesen wird: von Forschern für ihre wissenschaftliche Arbeit und von „gewöhnlichen" Lesern und Leserinnen für ihr geistliches Leben. Es gibt jedoch eine unerschöpfliche gegenseitige Befruchtung, wenn diese verschiedenen Ziele in einen bewussten Dialog gebracht werden.

Ein entscheidender Beitrag der kontextuellen Hermeneutik besteht in dieser „Anerkennung der Gültigkeit eines anderen *locus theologicus:* menschliche Erfahrung heute", das heisst die Erfahrungen der lesenden Gemeinschaft. Kontextuelle Theologie will „Kultur, Geschichte, zeitgenössische Denkformen" zusammen mit „Schrift und Tradition als gültige Quellen für theologische Aussagen"[13] untersuchen. Es bleibt die Frage, ob diese Hervorhebung der menschlichen Erfahrung nicht Bemühungen um Objektivität schwächt. Vitor Westhelle zeigt hier die Fruchtbarkeit lateinamerikanischer kontextueller Ansätze auf, bei denen die Exodus-Erzählung den dortigen christlichen Gemeinschaften zu Zeiten politischer Unterdrückung Hoffnung auf Erlösung gab. Er zeigt, wie ähnliche Texte im Südafrika der Apartheid von den Unterdrückern benutzt wurden, indem sie sich dieselbe Exodus-Erzählung zunutze machten, um ihr eigenes Streben nach dem Land der Verheissung zu rechtfertigen. Das Buch Exodus wurde zur Grundlage der Unterdrückung der schwarzen Südafrikanerinnen und Südafrikanern durch die die Vorherrschaft beanspruchenden Weissen, indem diese sich als die Israeliten in der Erzählung verstanden.

---

[12] Clodovis Boff: „Theology and Praxis: Epistemological Foundations", Maryknoll (New York), 1987, S. 136, zitiert in Jonathan Draper: „,For the Kingdom is Inside You and it is Outside of You': Contextual Exegesis in South Africa", in: Patrick J. Hartin/J. H. Petzer (Hg.): „Text and Interpretation: New Approaches in the Criticism of the New Testament", Brill, 1991, S. 243.

[13] Stephen B. Bevans: „Models of Contextual Theology", Maryknoll (New York), 2002, S. 4.

Eine wesentliche Herausforderung für die Kontextualisierung liegt in dieser unterschwelligen Befürwortung einer bestimmten irdischen politischen Herrschaftsordnung im Namen Gottes. Mit anderen Worten: Die Kontextualisierung gerät in die Falle, zu konkret zu sein, wenn sie vorschlägt, wie das Reich Gottes auf Erden aussehen sollte. Dies lässt sich durch die Tatsache erklären, dass die meisten kontextuellen Ansätze dazu neigen, einen hermeneutischen Schlüssel aus sozialen, ökonomischen oder politischen Theorien mit klaren Vorschlägen anzuwenden und dann den biblischen Text oder die theologische Reflexion zu benutzen, solche Theorien zu rechtfertigen. So tat es zum Beispiel die lateinamerikanische Befreiungstheologie und deren Anwendung der marxistischen Theorie, mit dem Ergebnis, dass einige extreme Theologinnen und Theologen sich an gewalttätigen militärischen Aktionen beteiligten in der Hoffnung, die „klassenlose" göttliche Gesellschaft herzustellen.

Die obige Kritik war unter einigen westlichen Theologen und Theologinnen verbreitet, weil sie sich als Hüter und Hüterinnen des theologischen Unternehmens verstanden und daher versuchten, dessen traditionelle Methoden zu verteidigen. Dessen ungeachtet zeigt die Geschichte der westlichen theologischen Forschung ein kontextuelles Engagement, das sich in der jüngsten Zeit nicht mit der gleichen Energie fortgesetzt hat. Es gibt Belege, dass Wissenschaftler wie Adolf von Harnack, Martin Rade und andere im Deutschland des 19. Jahrhunderts insofern kontextuelle Theologen waren, als sie sich bemühten, ihre „Leserschaft mit den Möglichkeiten des christlichen Glaubens in den sozialen, politischen und kulturellen Herausforderungen ihrer Zeit zu konfrontieren"[14]. Für sie war Theologie „auf historische Weise im Evangelium als dem Ursprung von Leben und Glauben der Christenheit begründet"[15]. Obgleich die kontextuellen Zugänge zu Theologie und Bibel sich weitgehend im globalen Süden entwickelt haben, wiesen sie darauf hin, dass diese Weise, an Theologie und Bibel heranzugehen, „keine Option ist oder etwas, das nur Menschen aus der Dritten Welt interessieren sollte"[16], weil der „alte Inhalt des Glaubens – derselbe gestern, heute und alle Zeit – immer unter den Bedingungen eines neuen Lebenskontextes empfangen wird"[17].

---

[14] Hans Schwarz: „Theology in a Global Context: The Last Two Hundred", Grand Rapids, 2005, S. 136.

[15] Ebd.

[16] Tom Powers: „The Call of God: Women Doing Theology in Peru", New York, 2003, S. 8.

[17] Carl Braaten: „Principles of Lutheran Theology", Minneapolis, 2007, S. 2.

Theologische Orientierung

Begriffe wie „konfessionell", „dogmatisch" und „theologisch" werden in biblischen Studien oft mit Argwohn betrachtet. Sie werden in Verbindung gebracht mit strengen Richtlinien, die Bibel in einer Weise zu studieren, die nur dazu dient, die Herrschaft der Hierarchie in der Kirche zu festigen und somit die Freiheit der Wissenschaft zu beschränken. Aus einigen post-kolonialen und postmodernen Perspektiven werden explizite konfessionelle und theologische Richtlinien als Unterstützung der oppressiven Ideologie und des patriarchalischen *status quo* verstanden. Solche Auffassungen sind nicht ganz korrekt. Wie wir wissen, hat jeder einen Zugangspunkt zum biblischen Text, der durch die eigene theologische oder, wie Gerald West es nennt, „ideologisch-theologische" Orientierung geprägt ist[18]. Alle Lesenden haben diese Orientierung, ob sie sich dessen bewusst sind oder nicht. Die grösste Gefahr ist, sich dessen nicht bewusst zu sein, wie auch wenn diese Orientierung oppressiv ist und dem umfassenderen Zeugnis des Evangeliums widerspricht. Aus diesem Grunde hat die hier vertretene transformative Hermeneutik eine bewusste konfessionelle oder theologische Orientierung in der lutherischen und reformatorischen Tradition.[19]

Eine ausdrückliche konfessionelle hermeneutische Orientierung erkennt an, dass die „frühsten Bekenntnistraditionen, die bereits im Alten und Neuen Testament bewahrt wurden, dazu dienten, das Volk Gottes zu einen, Gottes Volk seine Identität in der Geschichte des erlösenden Handelns Gottes zu zeigen und den Glauben des Gottesvolkes im Kontext seiner Herausforderer zu klären. So sprechen die ökumenischen Glaubensbekenntnisse zur Einheit, Identität und Integrität der christlichen Kirche und ihrem Glauben."[20] Das Prinzip der Orientierung ist als eine wichtige Perspektive in der Hermeneutik erkannt worden. So benutzte zum Beispiel Rudolf Bultmann dasselbe Prinzip, als er vom „Vorverständnis" sprach (siehe Becker in diesem Band). Wie Bultmann es ausdrückte, sollte die Orientierung des Lesers nicht „im Sinne einer psychologischen Selbstbetrachtung" verstanden werden. Vielmehr

---

[18] Gerald West: „Interpreting ‚the Exile' in African Biblical Scholarship: An ideo-theological Dilemma in Postcolonial South Africa", in: Bob Becking/Dirk Human (Hg.): „Exile and Suffering", *Old Testament Studies 50*, Leiden, 2009, S. 247-268.

[19] Die Mitgliedskirchen des LWB verstehen die drei ökumenischen Glaubensbe-kenntnisse (das Apostolische, das Nizänische und das Athanasianische Glaubensbekenntnis) und die Bekenntnisse der lutherischen Kirche, insbesondere das unveränderte Augsburger Bekenntnis und Martin Luthers „Kleinen Katechismus" als zutreffende Auslegungen der Heiligen Schrift und somit als nützliche herme-neutische Linsen, durch die diese Kirchen die Schrift gemeinsam lesen können.

[20] Joel Green: „Seized by Truth: Reading the Bible as Scripture", Nashville, 2007, S. 137.

„geht es darum, dass ich meinen eigenen Standort erkenne, damit es nicht zu einer unsachgemässen Identifikation zwischen dem, was der Text sagt, und dem Vorverständnis des Exegeten kommt."[21] Nach dem Verständnis der kontextuellen Hermeneutik ist das „Vorverständnis" oder die „hermeneutische Selbstwahrnehmung" die Anerkennung, dass die Lesenden eine „Prägung" haben, die ihrem Lesen Gewicht gibt, aber auch dass dieses Gewicht beeinflusst wird durch ihre Begegnung mit dem Text in seinem „Anderssein". Für Martin Luther zum Beispiel war der hermeneutische Schlüssel Jesus Christus; was „Christum trieb" prägte das evangelische Lesen der Schrift. Das gleiche Prinzip lässt sich auch bei Johannes feststellen, wo das Evangelium sagt: „Ihr sucht in der Schrift, denn ihr meint, ihr habt das ewige Leben darin; und sie ist's, die von mir zeugt." (Joh 5,39)

Die Frage ist, ob konfessionelle oder theologische Orientierung exegetische Kreativität und damit theologische Erneuerung erdrückt. Die eigene Orientierung wirkt sich auf die Interpretation aus, ob man sich dessen bewusst ist oder nicht. Die grösste Gefahr kommt nicht daher, dass man eine Orientierung hat, sondern dass man sich dessen nicht bewusst ist. Hans-Peter Grosshans zeigt hier, dass die Herausforderung eigentlich schon beginnt, bevor man mit dem Lesen beginnt. Man muss entscheiden, welcher Art der biblische Text ist. Das Herangehen an den Text wird dadurch bestimmt, ob man einfach die „Bibel", die „Heilige Schrift" liest oder dem „Wort Gottes" begegnet. Diese Unterscheidungen sind wichtig in den lutherischen und reformatorischen Traditionen, in denen die Bibel wie andere religiöse Bücher betrachtet werden kann, aber „durch seine Verwendung in der Kirche zur Heiligen Schrift wird und Wort Gottes werden kann, wenn Menschen von ihm in heilswirksamer Weise angesprochen werden" (Grosshans in diesem Band). Unsere Entscheidungen bestimmen, wie wir dem biblischen Text begegnen. Wenn Lesende im Blick auf ihre Orientierung explizit sein müssen, wie wirkt sich dann die konfessionelle Orientierung auf Bemühungen aus, zu einer gewissen Objektivität hinsichtlich der Bibel zu gelangen?

Bernd Wannenwetsch ermutigt dazu, „die Schrift als eine Art kritischen Gesprächspartner unserer jeweiligen Tradition zu verstehen, um somit zu einer neuen Lektüre beider anzuregen". Darin liegt die Bedeutung, einer Glaubenstradition anzugehören. Es bedeute, das überlieferte Erbe für die Gegenwart ernst zu nehmen (Wannenwetsch in diesem Band). Wie Carl Braaten herausgestellt hat, kann christliche Tradition nicht pauschal hingenommen werden. „Es gibt in der Geschichte des Christentums viel

---

[21] Rudolf Bultmann: „Glauben und Verstehen", III, Tübingen, 1965, S. 142-150; vgl. auch in Hans Conzelmann/Andreas Lindemann: „Arbeitsbuch zum Neuen Testament", Tübingen, 2004, S. 2.

Morsches."[22] Gemeinschaften „bringen im Ringen um ihren Glauben im eigenen Kontext Erklärungen vor, die ihnen eine dieser Situation angepasste Sprache verleihen; sie geben diese Erklärungen, die für spätere Generationen nützlich sein könnten, dann weiter. Doch die nachfolgenden Generationen müssen diese früheren Erklärungen mit den Anforderungen ihrer eigenen Zeit in Verbindung bringen. Durch Weitergabe der Tradition an die nächste Generation und durch Kontextualisierung solcher Tradition wird Tradition lebendig. Wenn aber die Tradition in ihrer festgelegten Form und ohne Bemühungen, sie auf Fragen der jeweiligen Zeit zu beziehen, übernommen wird, wird sie zu einem tödlichen Traditionalismus."[23]

Werden durch die Feststellung eines gemeinsamen hermeneutischen Rahmens Pluralität und miteinander in Widerspruch stehende Interpretationen beseitigt? Nicht notwendigerweise, denn die Kontexte der Lesenden bleiben unterschiedlich und ihre Aneignung der Heiligen Schrift wird daher nicht identisch sein. Eine Klärung der theologischen Ansatzpunkte könnte die Lesenden jedoch einander weit näher bringen, als wenn sie ihre theologischen Standpunkte weiterhin nicht kennen würden oder nicht bereit wären, miteinander ins Gespräch zu kommen. Aus diesem Grund müssen die Mitglieder des LWB immer Wege finden, ihre Hermeneutik an den gemeinsamen theologischen Traditionen auszurichten, d.h. den drei ökumenischen Glaubensbekenntnissen (dem Apostolischen, dem Nizänischen und dem Athanasianischen Glaubensbekenntnis) sowie den Bekenntnissen der lutherischen Kirche, insbesondere der unveränderten Augsburgischen Konfession und Luthers „Kleinem Katechismus". Ein Grund, warum diese Bekenntnisse so ernst genommen werden als die Linse, durch die die Schrift gelesen werden kann, ist die Erkenntnis, dass heutige christliche Gemeinschaften die Bibel in Gemeinschaft mit früheren christlichen Traditionen lesen. Dies geschieht in dem Bewusstsein, dass diese Bekenntnisse auf bestimmte Fragen der Zeit antworteten, so dass niemand erwarten sollte, in diesen Bekenntnisschriften „konkrete bindende Weisungen für alle konkreten Situationen" zu bekommen.[24] Es wird auch anerkannt, dass es Zeiten gegeben hat mit „falscher Vorordnung des Bekenntnisses und der Dogmatik vor die Schrift", z.B. in der Zeit der lutherischen Orthodoxie.[25] Es ist für das reiche Erbe der Tradition der Glaubensgemeinschaft jedoch möglich, bei der heutigen Auslegung der Schrift ernst genommen zu werden, wenn Tradition erneuert und Schrift erhellt wird. Jaroslav Pelikan sagte: „Tradition

---

[22] Braaten, a.a.O. (Fussnote 17), S. 3.

[23] Jaroslav Pelikan: „The Vindication of Tradition", New Haven, 1984, S. 65, bei Olson in dieser Publikation.

[24] Edmund Schlink: „Theologie der Lutherischen Bekenntnisschriften", Günther Gassmann (Hg.), Göttingen, 2008, S. 9.

[25] Ebd., S. 9-10.

ist der lebendige Glauben der Toten; Traditionalismus ist der tote Glaube der Lebenden."[26] Diese wichtige Verbindung von Tradition und Heiliger Schrift würde einen grossen Beitrag für die Einheit der Kirche und das öffentliche Zeugnis der Kirche leisten.

DER WEG IN DIE ZUKUNFT

Hans-Peter Grosshans erklärt:

> Der Umgang mit der Vielfalt, in der das Wort Gottes verstanden wird, ist eine Frage der Methodik. Die Kirchen sind gefragt, Verfahren zu entwickeln, um ihr jeweiliges Verständnis untereinander zu kommunizieren, und sie müssen verschiedene Formen solcher kultur- und kontextübergreifenden Kommunikation ermöglichen, indem sie Gelegenheiten schaffen, bei denen Glaubende aus unterschiedlichen Kontexten sich über ihr jeweiliges Verständnis biblischer Texte austauschen und es theologisch reflektieren.

All die Vorschläge in dieser Publikation können jene ständige Kommunikation unter den Kirchen nicht ersetzen. Solche Kommunikation erfordert eine Offenheit, die die Komplexität des „Lesens" und der Sinnfindung der Schrift in unserer heutigen Zeit erkennt (siehe Anni Hentschel in diesem Band). Solche Kommunikation erfordert auch eine Demut, die aus der Anerkennung des Wirkens des Heiligen Geistes erwächst, der das Lesen der Heiligen Schrift erleuchtet. Der Geist ist der Wind, der „bläst, wo er will" (Joh 3,8). Wir können nur tastend erkennen, wo der Geist Leben verwandelt, und manchmal nur rückblickend. Wir selbst sollten sorgsam sein bei unserer Aufgabe, unsere Kontexte und die Heilige Schrift im Licht unserer eigenen Tradition zu lesen. Im übrigen „ist es der Geist, der lebendig macht; das Fleisch ist nichts nütze. Die Worte, die ich zu euch geredet haben, die sind Geist und sind Leben" (Joh 6,63).

---

[26] Jaroslav Pelikan: „The Emergence of the Catholic Tradition (100-600)", Chicago, 1971, S. 9.

„Verstehst du auch, was du liest?" (Apg 8,30) Lutherische Hermeneutik im Überblick

Hans-Peter Großhans

Gibt es überhaupt eine spezifisch *lutherische* Hermeneutik? Können sich lutherische Kirchen und ihre Mitglieder auf eine ihnen eigene Hermeneutik stützen, um die inneren Bande ihrer Kirchengemeinschaft zu stärken und um ihren Austausch mit anderen christlichen Traditionen, ja, der Welt insgesamt zu vertiefen? Kann eine solche Hermeneutik aus den effektiven Erfahrungen des Lesens der Heiligen Schrift in diversen Kontexten, dem lutherischen theologischen Erbe und der Heiligen Schrift so synthetisiert und begrifflich gefasst werden, dass die dabei zustande kommenden methodologischen Texte eine Hilfe für das Verstehen und die Verständigung in den verschiedenen Situationen sind, in denen biblische Texte in den Kirchen gelesen und verwendet werden?

Nun gibt es in der Geschichte der lutherischen Theologie einige paradigmatische Beiträge einer spezifisch lutherischen Hermeneutik – bzw. einer als lutherisch zu bezeichnenden Hermeneutik –, in denen eine Antwort auf die eingangs genannten Fragen gesucht werden kann. Ein solcher Rückblick ist hilfreich, um festzustellen, ob zumindest im historischen Sinne ein spezifisch lutherisches hermeneutisches Profil existiert. Selbst wenn heutzutage lutherische Gemeinden und TheologInnen den traditionellen lutherischen Ansätzen, biblische Texte zu lesen und zu verstehen, nicht mehr konsequent folgen, sollten sie zumindest um die Tradition wissen, von der sie abweichen bzw. sollten sie sich fragen, ob sie diese im Licht heutiger Probleme und Verstehensweisen nicht aktualisieren sollten.

Zur Auseinandersetzung mit dem Thema Hermeneutik ist es zunächst hilfreich, sich die Herkunft des Begriffs aus dem Griechischen (ἑρμενευτική) zu vergegenwärtigen. Soweit wir wissen, wird er erstmals bei Platon verwendet. Die ältesten Quellen bezeichnen als Hermeneutik die Auslegung der Zeichen der Götter – ähnlich der Auslegung von Träumen. „Auslegung" bedeutet hier sowohl Zeichen fremder Herkunft „zu übersetzen" als auch ihnen einen „Sinn zuzuweisen". In der europäischen Philosophie von Platon bis Heidegger wird der Ursprung der Hermeneutik immer wieder mit dem Gott Hermes in Verbindung gebracht.[1] Hermes hatte die Aufgabe, göttliche Botschaften an die Menschen zu übermitteln.[2] In der späteren griechischen Antike betrachtete man den Gott Hermes als den Vermittler schlechthin, als Magier und als den Erfinder von Sprache und Schrift. Hieraus ergibt sich, dass Hermeneutik verstanden wird als Auslegung im engen Sinn – also als „Übersetzung" – wie auch im übertragenen Sinn. In der späteren Geschichte protestantischer Hermeneutik finden sich ebenfalls beide Aspekte. Dies gilt insbesondere für die Hermeneutik Friedrich Schleiermachers am Anfang des 19. Jahrhunderts. Nach Schleiermacher gehört zum Verständnis von Texten zum einen eine grammatikalische Analyse, zum anderen eine Divination (ein Erahnen), sozusagen eine prophetische Rekonstruktion des jeweiligen Textes bzw. der betreffenden Rede.[3]

HERMENEUTISCHE ENTWICKLUNGEN IN DER ALTEN KIRCHE

Zwei wesentliche Entwicklungen in der Alten Kirche müssen in Erinnerung gerufen werden, um die Eigenart lutherischer Hermeneutik verstehen zu können. Im Christentum ist die Hermeneutik – bzw. das, was wir Hermeneutik nennen – von Anfang an präsent. Bereits in den neutestamentlichen Texten sind Auslegungs- und Verstehensprozesse erkennbar – primär in Bezug auf Texte aus dem Alten Testament, aber auch auf solche Texte, die in den neuen christlichen Gemeinden entstanden. Mit der Himmelfahrt Jesu Christi wurde das Christentum zu einer auf Texten basierenden Religion. Damit wurden zwei Fragen wichtig: Welche Texte sind relevant? Wie sind diese Texte auszulegen?

Die erste Frage wurde mit der Entstehung des Kanons beantwortet. In einem informellen Prozess wurde eine Reihe von Texten in den Kanon der

---

[1] Eine Ähnlichkeit zwischen beiden Wörtern besteht, trotzdem ist die etymologische Verwandtschaft fraglich.

[2] Nach Platon hatte Hermes insbesondere die Gabe der Rede ($\pi\epsilon\rho\grave{\iota}$ $\lambda o\acute{\gamma}ov$ $\delta\acute{v}\nu\alpha\mu\iota\varsigma$ – Platon, Kratylos 408 a2).

[3] Vgl. Friedrich Schleiermacher: „Hermeneutik und Kritik. Mit einem Anhang sprachphilosophischer Texte Schleiermachers", herausgegeben und eingeleitet von Manfred Frank, Frankfurt a.M., 1990; vgl. Jean Grondin: „Einführung in die philosophische Hermeneutik", Darmstadt, 2012.

Heiligen Schrift aufgenommen. Kanon ist das griechische Wort für *norma* (Norm). Einer bestimmten Menge von Texten wurde die Rolle übertragen, die Norm und die Regel zu sein, anhand derer zu entscheiden ist, was christlich ist.

Mit der zweiten Frage befasste sich die Lehre vom „vierfachen Schriftsinn", die ursprünglich von Origenes (185-254) formuliert wurde. Im vierten Buch von *De principiis* (zweites Kapitel) beantwortet Origenes die Frage, *wie* wir die göttlichen Schriften lesen und verstehen sollten. Nach seiner Überzeugung entstehen Missverständnisse und Falschauslegungen daraus, dass die Heilige Schrift wörtlich und nicht im geistlichen Sinne verstanden wird. Nach Origenes richten sich die biblischen Texte in ihrem Wortsinn an die Einfältigen; diejenigen hingegen, die im Glauben vorangeschritten sind, sollten die Bibel in ihrem spirituellen, allegorischen Sinn lesen. Weiterhin lehrte Origenes, dass sich jene, die vollkommen im Glauben sind, mit der eschatologischen Bedeutung der Texte auseinandersetzen sollten. Mit diesem Konzept lässt sich die Heilige Schrift als Ganze einheitlich auslegen, Widersprüche werden vermieden und Passagen, die zunächst unklar scheinen, eröffnen sich dem Verständnis. Es ist demnach also zu unterscheiden zwischen dem wörtlichen und dem spirituellen Sinn des biblischen Texts. Später wurde der spirituelle Sinn weiter ausdifferenziert in einen allegorischen, moralischen und anagogischen (eschatologischen) Sinn. Zugrunde liegt die Idee, dass neben, jenseits oder in der (literalen) Wortbedeutung eines biblischen Textes dieser auch allegorisch gelesen werden kann – als Allegorie des spirituellen Lebens der menschlichen Seele; oder dieser Text kann im moralischen Sinn verstanden werden, sagt also etwas über das christliche Leben aus; oder aber er kann eschatologisch gelesen werden und offenbart dann Aspekte christlicher Hoffnung. Offensichtlich ist bei diesem Verfahren, dass mit der Auslegung des spirituellen Sinns biblischer Texte die Rolle des Auslegers und der Auslegerin betont wird und so die Auslegung nicht allein vom Text selbst kontrolliert wird.

Diese beiden beschriebenen altkirchlichen Entwicklungen sind zu berücksichtigen, wenn wir uns nun dem Schriftverständnis Martin Luthers im Allgemeinen und insbesondere seinen hermeneutischen Prinzipien zuwenden.

BIBEL – HEILIGE SCHRIFT – WORT GOTTES: UNTERSCHEIDUNGEN IN DEN SCHRIFTEN MARTIN LUTHERS

Luther hat die Heilige Schrift in erste Linie in ihrer Rolle im Heilsgeschehen als eines der göttlichen Heilsmedien wahrgenommen und begriffen. Diese Sicht auf die Heilige Schrift wird dann jedoch auch für die theologische Epistemologie wichtig. Für Luther war die Heilige Schrift Quelle und Norm menschlicher Erkenntnis von Gott.

Durch die Worte der Bibel spricht Gott auf verschiedene Weise zum Menschen und zu seinem Volk, der Kirche. So ist Gott in der Welt gegenwärtig durch sein Wort – das ist das Thema, das Luther als Theologen interessierte.

Dabei sind drei Perspektiven auf dieselben Texte zu unterscheiden. Zu unterscheiden sind: Bibel – Heilige Schrift – Wort Gottes. Die *Bibel* ist ein Buch (wie andere religiöse Bücher), das durch seine Verwendung in der Kirche zur *Heiligen Schrift* wird und *Wort Gottes* werden kann, wenn Menschen von ihm in heilswirksamer Weise angesprochen werden. Dies kann in Form eines verpflichtenden göttlichen Gebots geschehen oder im Sinne des erlösenden Evangeliums: „trosten mag keyn buch, denn die heyligen schrifft [...] denn sie fasset gottis wortt"[4].

Allerdings war es für Luther wichtig, die Heilige Schrift als Quelle und Norm der Lehre der Kirche und Gottes Heilswort nicht zu trennen von den literalen biblischen Texten in ihrer Gesamtheit als ein Buch. Dabei wurde das humanistische Motto seiner Zeit, *ad fontes*, für Luther bedeutsam. *Ad fontes* meint die Rückkehr zu den ursprünglichen Quellen der Lehre und Predigt der Kirche, d. h. zu dem in griechischer und hebräischer Sprache abgefassten Urtext der Bibel. Humanisten wie etwa Erasmus waren der Überzeugung, dass das Christentum durch die Rückkehr zu seinen Wurzeln erneuert werden könne. Luther teilte diese Meinung und übersetzte 1521 das Neue Testament aus dem (damals bekannten) griechischen Originaltext ins Deutsche. Lebenslang arbeitete er gemeinsam mit anderen Gelehrten, wie beispielsweise seinem Freund Philipp Melanchthon, an der Übersetzung des Alten Testaments vom Hebräischen ins Deutsche. Die Einsicht war: Um Texte, die in einer fremden Sprache geschrieben wurden und die aus anderen historischen, geografischen, kulturellen, politischen und religiösen Kontexten als dem eigenen stammen, vollständig und adäquat zu erfassen, müssen sie in der Originalsprache gelesen und in die eigene Muttersprache übersetzt werden. Christliche Gemeinschaften brauchen deshalb Menschen in ihrer Mitte, die zu einer solchen Übersetzung und Auslegung der biblischen Texte in der Lage sind. Für die Mehrheit der Christen, die mit den Originalsprachen der biblischen Texte nicht vertraut sind, ist es wichtig, sich auf die sprachliche (und insofern auch historische, kulturelle und religiöse) Kompetenz derjenigen verlassen zu können, von denen die biblischen Texte übersetzt und dabei auch ausgelegt werden.

In Hinsicht auf die Verkündigung des *Wortes Gottes* war Luther allerdings überzeugt davon, dass sie auf der Grundlage des richtigen Verständnisses der *biblischen* Texte besser mündlich als schriftlich geschehen sollte. Das – gebietende oder tröstende – Wort Gottes an die Menschen zu richten ist

---

4 WA 10/I, 2, S. 75.

etwas anderes, als mit einem gelehrten Buch Informationen weiterzugeben. Für Luther war die grundlegende Form des Evangeliums die mündliche Rede, die er deshalb keinesfalls geringer achtete als das geschriebene oder gedruckte Wort – ganz im Gegenteil: „Darumb hatt auch Christus selbs seyn lere nitt geschriben [...] ßondern hatt sie mundlich than, auch mundlich befollhen tzu thun und keynen befelh geben sie tzu schreyben."[5]

> [E]s solten on bucher an allen orttern seyn gutte, gelerte, geystliche, vleyssige prediger, die das lebendige wortt auß der allten schrifft tzogen und on unterlaß dem volck furbleweten, wie die Aposteln than haben. Denn ehe sie schrieben, hatten sie tzuuor die leutt mitt leyplicher stymme bepredigt und bekeret ... Das man aber hatt mussen bucher schreyben, ist schon eyn grosser abbruch und eyn geprechen des geystis, das es die nott ertzwungen hatt ..., denn da an statt der frummen prediger auffstunden ketzer, falsche lerer und mangerley yrthum ..., Da must man das letzt vorsuchen, das tzu thun unnd nott war ...: da fieng man an zu schreyben, und doch durch schrifft, ßo viell es muglich war, die scheffle Christi ynn die schrifft tzu furen und damit vorschaffen, das doch die schaff sich selb weyden mochten und fur den wolffen bewaren, wo yhr hyrtten nit weyden odder tzu wolffen werden wolten.[6]

Luther war sich jedoch durchaus bewusst, dass die Heilige Schrift falsch ausgelegt werden kann, was wiederum die Notwendigkeit des theologischen Diskurses und des Schreibens theologischer Bücher begründet. Wie aber lässt sich feststellen, welche Auslegungen richtig und welche falsch sind? Woher nehmen kirchenleitende Personen und TheologInnen die Weisheit und Einsicht, richtige von falschen Auslegungen zu unterscheiden? Im obigen Zitat gibt uns Luther lediglich den einen Hinweis, dass solche (theologischen) Schriften die Lesenden durch die Heilige Schrift in die Heilige Schrift führen sollen. Dies ist jedoch ein sehr allgemeines Kriterium für eine Klärung der Frage, welche Auslegung wohl richtig sein mag und der weiteren Entfaltung bedarf.

Im Hinblick auf den oben erwähnten Kanon der Heiligen Schrift ist zu beachten, dass Luther nicht jeden biblischen Text für die Gläubigen für relevant hielt und allen biblischen Texten gleiche Bedeutung zumass. Für Luther war beim Lesen eines biblischen Textes entscheidend, ob er den zum Heil aller Menschen gekreuzigten und von den Toten auferstandenen Jesus Christus bezeugt und verkündigt. Nach Luthers Auffassung ist dies der der Bibel eigene Massstab der Wahrheit, der dann auch eine Kritik biblischer Texte ermöglicht. Luther vertrat entsprechend die Auffassung, Christus

---

[5] WA 10/I,1, S. 626.
[6] Ebd., S. 626-627.

sei der einzige Inhalt der Heiligen Schrift: „Denn das ist ungetzweyfflet, das die gantze schrifft auff Christum allein ist gericht."[7]

Aufgrund dieses Kriteriums übte Luther radikale Kritik an ganzen biblischen Büchern. Seiner Einschätzung nach gehören der Jakobusbrief, der Hebräerbrief und die Offenbarung des Johannes nicht zu den zentralen Büchern des Neuen Testaments, da sie nicht allein auf Christus ausgerichtet sind. Freilich schloss Luther aus Respekt vor der Tradition und ihrer Auswahl des biblischen Kanons diese Bücher nicht aus der deutschen Bibel aus. Allerdings veränderte er die Reihenfolge der Schriften des Neuen Testaments und stellte diese Texte an den Schluss der Bibel.

In seinem kritischen Umgang mit den biblischen Texten beurteilte Luther diese jedoch nicht nach äusseren Kriterien, sondern im Kontext der Bibel als Ganzes. Seine Prämisse lautete:

> Christus ist Herr, nicht Knecht, Herr des Sabbaths, des Gesetzes und aller Dinge. Und die Schrift ist nicht gegen, sondern von Christus her zu verstehen, deshalb muss sie sich entweder auf ihn beziehen, oder ist nicht für eine wahre Schrift zu halten.[8]

Luther entwickelte sein Verständnis von der Heiligen Schrift und ihrer Auslegung besonders profiliert in Auseinandersetzung mit dem traditionellen römisch-katholischen Verständnis, mit der besonders Mitte der 1520er Jahre an Einfluss gewinnenden Täuferbewegung und mit Erasmus von Rotterdam in seiner Schrift „Über den unfreien Willen" (*De servo arbitrio*).

LUTHERS ZENTRALES HERMENEUTISCHES PRINZIP: DIE HEILIGE SCHRIFT LEGT SICH SELBST AUS

Woher bezieht die Heilige Schrift ihre Autorität und wer garantiert ihre Wahrheit?

In seinen ersten Konflikten mit den Entscheidungsträgern der römischen Kirche hatte Luther die Autorität der Heiligen Schrift gegenüber anderen Autoritäten innerhalb der römischen Kirche für bestimmte Aspekte ihrer Lehre und Praxis betont. Die römische Kirche beanspruchte offiziell für sich und ihre Vertreter, dass sie die Autorität der Heiligen Schrift garantierten.

Luther seinerseits akzeptierte diese Unterordnung der Schrift unter die Kirche und ihre Tradition nicht. Vielmehr verfocht er das Prinzip, die Heilige Schrift beglaubige sich selbst: Die Schrift hat und braucht keine Bürgen als sich selbst.

---

[7] WA 10/II, S. 73.
[8] Vgl. WA 39/I, S. 47.

Luther stützte diese Erkenntnis gar nicht auf den Anspruch des Neuen Testaments, von Gott inspiriert zu sein, wie es etwa in 2.Tim 3,16 vertreten wird: „... alle Schrift, von Gott eingegeben ..." Ein solches sich selbst begründendes Argument war längst nicht ausreichend. Luther war Realist: Die Autorität der Heiligen Schrift begründet sich ausschliesslich in ihrem Inhalt, der auf Jesus Christus und das göttliche Heilswerk am Menschen verweist. Daher ist diese Autorität abhängig von der Wahrheit ihres zentralen Inhalts, nämlich der Beziehung Gottes zum Menschen – niemand und nichts sonst gibt der Schrift Autorität, auch nicht eine Institution wie die Kirche. Hier wird wiederum Luthers Betonung der Wahrheit deutlich – die Bibel ist nicht einfach wahr, weil sie behauptet, es zu sein. Was die Bibel wahr macht, ist ihre wahrhaftige Darstellung des Heilswerks Gottes.

Daher ist die Autorität der Schrift auch nicht abhängig von der Tatsache, dass die Kirche als menschliche Gemeinschaft die biblischen Texte ausgewählt und zu einer Heiligen Schrift zusammengestellt hat. Vielmehr ist es umgekehrt die Wahrheit der Schrift, die der Kirche ihre Autorität verleiht.

Entsprechend erschliesst sich der eigentliche Sinn der biblischen Texte in ihrer Bezugnahme auf den liebenden und gerechten Gott und Gottes gnädiger Beziehung zur Menschheit. Für Luther ist dies identisch mit der Bezugnahme der biblischen Texte auf Jesus Christus. Alle früheren und aktuellen Auslegungen biblischer Texte müssen also in diesem Licht bewertet werden. Luther fasst seine Position in der Aussage zusammen, die Heilige Schrift lege sich selbst aus. Die Heilige Schrift ist „durch sich selbst ganz gewiss ..., ganz leicht zugänglich, ganz verständlich, ihr eigener Ausleger"[9]; „[a]lso ist die schrifft jr selbs ain aigen liecht. Das ist dann fein, wenn sich die schrifft selbs außlegt"[10].

Dieses Prinzip der Selbstauslegung der Heiligen Schrift führte Luther als Argument gegen die traditionelle Position an, derzufolge das vom Heiligen Geist geleitete Lehramt der Kirche die Autorität und Kompetenz besitze, die Heilige Schrift recht auszulegen.

Luther wandte sich auch gegen das Schriftverständnis der damals neuen Bewegung der lange Zeit von den lutherischen Kirchen so genannten Wiedertäufer.[11] Dieser „radikale Flügel" der Reformation, vertreten etwa von Andreas

---

[9] Martin Luther: „Lateinisch-Deutsche Studienausgabe, Band 1: Der Mensch vor Gott", herausgegeben und eingeleitet von Wilfried Härle, Leipzig, 2006, S. 81.

[10] WA 10/III, S. 238.

[11] Mittlerweile sind die lutherischen Kirchen, vor allem im Dialog mit den Mennoniten, zu der Erkenntnis gelangt, dass die Bezeichnung „Wiedertäufer" falsch ist.

Karlstadt[12] und Thomas Müntzer[13] wurde als „Wiedertäuferbewegung" bzw. (treffender) als „Täuferbewegung" bezeichnet, weil er die Kindertaufe ablehnte und Erwachsene also möglicherweise nochmals getauft werden mussten. Er betonte die innerliche, spirituelle Seite christlichen Lebens und der Heilige Geist wurde in einem Gegensatz zum äusserlichen Buchstaben der Heiligen Schrift gesehen. Innerhalb dieser Gemeinschaften wurden Leitungsfunktionen jenen übertragen, die als vom Heiligen Geist erfüllt galten, unabhängig von ihrem Stand als Geistliche oder Laien. Dies führte häufig zur Abschaffung des beruflichen Pfarramts. So artikulierte beispielsweise Thomas Müntzer sehr klar diese Konzentration auf den göttlichen Geist:

> Aber Gott offenbart sich mit dem inneren Wort in dem Abgrund der Seele. Welcher Mensch es nicht gewahr geworden ist durch das lebendige Zeugnis Gottes, der weiss von Gott nichts gründlich zu sagen, wenn er gleich hunderttausend Biblien hätte gefressen. Gott kommt zu seinen Auserwählten, wie er zu den Aposteln, Patriarchen und Propheten kam [...] Der Geist Gottes offenbart jetzt vielen auserwählten frommen Menschen eine treffliche unüberwindliche zukünftige Reformation.[14]

Die TäuferInnen vertraten die Position, dass zur rechten Auslegung biblischer Texte eine besondere geistliche Begabung nötig sei, die Gott bestimmten Menschen verleihe. Luther ignorierte zwar ganz und gar nicht

---

[12] Andreas Rudolff-Bodenstein von Karlstadt (1480-1541) gehörte zu den Inspiratoren des „radikalen Flügels" der Reformation. 1522 führte er gemeinsam mit anderen kirchliche Reformen wie die Einführung der Priesterehe und die Abschaffung heiliger Weihen durch. Auch zerstörte die Bewegung alle Bilder in den Kirchen und schaffte die Kirchenmusik ab, da sie den Standpunkt vertrat, der Heilige Geist brauche keinerlei äusserliche Hilfen, sei es Kunst oder Musik. Luther stand nicht allen diesen Massnahmen wohlwollend gegenüber. Er selbst liebte insbesondere die Kirchenmusik und räumte ihr einen wichtigen Platz im Gottesdienst ein; er komponierte selbst zahlreiche Choräle.

[13] Thomas Müntzer war ebenfalls ein prominenter Vertreter des „radikalen Flügels" der Reformation. Die einfache Bevölkerung erhoffte sich von der Reformation eine Verbesserung ihrer Lebenssituation. „Propheten" wie Müntzer predigten das Ende der Welt. 1525 erklärte er, das Reich Gottes sei nahe und formierte den Bauernaufstand in Sachsen. In ganz Deutschland erhob sich die bäuerliche Bevölkerung, die Aufstände wurden jedoch von den fürstlichen Armeen niedergeschlagen. Müntzer selbst wurde gefangengenommen und enthauptet. 1525 verfasst Luther die Schriften „Gegen die himmlischen Propheten" und „Gegen die mordenden, stehlenden Horden von Bauern", die die Fürsten als Startsignal nahmen, mit ihren Heeren die bäuerliche und radikal christliche Bewegung niederzuschlagen.

[14] Zitiert in: Roland H. Bainton: „Hier stehe ich. Das Leben Martin Luthers", Göttingen, 1952, S. 226.

die Bedeutung des Heiligen Geistes für die Schriftauslegung, war aber der Ansicht, dass der Geist, in dem Menschen die Bibel recht auslegen können, der Geist der Heiligen Schrift selbst sein muss.

Für Luther waren seine römisch-katholischen und täuferischen Zeit-genossinnen und Zeitgenossen „Enthusiasten", da sie die Schrift in ihrer Auslegung äusseren Regeln unterwarfen. Aus diesem Grund stand Luther der allegorischen, bildhaften Auslegung biblischer Texte (ja, jeder Form der spirituellen Auslegung) misstrauisch gegenüber und betonte stattdessen die Orientierung der Auslegung an ihrem literalen Sinn. Luther hielt eine solche Auslegung in den meisten Fällen für möglich, denn nach seinem Urteil ist die Bibel aus sich selbst heraus klar und ihre Erzählungen haben jeweils eine einfache und klare Bedeutung, die aus ihrem wesentlichen Inhalt, Jesus Christus, erwächst.

1525, in dem Jahr, als Luther im Streit mit Täuferinnen und Täufern sowie aufständischen Bauern stand, verfasste er auch die umfangreiche Schrift „Über den unfreien Willen / De servo arbitrio", in der er zu Eras-mus' substanzieller Kritik an seinen theologischen Ideen Stellung nahm, die dieser 1524 unter dem Titel „Vom freien Willen / De libero arbitrio" publiziert hatte. Luther setzte sich hier mit dem Schriftverständnis aus-einander und führte die Unterscheidung zwischen einer äusserlichen und einer inneren Klarheit der Heiligen Schrift ein:

> Und um es kurz zu sagen: Doppelt ist die Klarheit der Schrift, wie auch die Dun-kelheit doppelt ist: Eine ist äusserlich im Amt des Wortes gesetzt, die andere in der Kenntnis des Herzens gelegen. Wenn du von der inneren Klarheit sprichst, sieht kein Mensch auch nur ein Jota in den Schriften, es sei denn, er hätte den Geist Gottes. Alle haben ein verdunkeltes Herz, so dass sie auch dann, wenn sie alles von der Schrift vorzubringen behaupten und verstehen, dennoch für nichts davon Gespür haben oder wahrhaft erkennen [...] Denn der Geist wird erfordert zum Verständnis der ganzen Schrift und jedes ihrer Teile. Wenn du von der äusseren [Klarheit] sprichst, ist ganz und gar nichts Dunkles oder Zweideutiges übrig.[15]

Erasmus hatte die These aufgestellt, die Schrift enthalte dunkle, unklare Passagen, die eine Auslegung durch die kirchlichen Autoritäten oder gemäss der Auslegungstradition der Kirche erforderlich machten. Luther schlägt demgegenüber vor, zwischen der inneren Klarheit (oder Dunkelheit) der Botschaft der biblischen Texte einerseits, die im Verstehen des menschlichen Herzens verortet ist, und ihrer äusserlichen Klarheit (oder Dunkelheit) ande-rerseits im Sinne des Verstehens der in den Texten enthaltenen Zeichen und Bedeutungen durch die Vernunft des Menschen zu unterscheiden. Liest man

---

[15] Martin Luther: „Lateinisch-Deutsche Studienausgabe", a.a.O. (Fussnote 9), S. 239.

biblische Texte mit offenem Geist, findet die menschliche Vernunft nichts Dunkles oder Zweideutiges. Gleichwohl kann die Botschaft des Textes aber für das Herz der einzelnen Person dunkel und unklar bleiben.

Auch Philosophen anerkennen zuweilen, dass die Freiheit der menschlichen Vernunft durch den Theologen Martin Luther besser verteidigt wurde als durch den Philosophen Erasmus von Rotterdam und sein Umfeld. Der Gebrauch der Vernunft in der Auslegung der Bibel wurde dann weiterentwickelt von Matthias Flacius Illyricus, einem Lutheraner der zweiten Generation, in hermeneutischem Werk *„Clavis scripturae sacrae /* Schlüssel zur Heiligen Schrift". Flacius stimmt mit Luther darin überein, dass diejenigen, die einen biblischen Text lesen, selbst zu einem plausiblen und bibelgemässen Verständnis gelangen können, wenn sie allgemein anerkannten Regeln folgen – Regeln für das Lesen und die Auslegung von Texten, die sich aus den Einsichten der Vernunft ergeben.[16]

Gleichzeitig zeigen sich bei der Auseinandersetzung mit biblischen Texten jedoch auch die Grenzen der Vernunft. Die Vernunft kann die Bedeutung und die Einsichten dieser Texte erfassen, sie hat aber keinen Zugang zu deren innerer Klarheit und sie kann das Herz nicht überzeugen, der Botschaft und insbesondere der Verheissung des Evangeliums im Alten und Neuen Testament zu trauen. Was die Aufgabe der Texte der Heiligen Schrift angeht, Vertrauen auf Gott zu wecken, ist Luther der Überzeugung, dies könne nur von Gott selbst gewirkt werden. Gott weckt das Vertrauen in ihn, wenn er durch die biblischen Texte Menschen anspricht.

Luther unterscheidet zwei Weisen, in denen Gott zum Menschen spricht: durch Gebote und durch Verheissungen, oder, wie er es formuliert, durch das Gesetz und durch das Evangelium.

Für die Hermeneutik Luthers müssen wir diese Unterscheidung berücksichtigen, selbst wenn sie vielleicht nicht unmittelbar zur Hermeneutik im engeren Sinn gehört. Die Frage der Auslegung biblischer Texte lässt sich nicht trennen von ihrer Rolle als Medium, in dem Gott sich den Menschen mitteilt, um sie zu erlösen und an seinem Leben teilhaben zu lassen.

Luther beruft sich bei der Unterscheidung von Gesetz und Evangelium auf Paulus. Es handelt sich um eine Unterscheidung, die eine fundamentale zweifache Erfahrung mit dem Wort Gottes zum Ausdruck bringt. Denn zwei Dinge werden im Wort Gottes präsentiert: der Zorn oder die Gnade Gottes, Sünde oder Gerechtigkeit, Tod oder Leben, Hölle oder Himmel[17].

Es war nicht Luthers Absicht, das Wort Gottes mit dieser Unterscheidung in zwei gegensätzliche Teile zu spalten oder die Bibel aufzuteilen in

---

[16] Jure Zovko: „Die Bibelinterpretation bei Flacius (1520-1575) und ihre Bedeutung für die moderne Hermeneutik", in: *ThLZ*, Leipzig, 2007, S. 1169-1180.

[17] Vgl. WA 39/I, S. 361.

Texte des Gesetzes und Texte des Evangeliums. Die Unterscheidung steht vielmehr für unterschiedliche Weisen der Beziehung Gottes zum Menschen; für zwei Weisen, wie Gott den Menschen anspricht – indem er ihn einerseits mit Anforderungen und Geboten konfrontiert und ihm andererseits Verheissungen zuspricht und ihn so tröstet.

Im Hinblick auf das Gesetz Gottes unterscheidet Luther wiederum mindestens zwei Verwendungen. Zum einen überführt Gottes Wort als Gesetz die Menschen ihrer Sünden, zum anderen dienen die Gebote Gottes auch der rechten Ordnung des menschlichen Lebens, indem Regeln zur Ordnung und Regulierung der menschlichen Gesellschaft formuliert werden. Nach Luther ist die erste Funktion des göttlichen Gesetzes theologischer, die zweite politischer Natur.

In der ersten Verwendung des Gesetzes Gottes kommt die Erfahrung der Heiligkeit und Gerechtigkeit Gottes zum Ausdruck, die die Massstäbe für das menschliche Leben festsetzt und dem Menschen einen Weg zeigt, heilig und gerecht zu werden. Allerdings erfahren in Gottes Gegenwart alle Menschen, selbst ein Prophet und eine Prophetin, ihr eigenes Leben als unheilig und unwürdig – und insofern als ein Leben, das enden und vergehen muss. Gottes Heiligkeit gibt im Gesetz einen so hohen Massstab vor, dass Menschen sich nicht in der Lage sehen, ihn vollkommen zu erfüllen. Daher bewirkt Gottes Wort als Gesetz in den einzelnen Menschen ein Bewusstsein davon, dass ihr eigenes Leben den Anforderungen des wahren, göttlichen Lebens nicht gerecht wird. Anders formuliert: Gottes Gesetz überführt den Menschen als Sünder. In diesem Sinne führt das Wort Gottes als Gesetz nicht unmittelbar zu Gerechtigkeit, sondern legt die menschliche Sünde offen und führt die Menschen durch diese Aufdeckung ihrer Sünde zur Erkenntnis ihres wahren (heillosen) Zustandes.

Gottes Gebote dienen jedoch auch einem politischen Zweck und sollen zur rechten Ordnung des menschlichen Lebens beitragen. Mit seinem Gesetz widersteht Gott im Rahmen seines Schöpfungshandelns dem Chaos in der menschlichen sozialen Welt. Für die Leserinnen und Leser, die die Bibel kennen, ist natürlich offensichtlich, dass diese Funktion des göttlichen Gesetzes differenzierter betrachtet werden muss. Zwischen den Zehn Geboten und den Gesetzen des politischen und gesellschaftlichen Lebens im alten Israel oder der Ordnung bestimmter Verfahren und Rituale im Jerusalemer Tempel besteht ein wesentlicher Unterschied. So unterscheidend nahm Luther an, dass das Gesetz Gottes, das Mose offenbart wurde, zum einen ein allgemeines Gesetz ist, das nicht nur für das jüdische Volk, sondern für alle Menschen gilt. Dieses göttliche Gesetz ist allen Menschen auch ins Herz geschrieben. Darüber hinaus ist zum andern in den biblischen Texten das Gesetz des jüdischen Volkes enthalten, das ausschliesslich dazu bestimmt ist, das Leben dieses Volkes zu ordnen.

Das Gesetz, das Gott in die Herzen der Menschen geschrieben hat, ist allen bekannt (vgl. Röm 2,14f) und damit älter als die mosaischen Zehn Gebote. Luther war der Auffassung, dass der Mensch von Natur aus weiss, dass er Gott anbeten und seine Nächsten lieben soll. Dieses lebendige Gesetz im Herzen der Menschen ist identisch mit dem Gesetz, das Moses gegeben wurde, und mit den ethischen Geboten des Neuen Testaments (besonders Mt 7,12: „Alles nun, was ihr wollt, dass euch die Leute tun sollen, das tut ihnen auch! Das ist das Gesetz und die Propheten.").

> Demnach ist es ein Gesetz, das durch alle Jahrhunderte geht, allen Menschen bekannt ist, in allen Herzen eingeschrieben; es lässt niemanden vom Anfang bis Ende entschuldigt zurück, auch wenn für die Juden Zeremonien hinzutraten, für die anderen Völkern ihre eigenen Gesetze, die aber nicht die ganze Welt verpflichten, sondern dieses Gesetz allein, das der Geist ohne Unterlass in den Herzen aller Menschen diktiert.[18]

Dieses allgemeingültige Gesetz bestimmt nach Luthers Auffassung das menschliche Gewissen. Das Gesetz, das von Natur aus in die Herzen der Menschen eingeschrieben ist, spricht ihr Gewissen an. In ihrem Gewissen wissen alle Menschen implizit um die Bedingungen für das Gelingen eines Lebens, das Gottes würdig ist. Das Gewissen ist also eine göttliche Stimme inmitten des Menschlichen, aber im Gewissen spricht Gott als Gesetzgeber und strenger Richter. In diesem Sinn kann die Stimme des Gewissens für Luther nicht das letztgültige Wort Gottes sein. Ihr Gewissen konfrontiert die Menschen unerbittlich mit Gottes Forderungen und beschuldigt und richtet sie nach dem Massstab des göttlichen Gesetzes – was aller Wahrscheinlichkeit nach zu Verzweiflung und Tod führt.[19] Gott, der Autor des göttlichen Gesetzes, spricht durch das Gewissen, das folglich Teil des Gesetzes ist, dem jeder Mensch unterworfen ist. Im Gewissen kommt so einerseits die hohe Würde der Person zum Ausdruck, andererseits aber auch die Tatsache, dass der Mensch in einem grundsätzlichen Sinn unfrei ist. Da Menschen nun nicht in der Lage sind, ihrem Gewissen gerecht zu werden, wird ihnen die Notwendigkeit der Gnade Gottes bewusst.

Was aber sind die Anforderungen des Gesetzes, das Gott in die Herzen der Menschen geschrieben hat? Ohne Frage erhebt er nicht nur Forderungen nach dem Massstab seiner eigenen Heiligkeit und Gerechtigkeit, klagt

---

[18] Vgl. WA 2, S. 580.

[19] Luther lebte selbst aus der Überzeugung, das Gewissen sei letzter und einziger Richter – denken wir etwa an sein Verhalten vor dem Reichstag in Worms 1521. Luther erwies der Gewissensfreiheit einen grossen, historischen Dienst. Wie Thomas More (1477-1535) stützte er seine Haltung auf das Gewissen, in dem Bewusstsein, dass er vor Gott und vor sich selbst nicht anders handeln konnte.

nicht nur die Menschen der Sünde an und überführt sie, sondern hat auch Regeln wie etwa die zehn Gebote gegeben, in denen Prinzipien für ein wohlgeordnetes Leben formuliert sind. Für Luther besteht eine der politischen Funktionen des göttlichen Gesetzes darin, in der sündhaften Welt, die in der Gewalt des Teufels ist, das Verbrechen und das Böse einzudämmen und so den öffentlichen Frieden zu sichern. Gebote wie „Du sollst nicht töten", „Du sollst nicht ehebrechen" oder „Du sollst nicht stehlen" (2.Mose 20,13-15) stehen beispielhaft für diese Funktion. Weitere politische Funktionen des göttlichen Gesetzes bestehen in der Ermöglichung von Bildung und, am wichtigsten, der Verkündigung des Evangeliums. Luther war der Überzeugung, dass Gott die Obrigkeiten und Institutionen eingesetzt hat, damit durch sie diese grundlegenden Gesetze ins tägliche Leben und in die politische Ordnung übertragen werden. Solche Institutionen und politische Autoritäten waren für Luther die Regierungen in Städten und Ländern sowie das bürgerliche Gesetz, insbesondere aber auch Eltern und Lehrkräfte, da in der Erziehung junger Menschen das Fundament für die Zukunft gelegt wird. Mit Hilfe solcher Institutionen und Autoritäten können Menschen nach Luthers Auffassung Gottes grundsätzliche Anforderungen an eine friedliche und gerechte gesellschaftliche Ordnung erfüllen, deren Alternative Gewalt und Chaos wären. Für Luther hatte es eine besondere Bedeutung, dass Gott in der gefallenen, sündhaften Welt eine positive, segensreiche Ordnung für das menschliche Leben eingesetzt hat. Darin artikuliert sich Gottes Wille, dass die Menschen in Frieden und Harmonie mit ihren Nächsten leben. Dazu hat Gott, der Schöpfer, die Menschen mit der Vernunft, dem Gewissen und dem ins menschliche Herz eingeschriebenen Gesetz ausgestattet und so die notwendige Bedingungen für eine geordnete, gerechte und friedliche Gesellschaft geschaffen.

Luther sah es als wesentlich für das menschliche Leben an, dass sich Menschen den Forderungen und dem drohenden Gericht Gottes in ihrem Leben stellen. Eine solche Konfrontation mit dem göttlichen Gesetz bringt es auf den Punkt, dass der Mensch nicht in der Lage ist, sich aus eigener Anstrengung in eine rechte Beziehung zu Gott zu setzen. Erst wenn er sich der Unzulänglichkeit seiner Bemühungen bewusst wird, ist er bereit, das Evangelium zu empfangen. Erst wenn eine Person sich verzweifelt bewusst wird, dass sie in Fragen des eigenen Heils und eines Gottes würdigen Lebens sich nicht auf die eigene Kraft verlassen kann, schenkt ihr Gott alles, was sie aus eigener Anstrengung nicht hervorbringen kann und konnte – Leben in Fülle, wie es das Evangelium verkündigt.

Im Evangelium wendet sich Gott nach Luthers Auffassung dem Menschen als gnädiger, freundlicher Gott zu. Allerdings hat Gott das Evangelium und das Gesetz nicht in einen Gegensatz zueinander gestellt, als wolle er sagen: „Liebes Kind, du bist nicht fähig, mein Gesetz zu erfüllen, aber ich

vergebe dir dein Versagen und will dich annehmen und lieben, wie du bist."
So formuliert, wäre jedoch die Position Luthers missverstanden. Indem er
im Evangelium Vergebung, Gerechtigkeit und Liebe anbietet, nimmt Gott
nicht nur die tatsächliche (heillose) Situation des Menschen an, sondern
will sie auch zum Besseren verändern. Das Evangelium legitimiert also
keineswegs die aktuelle Lebenssituation des Menschen. Vielmehr verfolgt
Gott mit dem Evangelium dasselbe Ziel wie mit dem Gesetz:

> Dan ßo kumpt das ander wort, Die gottlich vorheyschung und zusagung, und spricht
> ‚wiltu alle gepott erfullen, deyner boeßen begirde und sund loß werden, wie die gebott
> zwyngen und foddern, Sihe da, glaub in Christum, yn wilchem ich dir zusag alle
> gnad, gerechtickeyt, frid und freyheyt, glaubstu, so hastu, glaubstu nit, so hastu nit.'[20]

Die Ziele des göttlichen Gesetzes wie des Evangeliums sind Gerechtigkeit,
Frieden und Freiheit – und insofern grundsätzliche Dimensionen gelingenden
menschlichen Lebens. Aber das Evangelium formuliert diese Ziele nicht nur,
es enthält bereits ihre Verwirklichung, weil sie in Gott verwirklicht sind.
In dem Moment, in dem ein Mensch an Gottes Verheissung glaubt und ihr
vertraut, hat er alles, was Gott zugesagt hat, denn im Glauben hat er Teil am
göttlichen Leben. Das Evangelium erfordert also die Antwort des Glaubens;
und allein Glaube ist nötig, um die Ziele des Evangeliums (und insofern auch
die Ziele des Gesetzes) zu verwirklichen. Nach Luthers Auffassung haben die
an das Evangelium Glaubenden die „geistlichen" Güter Frieden, Gerechtigkeit
und Freiheit, weil sie von Gott gerecht, frei und friedvoll gemacht werden.

Ich habe Luthers soteriologische Konzeption von Gott, der auf zweifache Weise durch das Gesetz und das Evangelium Menschen anspricht,
beschrieben. Ohne sie bliebe eine Rekonstruktion von Luthers Schriftverständnis unvollständig. Durch die – gelesene oder gepredigte – Botschaft
der Heiligen Schrift spricht Gott zu Menschen. Es gibt nichts ausserhalb
des Zeugnisses der Bibel, wodurch Gott zum Menschen spricht. Wird diese
soteriologische Dimension und Funktion der biblischen Texte ignoriert,
dann wird eine lutherische Hermeneutik auf eine rein formale, technische
Ebene der Textauslegung reduziert.

Luther betonte die Autorität der Heiligen Schrift für das Leben der
Kirche und das Leben jedes und jeder einzelnen Gläubigen. Gleichzeitig
präsentierte er jedoch ein sehr reflektiertes und differenziertes Verständnis der Heiligen Schrift, ihrer Rolle innerhalb der Kirche und der Regeln
und Verfahren ihrer Auslegung. Von diesem Ausgangspunkt aus hat die
lutherische Theologie immer wieder neu die hermeneutischen Fragen und
die Prozesse der Auslegung und des Verstehens biblischer Texte diskutiert.

---

[20] WA 7, S. 24.

Welche Schwerpunkte einer spezifisch lutherischen Hermeneutik dabei sichtbar werden, soll im Folgenden an einigen paradigmatischen Beiträgen lutherischer TheologInnen verdeutlicht werden.

DIE LITERALITÄT DER BIBEL ERNST NEHMEN: DIE ERSTE VOLLSTÄNDIGE MODERNE HERMENEUTIK DES MATTHIAS FLACIUS

Im Jahr 1567 veröffentlichte der kroatische lutherische Theologe Matthias Flacius Illyricus (1520–1575) eine Hermeneutik unter dem Titel „*Clavis scripturae sacrae* / Schlüssel der Heiligen Schrift". Nach Ansicht des Philosophen Hans-Georg Gadamer begann mit Flacius' spezifisch lutherischer Hermeneutik die Geschichte der modernen Hermeneutik.[21]

Luthers Grundsatz, dass die Heilige Schrift sich selbst auslege, wurde zunehmend als eine polemische Behauptung und weniger als hilfreiche Beschreibung der Schriftauslegung betrachtet. Protestantische Theologen empfanden es folglich als Notwendigkeit, eine hermeneutische Theorie zu entwickeln und die Schriftauslegung in Anlehnung an Luthers allgemeines hermeneutisches Prinzip zu präzisieren. Da sich die Auslegung biblischer Texte im Protestantismus nicht auf äussere Autoritäten – etwa die Autorität inspirierter Lehrender oder Kirchenleitender – stützen konnte, sondern in eigener Verantwortung zu vollziehen war, wurde eine akademische Klärung des Interpretationsprozesses erforderlich. So entwickelten protestantische Theologen eine wissenschaftliche biblische Hermeneutik. Als erster veröffentlichte Matthias Flacius eine solche Hermeneutik. Sie ist gekennzeichnet von der Treue zur göttlichen Würde der Heiligen Schrift und berücksichtigt gleichzeitig die Einsichten anderer Wissenschaften der damaligen Zeit (insbesondere der humanistischen Philosophie und ihrer Interpretationsregeln). Im Jahr 1546, beim Konzil von Trient, hatte die römisch-katholische Kirche das protestantische Prinzip der Selbstauslegung der Heiligen Schrift angegriffen und die Lehre vertreten, die Schrift sei hermeneutisch unvollständig und müsse durch die Autorität der Tradition ergänzt werden. Die protestantische Seite musste nun belegen, dass die Schrift sich selbst genüge und verständlich sei. Zu diesem Zweck mussten, unter Annahme der Vollständigkeit und der Verständlichkeit der Heiligen Schrift, die hermeneutische Methode und die für die Auslegung biblischer Texte notwendigen Mittel geklärt werden. Flacius' umfangreiches Werk leistete genau dies. In seiner Antwort an die römisch-katholischen

---

[21] Vgl. Hans-Georg Gadamer: „Einführung", in: Hans-Georg Gadamer/Gottfried Boehm (Hg.): „Seminar: Philosophische Hermeneutik", Frankfurt, 1976, S. 7-40.

Kritikerinnen und Kritiker betont Flacius, dass der Grund, warum die Heilige Schrift (oder Teile davon) nicht verstanden würden, nicht an ihrer Unverständlichkeit liege, sondern vielmehr an der fehlenden sprachlichen Ausbildung der Interpretierenden und an ihren fragwürdigen Auslegungsmethoden. Ausgehend von der Kohärenz der Heiligen Schrift betonte Flacius ihre normative Autonomie, indem er sämtliche Elemente der Exegese und der Interpretation darstellte. Mit Hilfe von Philologie, Exegese, Rhetorik, Logik und weiteren wissenschaftlichen Erkenntnissen kann jeder biblische Text in Kohärenz mit der ganzen Bibel verständlich ausgelegt werden.

Hier kann nicht im Detail auf Flacius' komplexe Hermeneutik eingegangen werden. Stattdessen soll seine allgemeine hermeneutische Intention beleuchtet werden am Beispiel einer Diskussion, die er in den 1550er Jahren führte und die als einer der Gründe dafür gelten darf, dass er eine umfangreiche Hermeneutik verfasste.

Im Laufe der 1550er Jahre führte Flacius eine eingehende Debatte mit Kaspar Schwenckfeld (1489–1561),[22] der ursprünglich Anhänger Luthers gewesen war und aufgrund seiner Enttäuschung über den Verlauf der Reformation eine als „spiritualistisch" zu bezeichnende Theologie entwickelte.[23]

Schwenckfeld unterschied streng zwischen der Heiligen Schrift, die ausserhalb der Gläubigen bleibt, und dem Wort Gottes, das in ihnen wirksam wird. Für Schwenkfeld war Jesus Christus allein das wahre Wort Gottes. Er war davon überzeugt, dass nur der wiedergeborene Mensch in der Lage ist, im Glauben die Schrift recht und angemessen auszulegen. In ihrer schriftlichen Form als Text und selbst in der mündlichen Verkündigung kann die Heilige Schrift das Herz der Menschen – dort, wo die fundamentalen Lebensentscheidungen eines Menschen getroffen werden – nicht erreichen. Schwenckfeld sah folglich die zentrale Frage darin, wie ein Mensch *im Herzen* zum Glauben kommen könne.

Nach Schwenckfelds Auffassung reichen die biblischen Texte allein dazu nicht aus. Nur Gott und der Heilige Geist können das Herz der Menschen auf eine Weise erreichen, die es verwandelt und Glauben weckt. Worte, Zeichen, Symbole oder Mitmenschen (z. B. Geistliche) können dies nicht erreichen und bleiben ausserhalb des Herzens. Das Wort Gottes ist Jesus

---

[22] Vgl. zu der folgenden Darstellung der Kontroverse von Flacius und Schwenckfeld: Hans-Peter Grosshans: „Flacius und das Wort Gottes. Die Auseinandersetzung mit Kaspar Schwenckfeld", in: M. Miladinov/L. Ilić (Hg.): „Matija Vlačić Ilirik [III]. Beiträge der dritten internationalen Konferenz zu Matthias Falcius Illyricus, Labin/Kroatien, 2010", Labin, 2012, S. 90-104.

[23] Die Schriften Kaspar Schwenckfelds sind in den 19 Bänden des *„Corpus Schwenckfeldianorum"* (ab 1907 in Leipzig) veröffentlicht. Anhängerinnen und Anhänger Schwenckfelds finden sich heute noch in den USA: **www.centralschwenkfelder.com**

Christus selbst, der sich durch den Heiligen Geist direkt in das Herz des Menschen mitteilt. Dieses Wort Gottes wirkt im gläubigen Herzen ohne äusserliches Mittel, Instrument oder Medium.

Für Schwenckfeld folgte aus dieser Einsicht eine neue hermeneutische Konstellation von Schrift und Glaube. Wahrer Glaube folgt nicht der Schrift, die Reihenfolge ist vielmehr umgekehrt: Die Schrift muss dem Glauben folgen. Sie kann nur angemessen ausgelegt werden, wenn ein Mensch bereits glaubt, denn nur dieses Vertrauen des Herzens hat den rechten Bezug zur Heiligen Schrift. Nach Schwenckfeld ist

> [das] rechte lebendige Evangelium (…) nicht die histori von Christo, stimm, laut, noch buchstaben. Es ist nach seinem gründlichen Wesen auch nicht ein äusserlich wort, so wenig das mündliche Evangelium Gottes Kraft oder Gott ist, sondern es ist ein innerlich Wort des Glaubens, das lebendige Wort Gottes, das Wort der Wahrheit.[24]

Im Gegensatz zu Schwenckfeld betonte Matthias Flacius, dass es keine unmittelbare Kenntnis Gottes und des Heils gebe; beide seien immer vermittelt. Die Medien, in denen sich Gott mitteilt, werden dabei nach Flacius von Gott selbst bestimmt.

Gegen alle individuell willkürlichen Reinterpretationen des göttlichen Wortes, das Fleisch und Sprache wurde, besteht Flacius darauf: „Gott nicht wil mit uns menschen handeln, denn durch sein eusserlich wort und Sacrament. Alles aber was on solch wort unnd Sacrament vom Geist gerhümet wird, das ist der Teuffel."[25] Gott verwirklicht seine Ziele, also das Heil der Welt, nicht unmittelbar, sondern mit äusserlichen, sichtbaren, greifbaren Mitteln.

Flacius legt Römer 10,17 in striktem Sinn aus: „So kommt der Glaube aus der Predigt, das Predigen aber durch das Wort Christi." Gott hat eine Reihe von Aktivitäten angeordnet, die zum ewigen Heil führen – die Schrift, die Sakramente, die Predigt und das Hören mit den Ohren. Flacius legt dar, dass „der Glaube aus dem auswendigen Gehör des gepredigten worts komme" und nicht „aus der inwendigen offenbarung" durch eine unmittelbare Berührung des Heiligen Geistes.[26]

Auch in Flacius' Verständnis wirkt der Heilige Geist, wenn Menschen an Gott glauben und dadurch wahre Christinnen und Christen sind: Nach Galater 4,6 ist es der Heilige Geist, der Menschen dazu bewegt, im Herzen

---

[24] M. Flacius Illyricus: „Aus den Schmalkaldischen heubt artickeln wider den Schwenckfeld, in welchen die gelertesten Prediger aufs ganz Deutschlandt sich haben unterschriben", Magdeburg, 1553, S. 3.

[25] Ebd.

[26] M. Flacius Illyricus: „Vom fürnemlichem stücke, punct oder artickel der Schwenckfeldischen schwermerey" Magdeburg 1553, S. 3.

zu rufen „Abba, lieber Vater!" Aber Flacius ist nicht der Meinung, dass Gott einem Menschen seinen Geist unmittelbar ins Herz gibt. Er betont: „In diesen Stücken, so das mündlich eusserlich wort betreffen, ist fest darauff zu bleiben, dass Gott niemand seinen Geist oder gnade gibt, on durch oder mit dem vorgehend eusserlichem wort."[27]

Im Gegensatz dazu rühmten sich Schwenckfeld und sein Umfeld, des Geistes ohne das göttliche Wort und schon vor ihm habhaft zu sein – woraus folgt, so Flacius, dass sie die Heilige Schrift und das verkündigte Wort Gottes auslegen, wie es ihnen gefällt.

So wird die Heilige Schrift zum Mittel der Selbstauslegung des Menschen. Schenkt Gott einem Menschen den Glauben ohne das Mittel des geschriebenen oder gesprochenen Wortes und ist der Glaube folglich nicht das Ergebnis der verkündigten Heiligen Schrift und ihrer Lehre von Christus, dann haben wir nach Flacius nicht nur nicht mehr die Möglichkeit, den christlichen Glauben zu verifizieren. Vielmehr müssten wir dann auch annehmen, dass Angehörige anderer Religionen, die die Verkündigung des Wortes Gottes und die Sakramente nicht kennen, wie Christinnen und Christen erlöst werden können. Ist das Herz des Menschen bereit für die Erkenntnis Gottes und das Heil und ist es verwandelt durch die innere Offenbarung durch den Heiligen Geist, dann sind die Heilige Schrift wie auch ihre Verkündigerinnen und Verkündiger unnötig und unnütz. Wir sind dann nicht einmal mehr in der Lage, den christlichen Glauben zu *identifizieren*, da uns feststehende Kriterien fehlen.

Ausgehend von der Kontroverse zwischen Flacius und Schwenckfeld über den Unterschied zwischen Buchstabe und Geist (2.Kor 3,6: „Denn der Buchstabe tötet, aber der Geist macht lebendig.") und die Rede von dem neuen Herzen und Geist (Hes 11,19) könnte man einerseits folgern, dass weder die Heilige Schrift („Buchstabe"), die Sakramente noch sonst irgendetwas Geschaffenes das Herz eines Menschen erreichen können. All dies berührte dann nur die äusserlichen Sinne, nicht das Herz. Deshalb wäre die Schrift selbst als „toter Buchstabe" zu verstehen, der tötet statt zu retten. Nach diesem Verständnis wäre die Heilige Schrift etwas Ungewisses: Gegenstand menschlicher Diskussion und Auslegung und daher nicht wirklich verlässlich. Der Glaube könnte folglich nicht auf die Heilige Schrift gegründet und durch sie gerechtfertigt werden. Vielmehr vollzöge sich die umgekehrte Bewegung: Die Heilige Schrift müsste auf den Glauben ausgerichtet und an ihm orientiert werden – an dem Glauben, von dem angenommen würde, dass er unmittelbar von Gott geweckt würde.

Einem solchen Verständnis mangelt es, aus Flacius' Perspektive, eindeutig an Achtung vor der Heiligen Schrift. Die Folgen für die Prinzipien

---

[27] Flacius, a.a.O. (Fussnote 24), S. 1.

christlichen Glaubens und Lebens wären dramatisch. Letztlich hiesse dies, dass es unmöglich wäre, christliches Leben und christliche Kirche zu identifizieren, da es kein allgemeines vernünftiges Kriterium und keine Norm für das Christ- und Kirche-Sein geben würde, das ermöglichen würde, Christinnen und Christen von Nichtchristinnen und -christen zu unterscheiden.

Auch heutzutage ist die von Flacius kritisierte Position in allen christlichen Kirchen sehr verbreitet. Gern wird der Glaube der literal verfassten und verkündigten Heiligen Schrift vorangestellt, weil dies beispielsweise eine grössere Offenheit des christlichen Glaubens gegenüber anderen Religionen ermöglicht. So kann dann die intuitive und unmittelbare Selbstgewissheit in den Herzen bei Angehörigen anderer Religionen verstanden werden als Ergebnis des unmittelbaren Wirkens Gottes. Darüber hinaus scheint dieses Verständnis des Verhältnisses von Glauben und Heiliger Schrift die Autonomie jeder und jedes einzelnen Gläubigen mehr zu achten als die lutherische Position, die der Heiligen Schrift den eindeutigen Vorrang vor dem Glauben gibt.

In der Auslegung der Heiligen Schrift ist heute zudem oft ein Mangel an Respekt vor der konkreten Materialität der Heiligen Schrift zu beobachten. Oft wird *Eisegese* statt *Exegese* betrieben. Kontextuelle und kulturbezogene Bibelinterpretationen ordnen die biblischen Texte irgendwelchen gegenwärtigen Rahmenbedingungen und diversen positionellen Lebenseinsichten unter. Ideologische Überzeugungen, aber auch dogmatische Theorien gebrauchen die biblischen Texte zu ihrer eigenen Rechtfertigung und bedienen sich dazu der Heiligen Schrift wie einer Cafeteria: Sie nehmen sich Teile daraus, die ihnen gerade gefällig erscheinen. Auch dabei wird der Glaube der Heiligen Schrift vorgeordnet. Die eigenen – selbstevidenten und erworbenen – Lebensgewissheiten nehmen die Heilige Schrift in Anspruch zur Bestätigung. Was dazu nicht passt, wird ignoriert oder gar verneint.

Dies gilt selbst für den beliebten Versuch, die Mitte der Heiligen Schrift zu finden. Aus dem Glauben heraus wird dann beansprucht, die wesentliche und zentrale Botschaft der Heiligen Schrift zu kennen, die die Kriterien für jede Auslegung vorgibt. Im streng hermeneutischen Sinn muss jedoch die Mitte der Heiligen Schrift durch die Auslegung all ihrer Texte herausgearbeitet werden. Flacius spricht vom *scopus* der ganzen Schrift, der das von der Bibel insgesamt verfolgte Ziel und der rote Faden ist, der sich durch all ihre Texte zieht. Hier handelt es sich nicht um eine dogmatische Konstruktion der zentralen biblischen Botschaft, sondern um das Ergebnis der Auslegung aller Texte. Und genau dies schafft den ersten hermeneutischen Zirkel: zwischen der Auslegung des biblischen Einzeltextes und dem *scopus*, also dem von der ganzen Bibel anvisierten Ziel. Beide müssen in Bezug zu einander gesetzt werden und beide können sich in diesem Auslegungsprozess verändern. Dazu kommt ein zweites wichtiges Moment: die Kohärenz aller Texte der Bibel. Daher ist die Literalität der Bibel von Bedeutung. Für Schwenckfeld (und, laut Flacius, auch für die römisch-katholische Kirche) bestand die Aufgabe der Heiligen Schrift darin, einen Bezug zu Jesus Christus zu schaffen, der sich selbst dann – jenseits der Texte – dem Menschen mitteilt (etwa in der Tradition oder aber unmittelbar). Da der Referent der biblischen Texte (Jesus Christus bzw. der dreieinige Gott) klar von den biblischen Texten zu unterscheiden ist, kann jedoch nicht kontrolliert werden, ob Menschen auch wirklich auf Jesus Christus bzw. den dreieinigen Gott bezogen sind. Deshalb bedarf es in Schwenckfelds Konzeption des inspirierten Auslegers, der die Leser und Hörer über die Auslegung der Texte hinaus in Beziehung zur Wirklichkeit setzt, die die Texte bezeugen.

Flacius hingegen betont die sprachliche Einheit von Form und Inhalt. Nach seinem Verständnis enthalten biblische Texte – wie andere Texte auch – bereits ihren eigenen Geist und die Realität, von der sie reden. Flacius braucht also keine problematische spirituelle Auslegung biblischer Texte, da die Auslegung ihres Wortsinns Vorrang hat. Mit der Wortbedeutung biblischer Texte geht äussere wie innere Klarheit des Herzens einher. Dabei stellt sich nach Flacius eine innere Klarheit über die Botschaft der biblischen Texte nur aufgrund einer Interpretation ein, die auf der literalen Bedeutung der Texte basiert.

Dieses Schriftverständnis wurde durch eine Inspirationslehre (auch der einer Verbalinspiration) gestützt, mit der deutlich gemacht wurde, dass Gott selbst der Autor der Heiligen Schrift ist, indem er Menschen als Mittel gebraucht, um sich mitzuteilen.[28] Zugleich wurde jedoch der Theologie immer mehr bewusst, dass weitere Aspekte im Prozess des Verstehens der Heiligen Schrift zu klären waren.

VON DER REFORMATION BIS HEUTE: KONTEXTBEWUSSTSEIN UND HISTORISCH-KRITISCHES VERSTÄNDNIS

Johann Conrad Dannhauers 1654 veröffentlichtes Werk „*Hermeneutica sacra sive methodus exponendarum sacrarum litterarum*" ist ein weiterer Meilenstein in der Entwicklung der Hermeneutik als Theorie der Auslegung. Erstmals erscheint nun der Begriff der Hermeneutik im Titel eines Buchs. Dannhauer wandte die hermeneutische Herangehensweise auf alle Texte an,

---

[28] Wenn Gott Urheber ist, ist es unnötig, bei der Auslegung biblischer Texte nach der Intention des Autors/der Autorin zu fragen. Dies wird erst relevant, wenn die Verfasser biblischer Texte nicht als reine Werkzeuge Gottes betrachtet werden, sondern als Medien, durch die Gott sich und seine Lehre mitteilt.

zur damaligen Zeit also auf biblische, theologische und juristische Texte. Die Abfassung seines Werks fällt in die Zeit nach den jahrzehntelangen Religionskriegen in Europa, so dass seine Hermeneutik bisweilen als Ergebnis der Reflexion über diese Kriege betrachtet wird. Eine methodisch entwickelte Interpretationstheorie brachte eine Pluralität von Bedeutungen von Texten hervor, wo es zuvor nur eine, absolute Bedeutung der Heiligen Schrift und der Gesetze gegeben hatte, zu deren Durchsetzung Menschen zu den Waffen gegriffen hatten.

Die Diskussionen der Gelehrten ersetzten nun die Kämpfe auf dem Schlachtfeld. Aus dieser Zeit können wir lernen, dass die Hermeneutik weiterentwickelt wird und an Bedeutung gewinnt, wenn eine Tradition ihre Verlässlichkeit einbüsst und Menschen sie zu korrigieren suchen oder einen neuen Anfang machen wollen. Ähnliches galt bereits in der Zeit, als die Lehre vom „vierfachen Schriftsinn" weiter ausgearbeitet wurde, um alte Texte in der neuen (christlichen) Tradition anwenden zu können. Auch während der Reformation wurde eine neue Methodik entwickelt, die es ermöglichte, sich aus einengenden Traditionen zu befreien und ein allgemeines Verständnis der Vernunft zu etablieren, durch das alle, die lesen konnten, befähigt wurden, die biblischen Texte auszulegen.

Zu einer wesentlichen Weiterentwicklung der Hermeneutik kam es an den heterodoxen Randbereichen der lutherischen Kirchen im Pietismus, insbesondere in seiner Hallenser Ausprägung. August Hermann Francke und seine Anhängerinnen und Anhänger empfanden die lutherische Dogmatik als starres System, durch das die evangelische Theologie ihre Vitalität eingebüsst hatte. Die Interpretation biblischer Texte sollte folglich nicht nur den akademischen Massstäben der Gelehrten und Gebildeten genügen, sondern auch zur Vertiefung der Frömmigkeit und Spiritualität derjenigen beitragen, die schlicht und einfach die Bibel lasen. Johann Jakob Rambach (1693–1735), der im 18. Jahrhundert eine Hermeneutik verfasste, verstand unter dem Begriff der Hermeneutik die praktische Haltung, mit der ein Theologe oder eine Theologin lernt, den Sinn der Heiligen Schrift zu entdecken, sie für andere zu interpretieren und sie intelligent zu gebrauchen. Zum hermeneutischen Ansatz Rambachs gehörte auch eine Theorie menschlicher Emotionen und Affekte, mit der er tiefer zu der geistlichen Bewegung der Emotionen der Autorinnen und Autoren biblischer Texte vordringen wollte, um auf diese Weise die Wirkungen des Heiligen Geistes zu erkunden. In der pietistischen Hermeneutik gewann so der Kontext des Lesenden und der Hörenden Bedeutung. Biblische Texte vollkommen zu verstehen bedeutet, dass die Lesenden und Hörenden in ihren Gefühlen, aber auch in ihrer konkreten Existenz berührt werden. So musste die Reflexion über die Prozesse des Verstehens die Situation des Lesenden und Hörenden in ihrem jeweiligen Kontext berücksichtigen.

Weil lutherisch kontinuierlich betont wurde, dass die Heilige Schrift eines der Mittel Gottes ist, sich in dieser Welt den Menschen mitzuteilen, wurde die Bibel zunehmend zum Gegenstand historischen Interesses. Wie genau kommunizierte Gott sich und seinen Willen in diesen Texten? Was erfahren wir über Gott, wenn wir wahrnehmen, wie er sich in unser Verstehen und unsere Kommunikation hinein mitteilt?

Die Entwicklung der historisch-kritischen Methode war und ist die zentrale Herausforderung an das Lesen und Hören der Bibel in der Kirche. Die Unterschiede zwischen der historisch-kritischen Exegese und der reformatorischen Auslegung der Bibel scheinen radikal. Der folgende Überblick soll uns die wichtigsten Einsichten dieser Entwicklung ins Gedächtnis rufen.

Im 17. und 18. Jahrhundert nahm das Bewusstsein für den historischen Charakter der Bibel kräftig zu. Der jüdische Philosoph Baruch de Spinoza (1632-1677) zeigte den historischen Charakter des Alten Testaments auf und machte deutlich, dass seine Texte nicht zeitlose Worte Gottes, sondern historische Ereignisse widerspiegeln.

Johann Martin Chladenius (1710-1759) folgte dieser Erkenntnis des historischen Charakters aller Schriften und betonte die Perspektive der bzw. des Auslegenden sowie der Autorin und des Autors eines Texts. Jede und jeder Auslegende wendet eine eigene, spezifische Perspektive an, die der jeweiligen konkreten Verortung in Raum und Zeit unterworfen ist. Und schon der Verfasser bzw. die Verfasserin eines historischen Textes hat den jeweiligen Gegenstand bereits von einem bestimmten Standpunkt aus betrachtet, von dem aus begriffen wurde, was geschrieben wurde.

Georg Friedrich Meier (1718-1777) betonte die Selbstauslegung des Autoren/der Autorin eines Textes, die für ihn/sie die authentische Auslegung darstellte. Indem die historische Situation von Auslegender/Auslegendem und Autor/Autorin weiter untersucht wurde, verlagerte sich das Interesse von einem rein hermeneutischen zu einem historischen.

Mehr und mehr wurde deutlich, dass Gott sich nicht nur in einen Text (die Bibel) hinein mitteilte, sondern auch in die Geschichte hinein, also in eine konkrete Zeit und einen konkreten Ort, die in der Interpretation verstanden werden müssen, damit Gottes Botschaft für unsere eigene Zeit verstanden werden kann. Dies ist der Ausgangspunkt der historisch-kritischen Methode in der Bibelauslegung.

Dieses kritische Interesse an der Auslegung ging Hand in Hand mit anderen Fragen. Die Kenntnis der historischen Situation, der Interessen und Perspektiven der biblischen Texte ermöglichte die kritische Unterscheidung zwischen den historischen Elementen und der zeitlosen Bedeutung und Botschaft jener Texte. In diesem Sinn hatte Spinoza das Alte Testament kritisch untersucht, indem er unterschied zwischen dem allgemeinen Zweck der Bibel (nach seiner Meinung die Vermittlung moralischer Massstäbe) und der historischen Bedeutung einzelner biblischer Texte. Viele andere Theologen folgten ihm in diesem Versuch, die zeitlose Botschaft des dreieinen Gott an die Menschheit kritisch zu bewerten. Meist wurde sie als ethische Botschaft verstanden, wobei auffällt, dass sie häufig identisch zu sein schien mit den jeweils als vernünftig angesehenen Moralvorstellungen der Zeit.

Das hermeneutische Problem bei einem solchen Verfahren liegt auf der Hand: Der allgemeine Zweck der Bibel wurde aus der Perspektive der Vernunft definiert, aber man stimmte nicht darin überein, was als vernünftig zu gelten hat. Dementsprechend variierte die zeitlose Botschaft der Bibel in den unterschiedlichen kritischen Interpretationen erheblich. Es war also unerlässlich, die mehrdimensionale Beziehung zwischen Geschichte und Hermeneutik eingehender zu beleuchten. Es ist eine Beziehung vielfältiger Dimension. Erstens sind biblische Texte als historische Texte wahrzunehmen, die an einem bestimmten Zeitpunkt der Geschichte und an einem bestimmten Ort der Welt verfasst wurden. Man muss also die historischen Bedingungen verstehen, unter denen die Texte entstanden. Zweitens liegt der Text einer interpretierenden Person vor, die in einer bestimmten Auslegungstradition steht. Der/die Auslegende ist nicht frei von dieser Auslegungsgeschichte. Drittens ist er/sie verortet an einem bestimmten Zeitpunkt und geographischen Ort. Die Interpretation wird beeinflusst von den Gegebenheiten des Kontexts, in dem er/sie lebt.

Aufgrund dieser Dimensionen der Beziehung zwischen Geschichte und Hermeneutik wurde die Herausarbeitung des in der jeweiligen Tradition als Wahrheit Erfahrenen zur hermeneutischen Hauptaufgabe. Mit dieser Schwerpunktverlagerung rückte die Definition der Hermeneutik als Methode der Auslegung und Erklärung in den Hintergrund. Die Hermeneutik stand vor der Aufgabe, die 2000-jährige historische Kluft zu überbrücken, um ein Verständnis der alten Texte zu ermöglichen, wozu auch gehörte, die Bedeutung und Wahrheit des Textes für die persönliche Existenz der/ des Lesenden und Gläubigen zu erschliessen. Gotthold Ephraim Lessing (1729–1781) und der dänische Philosoph Sören Kierkegaard (1813–1855) sind bekannte Vertreter dieses hermeneutischen Konzepts.

Ihre Position fand allgemeine Verbreitung. Die Hermeneutik wurde zur Theorie für das Verstehen aller schriftlich fixierten Artikulationen des Lebens.[29] Ihre Aufgabe ist es, zu erklären, wie solche Artikulationen

---

[29] Wilhelm Dilthey definierte Hermeneutik als Theorie der Interpretation, die sich auf alle Objektivationen des menschlichen Geistes – auf dessen dauerhaft fixierte Lebensäusserungen – bezieht. Vgl. Wilhelm Dilthey: „Die Entstehung der Hermeneutik (1900)“, in: Wilhelm Dilthey: „Gesammelte Schriften, Bd. V“, Stuttgart, 1957, S. 317-331. Vgl. R. Makkreel: „Wilhelm Dilthey“, *Stanfort Encylopedia of Philosophy*, **http://plato.stanford.edu/entries/dilthey/**.

anderer, fremder Personen aus der Vergangenheit oder aus fremden Kulturen objektiv verstanden werden können. Zu verstehen heisst, sie als Möglichkeiten des eigenen Selbstverständnisses und des eigenen Lebens zu verstehen (so dass man also alles, was man auslegt, auf das eigene Leben beziehen muss, wie der Pietist Jakob Rambach forderte).

Die gesamte Geschichte der modernen Hermeneutik hat der lutherische Neutestamentler Rudolf Bultmann (1884–1976) in einem 1950 erstmals veröffentlichten wegweisenden Aufsatz glänzend zusammengefasst.[30] Einige Texte hier in diesem Band befassen sich mit neueren Beiträgen zur lutherischen Hermeneutik. Deshalb möchte ich meine Überlegungen zur Entwicklung lutherischer Hermeneutik mit diesem Text von Rudolf Bultmann abschliessen, der meines Erachtens in der Beschreibung der hermeneutischen Probleme und Prozesse bisher unübertroffen ist.

In „Das Problem der Hermeneutik" ruft Bultmann die Regeln der Hermeneutik für die Textinterpretation im Allgemeinen und für die Auslegung biblischer Texte im Besonderen in Erinnerung. Jede Auslegung – sei sie kurz oder ausführlich – muss zunächst eine formelle Analyse von Aufbau und Stil vornehmen. Innerhalb des Textaufbaus sind die einzelnen Sätze und Abschnitte im Zusammenhang des Gesamttextes zu verstehen, der seinerseits verstanden werden muss vor dem Hintergrund der einzelnen Sätze und Abschnitte.

Dieser Zusammenhang bildet den ersten hermeneutischen Zirkel einer jeden Auslegung. Das Verständnis schreitet zirkulär fort: Je mehr ich mich mit einem Werk in seiner Gesamtheit auseinandersetze, desto besser verstehe ich einzelne Sätze und Abschnitte des Texts. Je mehr ich die einzelnen Sätze und Abschnitte analysiere, desto besser verstehe ich das Ganze. Und so fort.

Sodann muss die Interpretation von Texten, die in einer fremden oder alten Sprache verfasst sind, den Regeln der jeweiligen Grammatik folgen. Hinzu kommt der individuelle Sprachgebrauch des Autors oder der Autorin (um z. B. einen Text im Johannesevangelium zu verstehen, muss man des Altgriechischen mächtig sein und die Besonderheiten der johanneischen Sprache kennen). Dies wiederum muss ausgeweitet werden auf den Sprachgebrauch zur Entstehungszeit des Textes. Das Wissen um die geschichtliche Entwicklung einer Sprache muss also kombiniert werden mit der Kenntnis der Geschichte der betreffenden Zeit.

---

[30] Rudolf Bultmann: „Das Problem der Hermeneutik", in: *ZThK* 47, 1950, S. 47-69; wieder abgedruckt in: Rudolf Bultmann: „Glauben und Verstehen. Gesammelte Aufsätze", Tübingen 1952, S. 211235.

Damit kommt ein weiterer hermeneutischer Zirkel in den Blick – der Zirkel zwischen einem Text und seiner Zeit (bzw. seinem Kontext), zu dem auch der Zirkel von Sprachkenntnis und historischem Wissen gehört.

Bereits Friedrich Schleiermacher (1768–1834) hat die oben beschriebene Methodik als möglicherweise zu formal für die Interpretation vieler Texte betrachtet. Möglicherweise wird uns allein das Befolgen der hermeneutischen Regeln nicht zu einem echten Verständnis eines Textes oder einer schriftlichen Äusserung führen. Folglich können wir nicht allein die literal gefasste Realität in den Blick nehmen, sondern müssen auch den Autor und die Autorin sowie den Ausleger und die Auslegerin berücksichtigen. Die formale, grammatische und historische Interpretation muss ergänzt werden um – wie Schleiermacher es nennt – eine psychologische. Der jeweilige Text muss als Moment im Leben einer konkreten Person (der Autorin oder des Autors) oder einer Gruppe (zu der er oder sie gehört) verstanden werden. Um ein solches Verständnis zu erreichen, ist eine subjektive, keine objektive Auslegung nötig, in der der Ausleger und die Auslegerin die ursprüngliche Textproduktion nachvollzieht. Er bzw. sie muss sich dazu in den Autoren und die Autorin einfühlen.

Im Fall biblischer Texte unterscheidet sich die psychologische Interpretation von der Interpretation eines Gedichts, in der das Innenleben der Autorin/des Autors von Bedeutung sein kann. Für die Auslegung biblischer Texte ist es entscheidend, das Verhältnis von Autor, bzw. Autorin und Gegenstand bzw. Ereignis, d. h. dem Inhalt, über den geschrieben wird, zu verstehen. Wie Bultmann aufzeigt, sind wir hier wiederum mit einer weiteren Dimension des hermeneutischen Zirkels konfrontiert, dem Zirkel zwischen Vorverständnis und Verstehen. Wer einen Text auslegt, hat bereits gewisse vorgefasste Vorstellungen von dessen Inhalt, da der bzw. die Betreffende bereits eine Beziehung zu der Sache hat, von welcher der Text handelt. In dieser Beziehung erschliesst sich auch das Interesse der/des Auslegenden in Bezug auf Text und Inhalt.

Diese Erkenntnis schafft einen weiteren hermeneutischen Zirkel zwischen Autor/Autorin und Ausleger/Auslegerin in ihren jeweiligen Kontexten. Aufgrund der Diskussion neuerer Beiträge zur Hermeneutik ist zu fragen, ob dies bereits eine vollständige Beschreibung des Zirkels zwischen Autor/Autorin und Ausleger/Auslegerin in ihren jeweiligen Kontexten ist, oder ob dieser Zirkel zwischen Autor/Autorin und Ausleger/Auslegerin eigentlich auf den Textgehalt konzentriert ist. Die eine Position wird durch den deutschen Philosophen Hans-Georg Gadamer und sein bekanntes, 1960 publiziertes Werk „Wahrheit und Methode" repräsentiert.[31]

---

[31] Vgl. Hans-Georg Gadamer: „Wahrheit und Methode. Grundzüge einer philosophischen Hermeneutik", Tübingen, 1960.

Dessen Position konzentriert sich auf das gegenseitige Verständnis in der Kommunikation (sei es mündlich oder schriftlich, sei es mit Anwesenden oder Abwesenden, d.h. mit solchen an einem anderen Ort oder Zeitpunkt). Die zweite Position, die den Sachgehalt betont, um den es in der Kommunikation und beim Verstehen geht, wird am klarsten von dem französischen Philosophen Paul Ricœur vertreten.[32] Sie geht von der Prämisse aus, dass wir in der Kommunikation miteinander Bezug nehmen auf eine Realität, die nicht identisch ist mit unserem jeweiligen individuellen Wahrnehmen und Verstehen, dass wir aber zu einem Konsens über die Realitäten gelangen können, die wir (schriftlich oder mündlich) kommunizieren.

In dem Interpretationszirkel muss der/die Auslegende herausfinden, was der Text wirklich ausdrücken will. Dieser Interpretationsprozess gelingt, wenn der Text Lesenden und Auslegenden die menschliche Existenz in ihren unterschiedlichen Spielarten offenbart und sie dahingehend hinterfragt, ob die darin zum Ausdruck kommenden Möglichkeiten des Lebens ihre eigenen sein könnten. Nach Bultmann erreichen wir eine wirkliche Auslegung und ein wirkliches Verständnis biblischer Texte, wenn wir die Frage hören, die diese Texte stellen, und entdecken, was die Texte von uns fordern. Dann eröffnen mir die Texte neue Möglichkeiten im eigenen Leben, indem sie mich von mir selbst wegrufen.

Nach Bultmanns Ansicht ist der gesamte hermeneutische Prozess ein kritischer: Wir müssen den biblischen Text kritisch analysieren und auslegen, um uns selbst kritisch zu prüfen. Hauptinteresse einer modernen lutherischen Hermeneutik ist die Auslegung biblischer Texte nicht mit dem Ziel, sich selbst zu bestätigen und selbst zu vergewissern, sondern auf den biblischen Text als Wort Gottes kritisch zu hören in Bezug zu unserem Leben in seinem jeweiligen Kontext und seiner jeweiligen Situation.

In einem letzten Schritt des hermeneutischen Prozesses können sich schliesslich Menschen aus unterschiedlichen Kontexten und Situationen über die Ergebnisse des eigenen Hörens auf das Wort Gottes austauschen. Diese empirische Erfahrung ist in den vergangenen Jahrzehnten des Öfteren beschrieben worden. Die Ergebnisse variieren je nach Kontext. Entsprechend

---

[32] Vgl. Paul Ricœur: „The Conflict of Interpretations", in: D. Ihde (Hg.): „Essays in Hermeneutics", Evanston, 1974; Paul Ricœur: „Philosophische und Theologische Hermeneutik", in: Paul Ricœur/Eberhard Jüngel: „Metapher. Zur Hermeneutik religiöser Sprache", München 1974, S. 24-45; Paul Ricœur, „Biblische Hermeneutik", in: Wolfgang Harnisch (Hg.): „Die neutestamentliche Gleichnisforschung im Horizont von Hermeneutik und Literaturwissenschaft", Darmstadt, 1982, S. 248-339; Paul Ricœur: „Vom Text zur Person. Hermeneutische Aufsätze (1970-1999)", Hamburg, 2005; Paul Ricœur: „An den Grenzen der Hermeneutik. Philosophische Reflexionen über die Religion", Freiburg, 2008; Paul Ricœur: „Der Konflikt der Interpretationen. Ausgewählte Aufsätze (1960-1969)", Freiburg, 2009.

hat das Bewusstsein für kontextuelle Unterschiede in der Selbstmitteilung Gottes an die Menschen in den letzten Jahrzehnten erheblich zugenommen. Immer wieder wird diskutiert, wie diese kontextuelle Pluralität zu interpretieren ist und wie die Kirchen mit ihr umgehen sollten. Aus meiner Sicht ist die erste Frage theologisch, die zweite methodisch zu beantworten.

Die theologische Interpretation der Pluralität kontextbezogener Verstehensweisen des Wortes Gottes erweist sich als recht einfach. Diese Pluralität belegt die Lebendigkeit und Konkretheit der Selbstmitteilung Gottes an sein Volk. Der dreieinige Gott ist kein imperialistischer Kaiser, der eine einzige Botschaft an alle Menschen weltweit richtet und von allen erwartet, ihr Leben auf die gleiche Weise zu gestalten. Das menschliche Leben ist vielfältig und Gott spricht das konkrete Leben der einzelnen Person und Gruppe in seiner Besonderheit an. Entsprechend sollten die lutherischen Kirchen mit dieser Pluralität des Lebens umgehen. Die Kirche stellt die christliche Hoffnung dar und verwirklicht sie vorläufig: wahres, ewiges Leben in Fülle im Reich Gottes, in dem wir die volle Gemeinschaft der Menschheit mit Gott und miteinander feiern. Eine solche eschatologische Gemeinschaft ist nur möglich, wenn diejenigen, die ihr angehören, nicht in undifferenzierter Einheit aufgehen oder aber von einigen wenigen vereinnahmt werden.

Der Umgang mit der Vielfalt, in der das Wort Gottes verstanden wird, ist eine Frage der Methodik. Die Kirchen sind gefragt, Verfahren zu entwickeln, um ihr jeweiliges Verständnis untereinander zu kommunizieren, und sie müssen verschiedene Formen solcher kultur- und kontextübergreifenden Kommunikation ermöglichen, indem sie Gelegenheiten schaffen, bei denen Glaubende aus unterschiedlichen Kontexten sich über ihr jeweiliges Verständnis biblischer Texte austauschen und es theologisch reflektieren können.

LUTHERS BEDEUTUNG FÜR DIE MODERNE HERMENEUTIK[1]

Anni Hentschel

Die Lehren und Taten des mittelalterlichen Mönchs und Gelehrten Martin Luther, des Reformators aus dem 16. Jahrhundert, hatten nicht nur weitreichende Konsequenzen für die Kirche, sondern auch für die europäische Geschichte. Im Laufe der Jahrhunderte fand er deshalb sowohl Anhängerinnen und Anhänger als auch Kritikerinnen und Kritiker. Einer seiner Studenten, Cyriakus Spangenberg, äusserte sich in einer Predigt 1546 lobend über ihn, seine inspirierenden Vorlesungen an der Universität und die einzigartige Begabung zur Auslegung der Schrift offenbarten sein Genie und seine Kraft, als hörte man einen Engel des Herrn, ein wahrer Elia.[2] Seine Meinung steht dem Urteil von Luthers Zeitgenossen Johannes Cochlaeus, Theologe und Humanist, der ein erbitterter Gegner Martin Luthers war, unvereinbar entgegen. Dieser sieht in Luther einen Mann, der durch viele Mühen und Anstrengungen seine entarteten Gedanken verbreite und dadurch die Menschen in Unruhe versetzte und verführte, was schliesslich zum ewigen Verderben vieler führte und ganz Deutschland verwirrte und seines Glanzes beraubte.[3] Hier handelt es sich um zwei verschiedene

---

[1] Der vorliegende Aufsatz ist die leicht ergänzte, deutsche Fassung des Beitrags von Anni Hentschel in der englischen Parallelausgabe dieses Bandes: Kenneth Mtata (Hg.): „,You have the Words of Eternal Life'. Transformative Readings of the Gospel of John from a Lutheran Perspective", LWF Documentation No. 57, Minneapolis, 2012.

[2] Vgl. Robert Kolb: „Martin Luther: Confessor of the Faith", Oxford, 2009, S. 1; Er zitiert die Worte Spangenbergs nach Theander Lutherus: „Von des werthen Gottes Manne Doctor Martin Luthers Geistlicher Haushaltung vnd Ritterschafft", Ursel, 1589, S. 70a-b.

[3] Ebd., S. 1, der sich hier auf die „Commentaria De Actis et Scriptis Marini Luther", Mainz, 1549 bezieht.

Darstellungen ein und desselben Mannes sowie der Auswirkungen seines Wirkens: Luther als gesegneter Engel Gottes oder als verfluchter und gefährlicher Häretiker. Wenn man diese verschiedenen Beschreibungen hören würde, ohne zu wissen, um wen es sich handelt, käme man vermutlich nicht auf die Idee, dass sich beide auf dieselbe Person beziehen. Dies ist ein eindrückliches Beispiel dafür, wie unterschiedlich Menschen Ereignisse, Reden oder auch Handlungen interpretieren. Interpretation beruht immer auf der Perspektive des Interpretierenden, so dass es deshalb ein weites Spektrum an Interpretationen gibt. Dies gilt insbesondere auch für die Interpretation von Texten, mit deren Voraussetzungen, Bedingungen und Möglichkeiten sich die Hermeneutik befasst.

Als Theorie der Auslegung reicht die hermeneutische Tradition zurück bis in die antike Philosophie. Die Frage, wie man heilige Schriften interpretieren soll, wurde unter anderem von herausragenden jüdischen und christlichen Theologen und Theologinnen gestellt, zu nennen wären hier etwa Philo von Alexandrien, Origenes, Augustin oder Thomas von Aquin, die insbesondere die allegorische Auslegung bedachten.[4] Sie waren davon überzeugt, dass das wörtliche Verständnis bei göttlich inspirierten Texten nicht genügt, sondern dass diese einen tieferen Sinn enthielten, der durch eine allegorische Auslegungstechnik erschlossen werden kann. Dies wurde im Laufe der weiteren Entwicklung zu dem bekannten vierfachen Schriftsinn differenziert: Der wörtliche Sinn lehrt uns das Geschehene, der allegorische Sinn den Glauben, der moralische Sinn, was wir tun sollen, und der anagogische Sinn, was einst kommen wird.[5] Martin Luther war diese Technik der Schriftauslegung im Sinne des vierfachen Schriftsinns vertraut. Doch allmählich stand er der schwerpunktmässig allegorischen Schriftauslegung seiner Zeit immer kritischer gegenüber und pochte auf die wörtliche Bedeutung, den Literalsinn der biblischen Texte.

Seine Ablehnung des vierfachen Schriftsinns zugunsten des Buchstaben- bzw. Literalsinns (lateinisch *sensus literalis*) markiert eine Wende, die gerne mit der zum Schlagwort geronnenen Formel *sola scriptura* (lateinisch: das Geschriebene allein (genüge)) angezeigt wird.[6]

---

[4] Vgl. Karen Joisten: „Philosophische Hermeneutik", Berlin, 2009, S. 35-47.

[5] Ebd., S. 46f. Zum Umgang mit und zur Kritik am vierfachen Schriftsinn vgl. Gerhard Ebeling: „Evangelische Evangelienauslegung. Eine Untersuchung zu Luthers Hermeneutik", Darmstadt, 1968, Fotomechan. Nachdr. der 1. Aufl., München 1942).

[6] Joisten, a.a.O. (Fussnote 4), S. 68.

Das mit der Bezeichnung *sola scriptura* verbundene Schriftprinzip war ein Schritt in Richtung der Entwicklung einer modernen Hermeneutik. Indem Luther die Autorität traditioneller Interpretationen der Bibel ablehnte, erreichte er, dass die Schrift selbst den Lesenden begegnen und ihren Sinn beim individuellen Lesen entfalten konnte. Seitdem ist es die Aufgabe jeder einzelnen Leserin, jedes einzelnen Lesers, die Bedeutung des Textes zu erfassen. Daraus ergaben sich neue Herausforderungen für das Bibelverständnis, doch auch die Hermeneutik insgesamt veränderte sich. Da es nicht möglich ist, einen umfassenden Überblick über die zentralen Anliegen der verschiedenen hermeneutischen Themen und Ansätze zu geben, sollen im Folgenden einzelne ausgewählte Aspekte beleuchtet werden, wie sich Luthers Bibelverständnis auf die Entwicklung der Hermeneutik auswirkte. Auch wenn Martin Luther vor allem am persönlichen Glauben interessiert und weit davon entfernt war, eine systematische Schriftlehre zu erarbeiten, hatten seine Überlegungen bezüglich des Bibelverständnisses doch weitreichende Implikationen für die Entwicklung der modernen Hermeneutik.

Tatsächlich beginnt die Aufgabe und Notwendigkeit der Interpretation und ihrer Reflexion jedoch bereits in der Bibel selbst, wie im Rahmen dieses Aufsatzes am Beispiel des Johannesevangeliums und dessen spezifischer Art, mit hermeneutischen Fragen umzugehen, aufgezeigt werden soll. Es ist offensichtlich, dass Johannes die Geschichte Jesu auffallend anders erzählt als die sogenannten synoptischen Evangelien Markus, Matthäus und Lukas.

Martin Luthers Schriftauslegung bildete den Ausgangspunkt seiner reformatorischen Bemühungen. Seine Entdeckung der Gnade Gottes veränderte sein Leben und Denken grundlegend, vor allem aber führte sie zu einer völlig neuen Art, die Bibel zu lesen. Luther wurde zum Reformator, weil er eine neue Bedeutung der Bibel entdeckte. Die Heilige Schrift war für Luther die letztgültige Autorität, sie bildete die unhinterfragbare Grundlage für seine theologische Argumentation. Seine eigene Rolle sah Luther in erster Linie als Ausleger des Wortes Gottes und als Verkündiger seiner Verheissungen.[7]

Die Reformation ist ein exegetisches Ereignis. Das Selbstzeugnis beschreibt die reformatorische Entdeckung als bis ins Innerste gehenden Kampf mit der Schrift. Weder eine Kritik am römischen Papsttum noch eine allgemeine Kirchenkritik sind der Auslöser gewesen, sondern ein intensives Studium der biblischen Texte. [...] Dass seine Entdeckung dann notwendig in diesen Konflikt hineinführte, steht

---

[7] Die Rolle der Verheissung wird besonders hervorgehoben von Oswald Bayer: „Luther as an Interpreter of Holy Scripture", in: Donald K. McKim: „The Cambridge Companion to Martin Luther", Cambridge, 2003, S. 73-85.

auf einem anderen und durchaus zu beachtenden Blatt. Hier gilt es aber Ursache und Folge auseinanderzuhalten.[8]

Im Hinblick auf Luthers Bedeutung für die moderne Hermeneutik sind drei Punkte von besonderer Relevanz. Erstens war Martin Luther vor allem am Literalsinn des Textes interessiert. Er stellte deshalb die traditionellen Auslegungen der Bibel in Frage und ermöglichte so den Leserinnen und Lesern, die Bedeutung des biblischen Textes selbst zu entdecken. Zweitens ist gemäss Luther allein die Schrift als *medium salutis* ausreichend, damit Glauben entstehen kann. Drittens hielt Luther – trotz der Betonung der jeweils individuellen Lektüre der Schrift – daran fest, dass die Schrift sich selbst auslegt und deshalb bleibendes Kriterium jeder Interpretation und jeder Lehre sein muss und kann. Trotz dieser grundlegenden Betonung der Schrift als Norm war sich Luther sehr wohl bewusst, dass die Bibel auch Widersprüchliches enthält und nicht vollständig kohärent ist, weshalb er die äussere und innere Klarheit der Schrift unterschied.

DER WÖRTLICHE SINN (SENSUS LITERALIS)

Zunächst soll die Schwerpunktsetzung Luthers beim Literalsinn in ihrer Bedeutung für die Hermeneutik gewürdigt werden. Als mittelalterlicher Gelehrter war Luther in der scholastischen Theologie beheimatet, insbesondere mit der darin üblichen Art und Weise der Schriftauslegung war er vertraut. Am Beginn seines Weges als theologischer Wissenschaftler las und verstand er die Bibel mit Hilfe des vierfachen Schriftsinns. Die Schwierigkeit dieser Art der Bibelinterpretation, insbesondere der allegorischen Schriftauslegung, zeigte sich für Luther in der Gefahr, dass Interpretationen willkürlich werden konnten.[9] Zu schnell konnte die Bibel so verstanden werden, dass sie die vorgefassten Vorstellungen ihrer Ausleger oder Auslegerinnen bestätigt. Das galt vor allem für die Amtskirche und ihre Tradition, welchen die Autorität zukam, die rechte Auslegung der Bibel darzulegen und so über deren Wahrheit zu entscheiden. Bei seiner eigenen Lektüre des Römerbriefs wurde für Luther evident, dass sich die offizielle Lehre der Kirche über die Gnade Gottes von der Rechtfertigungsbotschaft des Paulus unterschied, welche er neu entdeckt hatte. Martin Luther war überzeugt, dass die Wahrheit in einem für den Glauben so zentralen Punkt nicht mehrdeutig sein kann. Angesichts dieser für seinen Glauben grund-

---

[8] Athina Lexutt: „Luther", Stuttgart, 2008, S. 29.

[9] Vgl. Ulrich Körtner: „Der inspirierte Leser. Zentrale Aspekte biblischer Hermeneutik", Göttingen, 1994, S. 88-91.

legenden Erkenntnis wandte er sich zunehmend gegen die allegorische Interpretation biblischer Texte und betonte immer mehr die Bedeutung historischer und grammatischer Aspekte bei der Schriftauslegung.[10]

Im Vorwort zu seinem Jesaja-Kommentar weist Luther darauf hin, dass Leser und Leserinnen der Bibel zu deren Verständnis auch Kenntnisse über die Entstehungszeit der Texte und ihrer Verfasser benötigen. Um die Bedeutung eines Bibeltextes verstehen zu können, seien grammatische und philosophische Kenntnisse ebenso erforderlich wie geduldige Meditation. Dennoch war es nicht Luthers Ziel, die eine korrekte Interpretation oder Wahrheit der biblischen Texte herauszufinden, sondern den Lesenden soll durch die auf den wörtlichen Sinn bezogene Lektüre der Schrift der Glaube an Christus ermöglicht werden. Luthers Anliegen war nicht ein hermeneutisches, sondern ein theologisches und existentielles. Historische und philologische Informationen waren für ihn kein Selbstzweck, sondern ein Mittel zum Zweck, um damit theologische Fragen zu beantworten. Insbesondere Luthers kleine Schrift von 1518 mit dem Titel „Pro veritate inquirenda et timoratis conscientiis consolandis" (Zur Erforschung der Wahrheit und zur Tröstung der geängstigten Gewissen) zeigt, dass die Suche nach Wahrheit, nach einem tragfähigen Schriftverständnis, das Ziel hatte, die durch die eigenen Sünden und das Schuldbewusstsein belasteten Gewissen der Leserinnen und Leser zu befreien und Heilsgewissheit zu ermöglichen.[11] Für Luther war die Bibel keine historische Quelle, um zu untersuchen, was zur Zeit Jesu und der ersten christlichen Gemeinden gepredigt und gelebt wurde, um daraus eine Norm für den Glauben der gegenwärtigen Leserinnen und Leser zu gewinnen. Sein Ziel war es vielmehr, die Menschen zu trösten, welche in Angst vor Gottes Jüngstem Gericht lebten. Zentrales Thema der lutherischen Theologie ist „der sündigende Mensch und der rechtfertigende Gott".[12] Durch sein Wort *schafft* Gott selbst den Glauben in den Leserinnen und Lesern, durch sein Wort *bewirkt* Gott selbst Vergebung der Sünde und Glaubensgewissheit, indem er diese den Menschen verspricht und zuspricht. „‚Verbum efficax' nennt Luther eine solche kommunikationsstiftende Sprach-

---

[10] Vgl. Jörg Baur: „Sola Scriptura – historisches Erbe und bleibende Bedeutung", in: Hans H. Schmid/Joachim Mehlhausen (Hg.): „Sola scriptura. Das reformatorische Schriftprinzip in der säkularen Welt", Gütersloh, 1991, S. 19-34, hier S. 32.

[11] WA I, S. 629-633.

[12] WA 40/II, S. 3281f. Vgl. Oswald Bayer: „Martin Luthers Theologie. Eine Vergegenwärtigung", Tübingen, 2003, S. 34-38. Zur Bedeutung der Rechtfertigungslehre für Luthers Schriftverständnis vgl. auch Ulrich Asendorf: „Lectura in Biblia. Luthers Genesisvorlesung (1535-1545)", Göttingen, 1998, S. 491-503.

handlung, die befreit und gewiss macht: wirkendes, wirksames Wort."[13] Das Wort des Gesetzes tötet den Sünder und das Wort des Evangeliums rettet ihn, so dass das Lesen der Schrift nach Luther auch im Sinne eines Ereignisses verstanden werden kann.

Es ist das bleibende Verdienst Hans-Georg Gadamers, der im 20. Jahrhundert ausdrücklich darauf aufmerksam gemacht hat, dass jeder Lesevorgang als ein Ereignis zu verstehen ist und nicht nur als die Suche nach einem – im Text angeblich bereits festgelegten – Sinn des Textes.[14] Gadamer hinterfragt und kritisiert damit die Annahme, dass ein Text ausschliesslich und eindeutig genau das ausdrückt, was der Intention des Autors entspricht, so dass diese als die eine Wahrheit des Textes verstanden und durch Interpretationstechniken eruiert werden könnte. Vielmehr ist es eine durchaus alltägliche Erfahrung, dass eine Person etwas sagt oder schreibt, was sie in dieser Form eigentlich gar nicht sagen möchte, so dass sie auf eine Rückfrage hin ihre Aussage möglicherweise noch einmal korrigiert bzw. korrigieren würde. Insgesamt kann festgehalten werden, dass es schwierig ist, die eigenen Gedanken adäquat und eindeutig zu formulieren. Begriffe und Sätze haben bereits oft keine eindeutige Bedeutung, auch können sie je nach Situation unterschiedlich verstanden werden.[15] Dies impliziert zudem, dass Texte, sobald sie verschriftlicht wurden, gewissermassen ein Eigenleben bekommen, weil sie von unterschiedlichen Personen in unterschiedlichen Kontexten gelesen und verstanden werden können. Auf der Grundlage dieser Einsichten haben rezeptionsästhetische Ansätze analysiert, wie ein und derselbe Text von verschiedenen Personen

---

[13] Vgl. Bayer, a.a.O. (Fussnote 12), S. 48. Bayer versteht die *promissio*, den Zuspruch Gottes, als performativen Sprechakt. Dabei verweise Sprache nicht als Zeichen auf eine andere Wirklichkeit, sondern die Sprache selbst setzt Wirklichkeit. Dies beziehet Luther insbesondere auf die Zusage der Sündenvergebung als auch auf den Segen. „Dass das signum selbst schon die res, das sprachliche Zeichen selbst schon die Sache ist – das war Luthers grosse hermeneutische, seine im strengen Sinn reformatorische Entdeckung", Bayer, ebd. S. 48. Bayer bezieht sich dabei auf John L. Austins Sprechakttheorie, vgl. John L. Austin: „Performative und konstatierende Äusserung", in: Rüdiger Bubner (Hg.): „Sprache und Analysis. Texte zur englischen Philosophie der Gegenwart", *KVR 275*, Göttingen, 1986, S. 140-153; Vgl. Bayer, ebd., S. 46-48.

[14] Vgl. Hans-Georg Gadamer: „Wahrheit und Methode. Grundzüge einer philosophischen Hermeneutik", in: „Gesammelte Werke", Band I, Tübingen, 1986, S. 476-478. Vgl. Günter Figal: „Hermeneutik IV. Philosophisch", in: *RGG*, UTB 8401, Tübingen, 2005, S. 1652-1654; Joisten, a.a.O. (Fussnote 4), S. 141-151.

[15] Gemäss Martin Luther kommt den Worten eine neue Bedeutung zu, wenn sie von Gottes Heilshandeln in Christus aus verstanden werden. Vgl. Karl-Heinz zur Mühlen: „Luther II Theologie", in: *TRE*, Berlin/New York, 2000, S. 530-567, hier S. 543.

unterschiedlich verstanden werden kann. Da Lesen und Verstehen jeweils mit dem Kontext des Lesers bzw. der Leserin verbunden sind, wobei insbesondere die historische und kulturelle Verortung, Literaturkenntnisse, Alter und Geschlecht als wichtige Faktoren angesehen werden können, gibt es nicht nur die eine Lektüre oder Interpretation eines Textes.[16] Nach Gadamer ist jeder Lese- und Verstehensvorgang bereits historisch zu verorten und entsprechend geprägt, so dass jede Interpretation wiederum als Teil eines prinzipiell endlosen Stroms von Interpretationen angesehen werden kann.[17] Es existiert folglich keine objektive Perspektive auf ein Ereignis oder einen Text. Im Hinblick auf die Bibel bedeutet dies, dass wir auch die Schrift nicht von einer objektiven und allgemein gültigen Perspektive aus verstehen können. Menschen verstehen und interpretieren Ereignisse und Texte ausgehend von ihrer persönlichen Perspektive, welche historisch, sozial und kulturell geprägt ist. Durch Gadamers Ansatz verändert sich entsprechend das klassische Verständnis des hermeneutischen Zirkels, wie es auf Schleiermacher zurückgeht.[18] Nach Schleiermacher ist es nötig – um den Text als Ganzes zu verstehen – zunächst den Sinn seiner Teile zu erkennen. Die Bedeutung der Teile können wir jedoch erst richtig beurteilen, wenn wir eine Vorstellung von der Idee des ganzen Textes haben. Es ist also beim Lesen von Anfang an eine – zunächst hypothetische – Vorstellung vom Sinn des ganzen Textes erforderlich, auch wenn dieser erst im Laufe der Lektüre durch das Verstehen der Teile bestätigt oder korrigiert werden kann. Schleiermacher nannte dieses für das Textverstehen nötige, noch hypothetische Vorverständnis Divination, welches im Laufe der Lektüre durch Beachtung der Details, bezeichnet als Komparation, bestätigt oder korrigiert werden muss. Insgesamt war Schleiermacher davon überzeugt, dass mit Hilfe der grammatischen und psychologischen Auslegungsmethode ein Leser, eine Leserin den Text sogar besser verstehen kann als der Autor oder die Autorin selbst. Der entscheidende Punkt des hermeneutischen Zirkels nach Schleiermacher ist also nicht die Interaktion zwischen Lesenden und Text, sondern die Suche nach der einen wahren und zuverlässigen Bedeutung des Textes, welche mit der Intention des Autors bzw. der Autorin

---

[16] Eine Einführung in rezeptionsorientierte Texttheorien bietet Ralf Schneider: „Methoden rezeptionstheoretischer und kognitionswissenschaftlicher Ansätze", in: Vera Nünning/Ansgar Nünning (Hg.): „Methoden der literatur- und kulturwissenschaftlichen Textanalyse", Stuttgart, 2010, S. 71-90. Zur Bedeutung rezeptionsästhetischer Ansätze für die neutestamentliche Hermeneutik vgl. Oda Wischmeyer: „Hermeneutik des Neuen Testaments. Ein Lehrbuch", *NET* 8, Tübingen/Basel, 2004, S. 154-158.

[17] Gadamer, a.a.O. (Fussnote 14), S. 281.

[18] Vgl. Ingo Berensmeyer: „Methoden hermeneutischer und neohermeneutischer Ansätze", in: Nünning/Nünning, a.a.O. (Fussnote 16), S. 29-50, hier S. 34f.

identisch ist.[19] Auf diesem Hintergrund wurde die historische Kenntnis im Blick auf Verfasser bzw. Verfasserin und Entstehungszeit zum unverzichtbaren Werkzeug, um den Sinn eines Textes zu erschliessen.

Gadamer kritisierte die Vorstellung, dass ein Text einen einzigen, ein für allemal festgelegten Sinn habe. Aus diesem Grund zielt Gadamers hermeneutisches Interesse auf die Lesenden und auf die Vorgänge beim Lese- und Verstehensprozess. Verstehen heisst für Gadamer nicht nur, den Sinn eines Textes zu erfassen, sondern Verstehen beschreibt vielmehr in umfassender Weise, wie wir uns und unsere Wirklichkeit wahrnehmen. Für ihn ist Verstehen nicht begrenzt auf das Textverständnis, sondern bezieht sich auf die menschliche Existenz insgesamt, welche grundlegend sprachlich verfasst ist. In diesem entscheidenden Punkt folgte Gadamer seinem Lehrer Heidegger im Hinblick auf dessen ontologische und existentielle Wende bezüglich der Hermeneutik. Nach Heidegger bezieht sich der hermeneutische Zirkel auf die Wechselwirkung zwischen dem Weltverständnis und dem Selbstverständnis. Gadamer betont, dass Verstehen ein Grundzug des Menschseins ist. Erst durch die Sprache ist es dem Menschen möglich, die Welt zu erkennen.[20] Dieses Verstehen des Menschen ist ausserdem geschichtlich bedingt, da das aktuelle Verstehen stets von einem Vorverstehen abhängig ist, das einem Menschen kulturell vermittelt wird. Gadamer verwendet den Begriff des „Horizonts", um zu illustrieren, dass ein Mensch mit seinem Verstehen immer an den eigenen, geschichtlich bestimmten Standpunkt gebunden ist, welcher wiederum durch die hinter ihm liegende Tradition und deren Wirkungsgeschichte geprägt wird. Im Hinblick auf das Verstehen von Texten bedeutet dies, dass diese nicht als neutrale Objekte im Rahmen einer objektiven wissenschaftlichen Analyse interpretiert werden können. Indem sie zu der unsere Kultur prägenden Tradition gehören, sind literarische Texte bereits Teil unseres Horizontes, der unsere Wirklichkeitssicht formt. Um einen Text verstehen zu können, benötigt man ein gewisses Vorwissen, um eine Art Vorentwurf des Sinns zu bilden, der im Laufe der Lektüre immer wieder neu geprüft und ggf. verändert wird. In diesem Zusammenhang rehabilitiert Gadamer den vor allem in der Aufklärung kritisierten Begriff des „Vorurteils", welchen er dahingehend verstanden wissen möchte, dass ein Vorurteil im Sinne eines Vorverständnisses darauf verweist, dass ein Mensch bereits ein bestimmtes Wirklichkeitsverständnis hat und dieses Wirklichkeitsverständnis das Textverständnis mitbestimmt. Gadamer hält fest, dass es deshalb weder möglich noch wünschenswert ist, sich von den eigenen Vorverständnissen zu befreien, um dabei einen objektiven Standpunkt einzunehmen. Vorurteile

---

[19] Ebd., S. 35.
[20] Gadamer, a.a.O. (Fussnote 14), S. 387f.

in dem Sinn, das sie zu unserer Tradition gehören und unser Wirklichkeitsverständnis formen, gehören zum Menschsein und sind die nötige und kreative Grundlage dafür, dass Verstehen möglich ist.[21] Weil Tradition in diesem Verständnis immer in Bewegung und veränderlich ist, haben wir keine Möglichkeit, einen geschichtlichen Text so zu lesen, wie dies seine ersten Leserinnen und Leser konnten. Der Versuch, einen Text in seinem historischen Kontext eindeutig zu verorten oder die Intention des Autors bzw. der Autorin zu bestimmen, ist ein vergebliches Unterfangen. Ein Text erfährt im Laufe der Geschichte vielfältige Interpretationen und entfaltet so eine komplexe Wirkungsgeschichte, welche eine spätere Lektüre beeinflusst und diese im Laufe der Zeit vielfältiger und facettenreicher werden lässt. Wirkungsgeschichte bedeutet nach Gadamer, dass „die Vergangenheit die Gegenwart durch die Wirkung ihrer Überlieferung massgeblich beeinflusst. Die Gegenwart ist immer schon von der Wirkungsgeschichte konstitutiv bestimmt, wie umgekehrt betrachtet die Vergangenheit in der Gegenwart fortwirkt und sie durchzieht."[22] Dieser Aspekt ist bei der Interpretation von Texten als Voraussetzung des Verstehens anzusehen, nicht jedoch als Hinderungsgrund desselben.

Indem wir einen Text verstehen und seine Bedeutung wahrnehmen, begeben wir uns in ein Gespräch mit der Vergangenheit. Gadamer bezeichnet dies als „Verschmelzung der Horizonte". Unser eigenes Vorverständnis, unsere Vorurteile, werden in einen Dialog mit dem Text eingebracht. Im Laufe der Interpretation verstehen wir besser, was uns am Anfang fremd erschien, und tragen so durch unsere Interpretation zu einem umfassenderen Verständnis des Textes bei, wodurch wir sowohl uns als auch den Text besser verstehen. Diese wechselseitige Interpretation von Text und Leser bzw. Leserin ist Gadamers Version des hermeneutischen Zirkels.[23] Voraussetzung für ein besseres Text- und Selbstverständnis ist zunächst jedoch die Einsicht, dass unsere Perspektive durch die eigenen Vorurteile geprägt ist. Damit verbunden ist die beim Verstehen erforderliche Bereitschaft, einem Text die Möglichkeit zu lassen, Gedanken zu enthalten, die unserer Überzeugung gerade nicht entsprechen. Erkenntnisgewinn im Hinblick auf das Selbstverständnis und Erkenntnisgewinn im Hinblick auf das Textverständnis lassen sich nicht voneinander trennen, sondern gehören zu einem sich immer weiter entwickelnden Verstehensprozess, der nie an ein endgültiges Ziel gelangen kann. Auf diese Weise gehören die überlieferte Tradition, das eigene Vorwissen und das je neue Verstehen zu einem Prozess, der weder subjektiv noch objektiv genannt werden

---

[21] Ebd., S. 81.
[22] Joisten, a.a.O. (Fussnote 4), S. 145.
[23] Vgl. Berensmeyer, a.a.O. (Fussnote 18), S. 34-36.

kann, sondern vielmehr als eine andauernde wechselseitige Beeinflussung zwischen Text und Interpretierenden anzusehen ist.[24] Deshalb ist der hermeneutische Zirkel im Sinne von Gadamer auch nicht als eine Methode zu verstehen, sondern als die Beschreibung der ontologischen Grundlage für Verstehensvorgänge insgesamt.

Gadamers Interesse gilt nicht der Entwicklung des Subjekts, sondern dem sich stets verändernden Prozess des Textverstehens, welcher ein zunehmend umfassenderes Bedeutungsspektrum nach sich zieht. Jede einzelne Rezeption und Interpretation sind Bestandteil eines geschichtlichen Geschehens. Ein Text ist zunächst das Ergebnis einer Interpretation und wird mit seiner Verschriftlichung zum Objekt und Ausgangspunkt neuer Interpretationen. Aufgrund der je neuen historischen Situation und dem individuellen Vorverständnis jedes einzelnen Lesenden kann jeder Lesevorgang neue Interpretationen hervorbringen. Der Interpretationsprozess führt also nicht zu einem Ziel, zu einem abschliessenden Textverständnis, sondern vielmehr zu einem neuen Ausgangspunkt für ein weiterführendes Fragen, Lesen und Verstehen. Gadamers Analysen zeigen dabei, inwiefern unser je individuelles Vorverständnis mitbestimmt, welche Bedeutung ein Text für uns haben kann. Da sich Gadamers Hermeneutik auf das Verstehen insgesamt bezieht und dessen Voraussetzungen untersucht, sind seine Ergebnisse auch bei der Interpretation und dem daraus resultierenden Verständnis von Bibeltexten zu berücksichtigen.

Welche Konsequenzen haben nun Gadamers Einsichten im Hinblick auf den sogenannten Literalsinn der biblischen Texte? Zunächst einmal zeigen sie, dass die historisch-kritische Interpretation, welche sich den Idealen der Aufklärung verpflichtet weiss und Vernunft sowie Objektivität als zentrale Kriterien für eine gute, mit der Intention des Autors übereinstimmende Interpretation ansieht, trotzdem keine objektive oder eindeutige Auslegung biblischer Texte erzielen kann. Ein Blick auf die Vielfalt der Interpretationsmöglichkeiten durchaus zentraler biblischer Texte im Kontext historisch-kritischer Exegese bestätigt diese Schlussfolgerung. Die verbreitete Annahme, dass der Literalsinn eines Textes mit dem historischen Sinn identisch sei und dann der Wahrheit entspreche, wenn man die Intention des Autors erkannt habe, ist offensichtlich weder zutreffend noch tragfähig. Vielmehr gilt, dass jede Lektüre als neues Ereignis angesehen werden kann, bei dem der Horizont des Textes mit dem Horizont des Lesers bzw. der Leserin verschmelzen und so die Textbedeutung jeweils neu erfasst wird. Die individuelle Situation und das unterschiedliche Vorwissen der Lesenden fliessen offensichtlich in das Textverständnis ein, da ihre Mitarbeit für das Zustandekommen eines

---

[24] Ebd., S. 36.

Textsinns notwendig ist.[25] Ein „objektives" Textverständnis ist auf dieser Grundlage weder erreichbar noch erstrebenswert.

Mit diesem hermeneutischen Ansatz verbinden sich zwei grundlegende Fragenkomplexe im Hinblick auf die Interpretation der Bibel. Erstens ist zu bedenken, ob die Bibel nach wie vor im Sinne der lutherischen Formel *scriptura sui ipsius interpres* als eine Schrift verstanden werden kann, die sich selbst auslegt und interpretiert, wenn man annimmt, dass – wie Gadamer und vor allem rezeptionsästhetische Ansätze nahelegen – die Lesenden selbst ein notwendiger Bestandteil des Leseprozesses sind. Kann die Bibel nach wie vor als *norma normans* betrachtet werden, wenn ihre Bedeutung nicht nur auf dem Text, sondern auch auf der Mitwirkung der Lesenden im Leseprozess beruht? Zweitens stellt sich die Frage, ob man mit Blick auf die Bibel wirklich von Wahrheit reden kann, wenn es nicht möglich ist, eine einzige, eindeutig bestimmbare Bedeutung biblischer Texte zu benennen. Diesen beiden Fragestellungen soll nun in Auseinandersetzung mit Martin Luthers Schriftverständnis und den Ergebnissen moderner leserorientierter Texttheorien nachgegangen werden.

SOLA SCRIPTURA AUF DEM HINTERGRUND LESEORIENTIERTER TEXTTHEORIEN

Die Vorstellung, dass ein Text genau eine Bedeutung hat, welche – einmal erkannt – für alle Zeit unveränderlich gilt, ist eine moderne Annahme, welche weder die Verfasser der biblischen Texte noch Martin Luther vorausgesetzt haben. Luther las die Bibel nicht primär mit einer historischen Fragestellung, sondern christologisch. Dennoch war der wörtliche Sinn für ihn zentral, da sich Gott selbst an sein Wort gebunden hat. Niemand kann Gottes Willen wahrnehmen, ohne die Bibel zu lesen und zu interpretieren. „Darumb sollen und müssen wir darauf beharren, dass Gott nicht will mit uns Menschen handeln denn durch sein äusserlich Wort und Sakrament. Alles aber, was ohn solch Wort und Sakrament vom Geist gerühmt wird, das ist der Teufel."[26] Den eigentlichen Gegenstand der Theologie sieht Martin Luther dabei in „dem sündigenden Menschen und dem rechtfertigenden Gott".[27] Weil sich Theologie mit der Beziehung zwischen Gott und den Menschen befasst, muss ein guter Theologe oder eine gute Theologin zwischen dem anklagenden Gesetz und dem rechtfertigenden und freisprechenden

---

[25] Vgl. Ulrich H. J. Körtner: „Einführung in die theologische Hermeneutik", Darmstadt, 2006, S. 103.
[26] *BSLK* 455, S. 31-456.5.
[27] WA 40/II, S. 3281f.; Vgl. Bayer, a.a.O. (Fussnote 12), S. 34-38.

Evangelium unterscheiden können.[28] Durch sein Wort offenbart Gott sowohl seinen Zorn als auch seine Gnade. Im Wort des Gesetzes spricht er gegen die Sünder und Sünderinnen, im Wort des Evangeliums für sie. Ob jedoch ein Wort als Gesetz oder als Evangelium verstanden werden kann, hängt von der Situation des Lesenden ab. Die theologische Unterscheidung zwischen Gesetz und Evangelium ist folglich als anthropologische Kategorie zu verstehen. Ein und dasselbe Wort Gottes kann einem Lesenden als Evangelium oder als Gesetz begegnen, so dass sich die hermeneutische Differenz folglich auf den Lesenden selbst und die jeweils unterschiedliche Rezeptionssituation bezieht. Daher kann Luthers *sola scriptura* nicht als formales Prinzip betrachtet werden, welches auf der Annahme basiert, dass die theologische Wahrheit der Schrift ausgehend von den Buchstaben eines Textes gemäss grammatischer und philosophischer Regeln abgeleitet werden könnte, sondern es „weist als hermeneutische Pointe mitten in die Botschaft der Rechtfertigung des Gottlosen".[29]

In diesem Sinn wird Luthers grundlegende These über die Schrift, die sich selbst auslegt, verständlich. So und nur so kann die Schrift die alleinige Quelle des Glaubens werden, die andere Autoritäten ausschliesst, welche über Glauben oder das richtige Verständnis der Schrift entscheiden könnten. „Ist doch kein Buch, das den Glauben lehrt, ausser der Schrift."[30] „Christus hat zwei Zeugnisse seiner Geburt und seines Regiments. Eins ist die Schrift oder das Wort, das in Buchstaben verfasst ist. Das andere ist die Stimme oder die Worte, die durch den Mund ausgerufen werden."[31] Glaube entsteht beim Hören auf das Wort (Röm 10,17). Die Confessio Augustana nimmt diesen wichtigen Gedanken paulinischer und lutherischer Theologie auf, indem sie darauf verweist, dass Gott den Heiligen Geist durch sein Wort gibt und so bei denen Glauben wirkt, die auf die Schrift hören.[32] „Ihre Autorität besteht vielmehr darin, dass sie den Glauben bewirkt. Dies hat die lutherische Tradition so ausgedrückt, dass sie die *auctoritas normativa* aus der *auctoritas causativa* – aus der den Glauben begründenden Autorität – der Schrift folgerte."[33] Darin zeigt sich die Klarheit der Schrift, oder anders ausgedrückt, aufgrund der Gnade Gottes wurde Jesus Christus Mensch und eröffnete dadurch den Menschen die Möglichkeit, durch den

---

[28] WA 40/I, S. 207, 17f; cf. Bayer, a.a.O. (Fussnote 12), S. 37.

[29] Vgl. Lexutt, a.a.O. (Fussnote 8), S. 39. Joisten betrachtet es als formales Kriterium, vgl. Joisten, a.a.O. (Fussnote 4), S. 69. Vgl. auch die Darstellung der Problematik bei Bayer, a.a.O. (Fussnote 12), S. 68f. und Körtner, a.a.O. (Fussnote 25), S. 96.

[30] WA 10/I, S. 582, 12f.

[31] WA 10/I, S. 625, 14-16.

[32] CA V, vgl. *BSLK* 58, S. 2-10.

[33] Bayer, a.a.O. (Fussnote 12), S. 70; vgl. Baur, a.a.O. (Fussnote 10), S. 22 u. 30f.

Glauben neu geboren zu werden (Joh 1,13).[34] Der Literalsinn der Schrift beinhaltet also eine geistige Bedeutung, welche von der Rezeptionssituation abhängt, vom Glauben oder Unglauben der Lesenden. Folglich ist auch die Wahrheit nicht in den Worten selbst zu finden, sondern sie ereignet sich jeweils neu, wenn die Schrift auf diese Weise gelesen wird. Da beim Lesen immer wieder eine Aktualisierung im Hinblick auf die je neue Situation stattfindet, handelt es sich stets um ein neues Ereignis, ja Verstehen selbst ereignet sich, wann und wo der Heilige Geist will.[35]

Luthers Unterscheidung zwischen äusserer und innerer Klarheit der Schrift kann zur weiteren Klärung beitragen. Zunächst hält Luther daran fest, dass Gott seinen Geist ausschliesslich durch das äussere Wort schenkt.[36] Diese explizite Bindung an die Schrift dient der Abgrenzung gegenüber Theologinnen und Theologen oder Predigerinnen und Predigern, welche für sich in Anspruch nehmen, den Heiligen Geist zu haben und so im Namen Gottes sprechen zu können. Das geschriebene Wort gibt nach Luther jedem Christen und jeder Christin die Möglichkeit, solche Ansprüche anhand der Schrift zu prüfen. Trotz der dunklen, unklaren Abschnitte der Schrift ist Luther davon überzeugt, dass die äussere Klarheit der Schrift ausreicht, um Jesus Christus und in ihm das Heil zu erkennen.

> Die innere Klarheit der Schrift ist das Licht des Heiligen Geistes, also die Kraft Gottes selbst, die das verfinsterte Herz des Menschen, der in sich selbst gefangen und darin verblendet ist, aufklärt [...] Dieses Licht schafft den Menschen neu, so dass er sich als Sünder und Gott als den erkennt und anerkennt, der den Sünder rechtfertigt.[37]

Die innere Klarheit der Schrift kann als ein Prozess verstanden werden – verursacht durch den Heiligen Geist –, bei dem die Leserin bzw. der Leser den biblischen Text auf sich selbst, das eigene Leben und die eigene Situation bezieht. Für Luther beinhaltet das Lesen der Schrift mehr als das Entziffern der Worte und das Entschlüsseln ihrer Bedeutungen, denn der Heilige Geist wirkt im Herzen der Lesenden, dass diese die Schrift auf sich selbst beziehen können. Beim Lesen und Interpretieren eines biblischen

---

[34] Wilfrid Härle verweist darauf, dass die Autorität der Schrift ihre Grundlage in der Offenbarung Jesu Christi hat. Die Schrift bezeugt die Offenbarung Jesus Christi, so dass die Autorität der Schrift aus dieser Zeugenfunktion abzuleiten ist. Vgl. Wilfried Härle: „Dogmatik", Berlin/New York, 1995, S. 113-117 u. 136-139.

[35] Vgl. zur Mühlen, a.a.O. (Fussnote 15), S. 549f.

[36] Vgl. Reinhard Schwarz: „Martin Luther II. Theologie", in: *RGG*, UTB 8401, Tübingen, 2005, S. 573-588 u. 573. Vgl. Baur, a.a.O. (Fussnote 10), S. 30.

[37] Bayer, a.a.O. (Fussnote 12), S. 84f.

Textes werden die Lesenden folglich auch selbst durch den Text verändert, sie können sich und ihre Wirklichkeit neu verstehen,[38] oder um Gadamers Formulierung zu verwenden, der Horizont des Textes und der Horizont der Lesenden verschmelzen.

Angesichts der zentralen Annahme Gadamers und moderner rezeptions-ästhetischer Ansätze, dass ein Leser bzw. eine Leserin beim Lesevorgang selbst dazu beiträgt, dass der Sinn eines Textes entsteht, stellt sich die Frage, ob bzw. inwiefern ein biblischer Text, der entsprechend als unvollständig und aktualisierungsbedürftig angesehen werden muss, noch normative Grundlage des Glaubens sein kann.[39] Das äussere Wort ist notwendig, aber nicht ausreichend. Mit Luther kann die Rezeption eines Bibeltextes – das innere Wort – als ein Vorgang verstanden werden, der vom Heiligen Geist inspiriert ist. Der Heilige Geist bewirkt, dass ein biblischer Text seine Le-senden in ihrer jeweiligen Situation auf eine Art und Weise anspricht, dass diese an Gott glauben und die Bibel als Heilige Schrift verstehen können. In diesem Sinn kann die Bibel als *medium salutis* verstanden werden, die zum Heil und zum Glauben führt, während beim Lesen der Horizont des Textes und der Horizont des Lesers, der Leserin verschmelzen. Die Ergebnisse Gadamers und weiterer rezeptionsorientierter Texttheorien führen also nicht dazu, dass Luthers hermeneutischer Grundsatz, formuliert als *sola scriptura*, aufgegeben werden müsste. Allerdings ist es nötig, dass biblische Hermeneutik die Standortgebundenheit des jeweiligen Auslegers bzw. der Auslegerin reflektiert und diese unter dem Aspekt der Wirksamkeit des Heiligen Geistes, der inneren Klarheit des Wortes nach Luther, neu betrach-tet. „Eine literarische Hermeneutik erlaubt es und nötigt geradezu, zu der anscheinend längst obsolet gewordenen Inspirationslehre zurückzukehren, um sie freilich grundlegend umzuformulieren. Rezeptionsästhetisch muss sie als Lehre vom inspirierten Leser rekonstruiert werden."[40]

---

[38] Vgl. auch Gerhard Ebeling: „Die Anfänge von Luthers Hermeneutik", in: *ZThK 48*, Tübingen, 1951, S. 172-230, hier S. 175.

[39] Vgl. Körtner, a.a.O. (Fussnote 29), S. 102. Aus diesem Grund betont Bayer, dass nicht der Interpret den Sinn des Textes festlegt, sondern dass der Sinn des Tex-tes im Text selbst festgelegt und zu finden ist. Vgl. Bayer, a.a.O. (Fussnote 12), S. 62f. Diese Ansicht widerspricht den Ergebnissen moderner hermeneutischer und erkenntnistheoretischer Ansätze, vgl. Peter Stockwell: „Cognitive Poetics. An Introduction", London/New York, 2002. Auf der anderen Seite versteht Bayer Lesen dennoch als einen zirkulären Prozess, bei welchem der Leser den Text und auch der Text den Leser auslegt, jedoch ausgehend von der Vorgegebenheit des Textes. Vgl. Bayer, a.a.O. (Fussnote 12), S. 63f.

[40] Vgl. Körtner, a.a.O. (Fussnote 29), S. 104. Körtner stellt selbst ein solches re-zeptionsorientiertes Konzept des inspirierten Lesers vor, vgl. Körtner, a.a.O. (Fussnote 9), S. 88-113.

SCRIPTURA SUI IPSIUS INTERPRES UND
DIE JESUS-CHRISTUS-GESCHICHTE

Die Schrift kann also auch im Kontext moderner Hermeneutik als *medium salutis* betrachtet werden, welche Glauben wirkt, indem der Heilige Geist den Leseprozess inspiriert. Aber wie kann man von der Wahrheit eines biblischen Textes sprechen, wenn man mit modernen Texttheorien davon ausgeht, dass ein Text keine klare und eindeutige Bedeutung besitzt, welche durch grammatische und philosophische Methoden festgestellt werden könnte? Aufgrund der Verschmelzung der Horizonte von Text und Lesenden wird jeder Leser, bzw. jede Leserin einen individuellen Sinn von einem Text ableiten.[41] Kann also nach wie vor daran festgehalten werden, dass die Schrift sich selbst auslegt? In welchem Sinne kann die Bibel als wahr verstanden werden, wenn sie – wie andere Texte – nicht nur eine mögliche Bedeutung hat?[42]

Martin Luther war sich sehr wohl dessen bewusst, dass die Interpretation der Bibel nicht zu einer ein für allemal gültigen Interpretation und Theologie führt. Deshalb wies er auf den grundlegenden Inhalt der Bibel hin, der ihre Bedeutung für den Glauben ausmacht. Luther war davon überzeugt, dass die Bibel klar und eindeutig ist im Hinblick auf das Heil in Jesus Christus.

> Was kann an Erhabenem in der Schrift verborgen bleiben, nachdem die Siegel gebrochen, der Stein von des Grabes Tür gewälzt und damit jenes höchste Geheimnis öffentlich geworden ist: Christus, der Sohn Gottes, sei Mensch geworden, Gott sei dreifaltig und einer, Christus habe für uns gelitten und werde herrschen ewiglich? Wird das nicht sogar in Elementarschulen bekannt gemacht und dort auch gesungen? Nimm Christus aus der Schrift, was wirst du sonst noch in ihr finden? Was in der Schrift enthalten ist, ist zur öffentlichen Kenntnis gebracht, wenn auch einige Stellen bisher aus Unkenntnis der Worte dunkel sind.[43]

Nach Luther muss die ganze Schrift, Altes und Neues Testament, von Jesus Christus her gelesen und verstanden werden und jede Interpretation muss

---

[41] Eine gut verständliche Darstellung des Leseprozesses auf der Grundlage moderner hermeneutischer Ansätze bietet Peter Müller: „Verstehst du auch, was du liest? Lesen und Verstehen im Neuen Testament", Darmstadt, 1994, S. 120-160.

[42] Jacques Derrida stellt grundsätzlich in Frage, ob ein Text überhaupt einen Sinn haben kann. Vgl. Joisten, a.a.O. (Fussnote 4), S. 185-195; Peter V. Zima: „Die Dekonstruktion. Einführung und Kritik", Tübingen/Basel, 1994.

[43] WA 18, S. 606. Vgl. Jörg Baur, a.a.O. (Fussnote 10), S. 24f. Er weist darauf hin, dass Schrift und Christus nicht identisch sind, sondern Christus auch Herr über die Schrift ist.

vor allem das untersuchen, was sich auf Jesus Christus bezieht. Christus selbst ist das Wort, das Fleisch geworden ist (Joh 1,14).

> Damit ist der Massstab – der „Kanon" gesetzt für das, was Wahrheit schlechthin ist, was wahrhaft neu ist und nie wieder alt wird. Dieses ewig Neue hat einen Namen: Jesus Christus.
>
> Darin „stimmen alle rechtschaffenen heiligen Bücher überein, dass sie allesamt Christum predigen und treiben. Auch ist das der rechte Prüfstein, alle Bücher zu beurteilen: zu sehen, ob sie Christum treiben oder nicht, da alle Schrift Christum zeiget, Röm 3[,21] und der Heilige Paulus nichts als Christum wissen will, 1.Kor 2[,2]. Was Christum nicht lehrt, das ist nicht apostolisch, selbst wenn es der Heilige Petrus oder der Heilige Paulus lehrte. Wiederum, was Christum predigt, das ist apostolisch, selbst wenn es Judas, Hannas, Pilatus und Herodes täte".
>
> Hier wird die Grenze, die christliche Theologie von einem Bibelfundamentalismus trennt, in aller Klarheit sichtbar. Schärfer als Luther kann man das inhaltliche, sachliche Kriterium – im Unterschied zu einer Formalisierung der Schriftautorität – nicht herausstellen.[44]

Aus diesem Grund ist Luther auch weit von jeglichem Biblizismus entfernt, der lehrt, dass jeder biblische Text gleich wichtig ist. Luther ist sich bewusst, dass es kanonische Schriften gibt, die eine andere Theologie als zum Beispiel Paulus vertreten. Er stellt die Bücher, deren Theologie er selbst als fragwürdig einschätzt, z.B. den Jakobusbrief, den Judasbrief, den Hebräerbrief und die Offenbarung des Johannes an das Kanonende, aber er schliesst sie nicht aus dem Kanon aus.[45] Auf diese Weise differenziert Luther zwischen verschiedenen biblischen Texten, ohne ihnen den Status eines kanonischen Textes abzusprechen. Alle neutestamentlichen Texte sind nach Luther durch ihr Christuszeugnis verbunden, so dass das Kriterium, ob sie Worte Gottes sind, Jesus Christus selbst ist.

Die neutestamentlichen Texte sind weder historisch noch biographisch im modernen Sinn, sondern sie beschreiben, wer Jesus Christus war, sie sind Interpretationen seiner Person und seiner Bedeutung für den Glauben der Verfasser, sie sind unterschiedliche Darstellungen der „Jesus-Christus-

---

[44] Vgl. Bayer, a.a.O. (Fussnote 12), S. 74; der Bornkamm: „Luthers Vorreden zur Bibel", S. 216f zitiert. Vgl. WA DB 7, S. 384.

[45] Vgl. Baur, a.a.O. (Fussnote 10), S. 25. Martin Luther ist sich bewusst, dass weder das Alte noch das Neue Testament frei von Irrtümern ist.

Geschichte", wie Reinmuth Eckart grundlegend formuliert.[46] Der Name selbst erzählt eine Geschichte, indem Jesus als Christus bezeichnet wird, als derjenige, der von Gott gesandt und gesalbt ist.[47] Die Jesus-Christus-Geschichte erzählt also auch die Geschichte Gottes mit seinem Volk Israel, eine Liebesgeschichte mit Israel und der ganzen Welt.[48] Das Neue Testament bietet unterschiedliche Interpretationen des Lebens Jesu. Die Verfasser der Texte wollten beschreiben, wie sie Gott durch die Jesus-Christus-Geschichte erfahren haben und wie diese Geschichte zur Grundlage ihres Lebens und Glaubens wurde. Sie hatten jedoch kein Interesse daran, hinter die Texte zurückzufragen und das Leben Jesu Christi im historischen Sinn zu erforschen – sie kannten nicht einmal den Geschichtsbegriff, wie wir ihn heute verwenden.[49] „Anders, als es der historischen Forschung möglich und verpflichtend aufgegeben ist, trennt die Jesus-Christus-Geschichte keines neutestamentlichen Textes zwischen ‚Fakten' und Bedeutungen, die ihrerseits wie Fakten erzählt werden. Die Jesus-Christus-Geschichte ist also inhaltlich etwas anderes als das, was historische Forschung rekonstruiert."[50] Diese Texte können als die ersten Rezeptionen der Jesus-Christus-Geschichte verstanden werden, wobei diese Rezeptionen bereits als interpretierende Wahrnehmungen zu verstehen sind.

Der hermeneutische Prozess, den Gadamer beschreibt, kann also bereits auf das Verständnis des Neuen Testaments angewandt werden.[51] Die Verfasser der neutestamentlichen Texte lebten in einem historischen Kontext, der sich von der Zeit des irdischen Jesus unterschied, der etwa zwei bis neun Jahrzehnte vor ihnen gekreuzigt wurde. Neue Fragen bezüglich des

---

[46] Eckart Reinmuth spricht von „Jesus-Christus-Geschichte", um zwischen den neutestamentlichen Texten und dem Leben des irdischen Jesus zu unterscheiden. Die Verfasser der neutestamentlichen Texte sind selbst Adressaten dieser Geschichte und versuchen, ihre Bedeutung für die jeweilige Gegenwart stets neu zu erfassen und mit den Texten „ihre Bedeutung zu diskutieren – und sich zugleich dafür offen zu halten, dass Menschen sie immer wieder neu erzählen und begreifen werden". Vgl. Eckart Reinmuth: „Hermeneutik des Neuen Testaments. Eine Einführung in die Lektüre des Neuen Testaments", Göttingen, 2002, S. 16f.

[47] Ebd., S. 15.

[48] Ebd., S. 15f.

[49] Martin Luther nahm die Unterschiede zwischen den vier Evangelien deutlich wahr, vgl. WA 40/I, S. 126; Baur, a.a.O. (Fussnote 10), S. 26. Luther bevorzugte das Johannesevangelium, weil dieses in besonderer Weise die Worte Jesu und seine Bedeutung für den Glauben darstellt. Vgl. WA DB 6, S. 10 u. 25f.

[50] Vgl. Reinmuth, a.a.O. (Fussnote 46), S. 20f.

[51] Vgl. dazu die Untersuchung des Johannesevangeliums durch Takashi Onuki: „Gemeinde und Welt im Johannesevangelium. Ein Beitrag zur Frage nach der theologischen und pragmatischen Funktion des johanneischen ‚Dualismus'", Neukirchen-Vluyn, 1984.

Glauben und der christlichen Ethik ergaben sich in der Zwischenzeit, aber man konnte Jesus selbst nicht mehr fragen, so wie es seine Jünger konnten. Der Verfasser des Johannesevangeliums hat sich mit dieser Thematik am intensivsten befasst. Er erzählt die Jesus-Christus-Geschichte explizit aus der Perspektive seiner Gemeindesituation und beantwortet so Fragen seiner Adressatinnen und Adressaten mit Hilfe einer erneuten Erzählung, die zugleich die Jesus-Christus-Geschichte aus einer veränderten Perspektive darstellt. Das Johannesevangelium zeigt durch seine Erzählweise, dass sein Verfasser gerade nicht primär an historischen Fakten oder einer Chronologie des Lebens Jesu interessiert ist, sondern an der Bedeutung Jesu – seines Lebens und Wirkens, seiner Beziehung zu Gott, der ihn gesandt hat –, interpretiert für die Leserinnen und Leser seines Evangeliums. Er weist sogar explizit darauf hin, dass es einen Unterschied macht, ob man Jesus vor Ostern oder aus einer nachösterlichen Perspektive sieht und versteht.

Nach Ostern offenbart der Heilige Geist der johanneischen Gemeinde, wie Kreuzigung und Auferstehung das Leben Jesu prägen. Gott sandte Jesus, um die Welt durch seine Kreuzigung und Auferstehung zu retten, die beide von Johannes als Erhöhung bezeichnet werden. Erst wenn die Lesenden diese Bedeutung Jesu erkannt haben (Joh 8,28; 20,28), können sie Jesu Worte und Taten ebenso wie die Überlieferungen seiner Geschichte neu verstehen (Joh 2,22; 7,39; 12,16; 14,26). Wenn Jesus an Ostern als Gottes Sohn offenbart wird, dann muss er schon seit seiner Geburt Gottes Sohn gewesen sein, ja sogar schon vor seiner Geburt. Aufgrund dieser Erkenntnis nimmt der Verfasser des Johannesevangeliums das Leben Jesu aus einer neuen Perspektive wahr und entdeckt darin den Sohn Gottes. Auf diese Weise ereignet sich die von Gadamer beschriebene Verschmelzung der Horizonte.[52] Die neue Wahrnehmung des Verfassers, inspiriert vom Heiligen Geist, der ihm die Bedeutung von Ostern offenbart, führt ihn zu einer neuen Interpretation des Lebens Jesu. Nun sieht er Jesu Göttlichkeit auch in seinem Menschsein. Aber er ist sich dabei sehr wohl bewusst, dass diese Sichtweise erst nach Ostern und aufgrund der Offenbarung durch den Heiligen Geist möglich ist (Joh 2,22; 12,16). Theologisch gesprochen kann die Erkenntnis des Johannes als Offenbarung bezeichnet werden; anthropologisch betrachtet kann sie als neue, durch die Ostererfahrung veranlasste Interpretation des Lebens Jesu verstanden werden. Diese neue Erkenntnis wurde ermöglicht durch den Heiligen Geist und beeinflusste seine Erzählung der Jesus-Christus-Geschichte. Johannes unterscheidet dabei nicht zwischen Ereignissen und Interpretation, denn für ihn zeigen die Ereignisse eindeutig, wer Jesus Christus ist. Darüber hinaus sind die Worte und Taten Jesu relevant für die gegenwärtigen Probleme der Gemeinde.

---

[52] Vgl. ebd. S. 193-213.

In seiner Erzählung legt der Verfasser deshalb ein besonderes Augenmerk auf diejenigen Aspekte des Wirkens Jesu, welche seiner Meinung nach für die gegenwärtige Situation der Gemeinde besonders wichtig sind. Auf diese Weise verbinden sich in der johanneischen Darstellung die Ereignisse aus dem Leben Jesu mit den Erfahrungen der Gemeinde. Diese dialektische Sichtweise der Erzählung ist eine Folge der Verschmelzung zweier Horizonte, welche insbesondere dort offensichtlich werden, wo Jesus vor Ostern nachösterliche Einsichten darstellt und lehrt (Joh 3,11; 9,4.31; 17,14 u.a.).[53] Das Johannesevangelium kann folglich als eine neue Interpretation der Jesus-Christus-Geschichte für seine Gemeinde verstanden werden. Auf diese Weise kann die neue Erzählung auf Fragen und Probleme eingehen, welche die zeitgenössischen Leserinnen und Leser haben. Sie verbindet dabei zwei zeitliche Horizonte – den der Zeit Jesu und den der Zeit des Johannes und seiner Adressaten. Diese zwei Horizonte können unterschieden werden, denn diese differenzierte analytische Wahrnehmung ist ein Hilfsmittel, um die besondere Darstellungsweise des Johannes besser zu verstehen, aber die beiden Horizonte können nicht getrennt werden, da Ereignis und Interpretation stets miteinander verbunden sind.

Vor diesem Hintergrund bleibt jedoch die Frage, ob diese überraschend neue Interpretation der Jesus-Christus-Geschichte theologisch legitim ist. Johannes bezieht sich wiederholt auf den Heiligen Geist.[54] Der Paraklet ermöglicht den Zugang zu Jesu Worten und Taten, indem er die Jünger lehrt und sie an all seine Worte erinnert (Joh 14,26).[55] Die wesentliche Funktion des Heiligen Geistes ist nach Johannes auf die Verkündigung und Lehre bezogen.[56] Der Geist wird sich auch als Anwalt der Jünger in Konflikten mit der Welt erweisen und sie dabei in die ganze Wahrheit leiten (Joh 16,8-15). Der auferstandene Jesus gibt den Jüngern seinen Geist (Joh 7,39; 20,22),

---

[53] Ebd., S. 204.

[54] Zur Pneumatologie bei Joh vgl. Udo Schnelle: „Theologie des Neuen Testaments", Göttingen, 2007, S. 664-667; Udo Schnelle: „Johannes als Geisttheologe", Leiden, 1998, S. 17-31; Rudolf Schnackenburg: „Das Johannesevangelium", *HThK IV/1*, Freiburg, 2001, S. 33-58.

[55] Vgl. Schnelle: „Theologie", S. 56, der von einem hermeneutischen Konzept der Erinnerung im Joh spricht. Zur Bedeutung der Pneumatologie für Luther vgl. Asendorf, a.a.O. (Fussnote 12), S. 184-189.

[56] Vgl. Jörg Frey: „Vom Windbrausen zum Geist Christi und zur trinitarischen Person", im Druck. Jerome H. Neyrey, S. J., unterscheidet zwei Aktivitäten des Geistes, der einerseits die Vergangenheit mit Blick auf die Zukunft in Erinnerung ruft, der andererseits alles lehrt, d.h. Neues lehrt, das für die Zukunft wichtig ist. Er schreibt: „Such future words cannot be tested or normed, although later we hear of cries for ‚discernment of the spirit' (1 Jn 4:1; 1 Cor 12:10)." Vgl. Jerome H. Neyrey, S. J.: „The Gospel of John", Cambridge, 2006, S. 250.

der sie ermutigt und in Glaubenskonflikten unterstützt. Die Wahrheit ihres Glaubens kann nicht einfach bewiesen oder gegenüber abweichenden Ansichten verteidigt werden, weshalb der Paraklet sie in ihrem Glauben tröstet und vergewissert. Der Geist selbst schenkt den Jüngern und Jüngerinnen die nötige Gewissheit, dass der Unglaube der Welt falsch ist, dass Jesus nicht gescheitert ist, sondern in Wahrheit zu seinem Vater zurückgekehrt ist, dass er den Herrscher dieser Welt bereits besiegt hat (Joh 16,9-11). Auf diese Weise ermöglicht der Geist den Nachfolgenden Jesu zu glauben und verhindert, dass der Unglaube und Spott der Welt ihren Glauben zerstört. Er ist der göttliche Schöpfer und Erhalter ihres Glaubens; er öffnet ihre Augen für die Wahrheit, die nur aufgrund einer auf spezifische Weise interpretierenden, die Bedeutung Jesu wahrnehmenden Erinnerung erkannt werden kann.[57] Auf diese Weise führt sie der Paraklet zur Wahrheit, zu Jesus Christus, der zu seinem Vater zurückgekehrt ist (Joh 16,13).

Der Verfasser des Johannesevangeliums spricht von Wahrheit stets in Verbindung mit Gott. Wahrheit meint die Wahrheit Gottes, die in Jesus Christus offenbart wurde (Joh 1,14.17). Jesus, Johannes der Täufer, der Heilige Geist, sie alle bezeugen die Wahrheit, die auf Gott oder auf Christus bezogen ist (Joh 5,33; 8,40-45; 15,26; 16,13; 18,37). Der johanneische Jesus spricht: „Ich bin der Weg und die Wahrheit und das Leben. Niemand kommt zum Vater denn durch mich" (Joh 14,6), und zu Pilatus: „Du sagst es, ich bin ein König. Ich bin dazu geboren und in die Welt gekommen, dass ich die Wahrheit bezeugen soll. Wer aus der Wahrheit ist, der hört meine Stimme." (Joh 17,32). Dies impliziert, dass nicht der Verfasser des Evangeliums die Wahrheit hat und weitergeben kann, sondern Gott selbst offenbart die Wahrheit immer wieder neu und der Heilige Geist vermittelt sie an die Menschen. Der Geist der Wahrheit (Joh 14,17; 15,26; 16,13) bezeugt Jesus, er bezeugt, was er von Gott hört. Durch diese Lehre führt der Paraklet die Lehre Jesu weiter (Joh 14,26; 16,13-15) und informiert über die Wahrheit (Joh 20,22f). Mit seiner Lehre möchte er die Jüngerinnen und Jünger trösten sowie ihren Glauben stärken und in gleicher Weise auch die Lesenden des Evangeliums.[58] Da die Jüngerinnen und Jünger Jesus selbst nach dessen Weggang nicht mehr sehen können (Joh 7,39; 14,26), ist es nötig, dass der Geist sie an Jesus erinnert. Die Wahrheit ist nach Johannes verbunden mit Gott oder Jesus und mit dem Zeugnis, das der Geist von ihm abgibt. Und

---

[57] Ebd.
[58] Vgl. Schnelle, a.a.O. (Fussnote 54), S. 668; Onuki, a.a.O. (Fussnote 51); Manfred Lang: „Johanneische Abschiedsreden und Senecas Konsolationsliteratur", in: Jörg Frey/Udo Schnelle (Hg.): „Kontexte des Johannesevangeliums: Das vierte Evangelium in religions- und traditionsgeschichtlicher Perspektive", Tübingen, 2004, S. 365-412.

dieses Zeugnis schafft und bestärkt den Glauben der Jüngerinnen und Jünger. Daraus ergibt sich, dass die Wahrheit nicht in den Buchstaben des Evangeliums zu finden ist, sondern in der Botschaft Gottes, die ihre Adressatinnen und Adressaten von Schuld befreit (Joh 8,32ff) und ihre Herzen auf Gott und Jesus ausrichtet (Joh 14,6).[59]

Dies entspricht Luthers Einsicht, dass Gott derjenige ist, der durch Jesus Christus Glauben und Rettung in den Menschen bewirkt, wobei der Heilige Geist das Wort Christi zu den Herzen der Menschen bringt. Die Wahrheit findet sich auch nach Luther nicht in den Buchstaben der Schrift, sondern die Wahrheit ist in Gott selbst. Wenn jemand in der Bibel liest und der Heilige Geist beim Lesen die Augen für die Wahrheit öffnet, kann Glaube wachsen und die Lesenden kommen mit der Wahrheit in Berührung. Gottes Wort ereignet sich dort, wo Christus verkündigt wird. Dabei handelt es sich nicht um eine dogmatische Lehre, sondern um ein Ereignis, das beim Lesen oder Hören des Wortes immer wieder neu geschieht, wenn Gott die Lesenden des Wortes rechtfertigt, ihre Sünden vergibt und sie so von der Zukunftsangst befreit. Die Wahrheit kann also weder durch Interpretationsmethoden noch durch Hermeneutik herausgefunden werden, sondern der Heilige Geist selbst vermittelt sie durch das Wort und wirkt auf diese Weise Glauben und Rechtfertigung. Das äussere Wort ist nötig, damit das innere Wort Glauben bewirken kann durch den Heiligen Geist, der die Wahrheit bezeugt. Deshalb ist es nicht möglich, die Wahrheit der Bibel ein für allemal zu erkennen und zu benennen. Es ist vielmehr nötig, dass die Schrift immer wieder gelesen wird und der Heilige Geist dadurch immer wieder neu in die individuelle Situation der Lesenden hineinsprechen kann, bzw. hermeneutisch ausgedrückt, dass der Horizont des Textes mit dem Horizont der jeweiligen Lesenden verschmelzen kann. Dabei ist jeder Lesevorgang immer auch zugleich Interpretation, Anwendung auf die eigene Situation.

> Es kommt also [...] alles darauf an, ein *Wechselverhältnis* von Festem und Beweglichem, von Mündlichem und Schriftlichem, von lebendigem Geist und festem Buchstaben wahrzunehmen. Wer es nicht wahrnimmt, verkennt den eigentümlichen Charakter der Autorität der Heiligen Schrift, die keine andere als die Autorität des lebendigen Gottes selber ist. Luther hat diesem Zugleich von Festigkeit und Beweglichkeit Rechnung getragen.[60]

---

[59] Vgl. Asendorf, a.a.O. (Fussnote 12), S. 50f.; Wolf-Dieter Hauschild: „Geist/Heiliger Geist/Geistesgaben IV. Dogmengeschichtlich", in: *TRE*, Berlin/New York, 2000, S. 196-217, hier S. 208f.

[60] Bayer, a.a.O. (Fussnote 12), S. 73.

Dies weist in die Richtung moderner hermeneutischer Erkenntnisse, gemäss denen ein einmal schriftlich fixierter Text immer wieder neue Interpretationen im Lektüreprozess zulässt. Das inhaltliche Kriterium, ob die Interpretation eines biblischen Textes bzw. des biblischen Textes selbst gut ist, besteht in ihrer Übereinstimmung mit Christus und seiner Botschaft, die den Menschen Glauben und Befreiung bringt. Was Christus in dieser Weise lehrt, ist Gottes Wort.

> When Christ is preached as the prophets and apostles present him, then when the preacher speaks, God speaks and the Holy Spirit produces faith, hope, love, and a joyful new life. „The poor Holy Spirit," said Luther, „doesn't want anything else to be preached. [...] The preachers have no other office than to preach the clear sun, Christ. Let them take care that they preach thus or let them be silent."[61]

Die innere Klarheit des Wortes zeigt die Wahrheit des Wortes, aber sie ist und bleibt das Geschenk des Heiligen Geistes und wird nicht zum Besitz der Menschen. Die Veröffentlichung der Kammer für Theologie der Evangelischen Kirche in Deutschland zu „Christlicher Glaube und nichtchristliche Religionen" hält in vergleichbarer Weise fest, dass Wahrheit aus einer christlichen Perspektive nicht als wahre und verifizierbare Aussage über die Wirklichkeit verstanden werden kann, sondern Wahrheit in erster Linie als Ereignis gesehen werden muss.[62] Gott offenbart sich selbst durch sein Wort als jemand, auf den sich die Menschen verlassen können. Aus christlicher Perspektive ereignet sich Wahrheit genau dann, wenn Gott sich als derjenige offenbart, der von Sünde befreit und durch die Kraft des Heiligen Geistes Glauben schafft.[63] Das menschliche Zeugnis bezeugt diese Wahrheit, aber es bleibt dabei – wie jede menschliche Handlung – fehlbar.[64] Jedes Lesen, Verstehen und Auslegen ist eine menschliche Reaktion auf Gottes Heilshandeln in Jesus Christus, ist also fehlbar und nicht perfekt. Dies trifft auch für die Heilige Schrift selbst zu, die mit menschlichen Worten Erfahrungen mit Gott, insbesondere die Jesus-Christus-Geschichte erzählt.[65] Wahrheit ereignet sich, wenn jemand die Schrift liest und erkennt, dass Christus ihr Zentrum ist und dass dieser Christus dem Lesenden Rettung

---

[61] Fred W. Meuser: „Luther as Preacher of the Word of God", in: Donald K. McKim: „The Cambridge Companion to Martin Luther", Cambridge, 2003, S. 136-148, hier S. 138.

[62] Vgl. EKD Texte 77, „Christlicher Glaube und nichtchristliche Religionen. Theologische Leitlinien", Hannover, 2003, **www.ekd.de/download/Texte_77.pdf**.

[63] Ebd., S. 14.

[64] Zum Verhältnis zwischen Sünde und dem Schriftverständnis vgl. Baur, a.a.O. (Fussnote 10), S. 37 u. 41.

[65] Zur Unterscheidung von Gott und Heiliger Schrift, vgl. ebd. S. 21.

und Freiheit bringt. Doch jedes menschliche Lesen und Verstehen bleibt stets eine Annäherung an die Wahrheit, eine Antwort auf die Botschaft, mit der Gott einen Menschen anspricht.

Reinmuth warnt sogar davor, sich ausschliesslich auf den Wortlaut der Bibel zu verlassen: „Es kann also sinnlos, ja gefährlich, menschenverachtend und tödlich sein, sich lediglich dem Wortlaut des Neuen Testaments anzuvertrauen, lediglich seine Worte zu lesen und zu verstehen. [...] Ihr Bezug auf die Jesus-Christus-Geschichte enthält das Grundkriterium, an dem sie selber zu messen sind."[66] Joh 8,44 kann als alarmierendes Beispiel dienen. Der johanneische Jesus klagt seine Gegner, die Juden, als Übeltäter, Lügner und Mörder an und bezeichnet sie als Söhne des Satans. Dieser Bibeltext wurde jahrhundertelang benutzt, oder vielmehr missbraucht, um Verbrechen gegen das jüdische Volk zu legitimieren. Neutestamentliche Texte sind aber selbst Interpretationen der Geschichte Jesu, sie sind nicht identisch mit dieser Geschichte, und deshalb muss auch an sie die kritische Frage gestellt werden, ob sie mit der Jesus-Christus-Geschichte übereinstimmen, die sie auf neue Weise erzählen und damit zugleich neu interpretieren.[67] Die Jesus-Christus-Geschichte oder mit den Worten Martin Luthers: „was Christum treibet" ist das inhaltliche Kriterium, an dem die Schrift und ihre Interpretationen zu messen sind.

> Preaching the Jesus of the Gospels always meant preaching his love for sinners. Notice how gently the Savior deals with wounded spirits, Luther said to the Wittenbergers, how friendly Jesus is to publicans and sinners, how patiently he bears with the disciples who misunderstood him, what compassion for lepers, for the widow whose son had died, for blind Bartimaeus, and for the woman taken in adultery. When Luther preached to people who, like himself, had been taught to think of God and Jesus as threatening and distant [...], Luther delighted in speaking of the Lord as one who made ordinary people feel at home in his presence. Comfort and assurance were high priorities for Luther.[68]

Luthers grundlegende Annahme, dass die Schrift sich selbst auslegt, bezieht sich nicht nur auf Buchstaben und Worte, sondern besonders auf die Wirkung, die ein biblischer Text oder dessen Predigt auf den Lesenden bzw. die Hörenden hat. Diese Wirkung muss übereinstimmen mit dem, was Luther als Thema der Theologie beschreibt und in welchem es um die Beziehung zwischen dem „sündigenden Menschen und dem rechtferti-

---

[66] Vgl. Reinmuth, a.a.O. (Fussnote 46), S. 37.
[67] Ebd.
[68] Meuser, a.a.O. (Fussnote 61), S. 138f.

genden Gott" geht.[69] Dass sich das Wesentliche beim Lesen also nicht im
Text selbst findet, sondern im Lesevorgang ereignet, durch den ein Text
seine Bedeutung für die Lesenden gewinnt, ist eine Einsicht, welche insbe-
sondere rezeptionsorientierte hermeneutische und linguistische Ansätze
betonen.[70] Aber diese Einsicht hätte Martin Luther wohl kaum überrascht.
Er war sich der Bedeutung der persönlichen Situation des Lesenden beim
Lesevorgang sehr wohl bewusst und beobachtete, dass der Glaube das
Verständnis der Bibel erhellen, der Unglaube es jedoch verdunkeln konnte.
Das geschriebene Wort kann nach Luther nur dann Glauben wirken, wenn
der Heilige Geist durch das gelesene Wort im Herzen der Lesenden wirkt.[71]
Aus diesem Grund wird ein Verständnis des lutherischen *sola scriptura*
im Sinne eines formalen Kriteriums dem hermeneutischen Verständnis
Luthers nicht gerecht, der sehr wohl wusste, dass die Texte der Bibel kein
eindeutiges theologisches System enthalten, dessen Wahrheit man mit
Hilfe eines intensiven Schriftstudiums unzweideutig offenlegen könnte.

FOLGERUNGEN FÜR EINE VERANTWORTLICHE PROTESTANTISCHE SCHRIFTINTERPRETATION

Bei der Betrachtung einiger zentraler Aspekte der modernen Hermeneutik
wurde deutlich, dass sogar Begriffe wie „Bedeutung", „Geschichte" oder
„Wahrheit" nicht wirklich eindeutig sind, sondern im Laufe der Jahrhunderte
ihre Bedeutung verändert haben. Der Verfasser des Johannesevangeliums
hatte keine Vorstellung von dem, was wir heute als „historisch" beschreiben. Für Johannes umfasst Wahrheit nicht die Übereinstimmung seiner
Darstellung mit den „historischen Fakten", sondern Wahrheit ist für ihn
verbunden mit der Person Jesus Christus, der selbst die Wahrheit ist. Wenn
aber bereits die Bedeutung zentraler Begriffe zweideutig ist, wie können
dann Sätze oder sogar ganze Texte eindeutig sein? Hermeneutische Forschungen warnen davor, zu schnell und unreflektiert davon auszugehen,
dass ein biblischer Text *genau das* sagt, was *ich* denke, dass er sagt. Auf der
Grundlage der Erkenntnisse aktueller hermeneutischer und linguistischer

---

[69] WA 40/II, S. 3281f; vgl. Bayer, a.a.O. (Fussnote 12), S. 37-39.

[70] Vgl. Roland Barthes Ansicht, dass Schreiben stets ein Vorschlag ist und der
Leser dessen Bedeutung bestimmt. Roland Barthes: „Literatur oder Geschichte",
Frankfurt/M., 1969, S. 126.

[71] Vgl. z.B. WA 5, S. 537. Zum Problem von Tradition und Interpretation vgl. Hen-
ning Paulsen, „Sola Scriptura und das Kanonproblem", in: Hans H. Schmid/
Joachim Mehlhausen: „Sola Scriptura. Das reformatorische Schriftprinzip in
der säkularen Welt", Gütersloh, 1991, S. 61-78, hier S. 65-78.

Ansätze ist es nicht mehr möglich, das jeweils eigene Bibel- oder Textverständnis als die einzig richtige Interpretation absolut zu setzen. Aber wie sollen und können wir die Bibel interpretieren? Es gab und gibt weder den perfekten Verfasser /die perfekte Verfasserin noch den perfekten Leser/ die perfekte Leserin. Martin Luther selbst hat darauf hingewiesen, dass die Sünde das menschliche Verstehen verdunkelt, auch das Verstehen der Bibeltexte. Aus diesem Grund hat Martin Luther darauf hingewiesen, dass Christus allein der verbindliche Lehrer der Wahrheit und der Ausleger des göttlichen Willens sein kann. Er bittet seine Adressaten explizit:

> [M]an wolle von meinem Namen schweigen und sich nicht lutherisch, sondern einen Christen nennen. Was ist Luther? Ist doch die Lehre nicht mein! Ebenso bin ich auch für niemanden gekreuzigt. St. Paulus [1.Kor 3,4] wollte nicht leiden, dass die Christen sich paulisch oder petrisch hiessen, sondern Christen. Wie käme denn ich armer stinkender Madensack dazu, dass man die Kinder Christi dürfe nach meinem nichtswürdigen Namen nennen? Nicht so, liebe Freunde! Lasst uns tilgen die parteiischen Namen und uns Christen heissen, nach Christus, dessen Lehre wir haben [...] Ich bin und will keines Menschen Meister sein. Ich habe mit der Gemeinde die eine, allgemeine Lehre Christi, der allein unser Meister ist [Mt 23,8].[72]

Moderne hermeneutische und linguistische Theorien zeigen, dass beim Leseprozess die Mitwirkung der Lesenden nötig ist. D.h., Lesen ist nicht nur die Rezeption einer im Text festgelegten Bedeutung, sondern Lesen ist eine Aktion, ein kreativer Prozess, durch den die Lesenden in Kooperation mit dem Text die Bedeutung des Textes entwerfen.[73] Nachdenken über Hermeneutik ist folglich zugleich ein Nachdenken über menschliches Verhalten und dieses hat eine ethische Dimension. Auf der Grundlage seines semiotischen Textverständnisses versteht Stefan Alkier Interpretieren folgerichtig als ein „Handeln mit Zeichen".[74] Auf dieser Grundlage formuliert er drei Grundregeln für eine Ethik der Interpretation.

Das erste Kriterium nennt Alkier Realitätskriterium.[75] Es zielt darauf, dass der Interpretationsgegenstand stets als ein real vorgegebenes Anderes anzusehen ist, welches vom Lesenden zu unterscheiden ist. Jeder Lese- bzw.

---

[72] WA 8, S. 685, 4-16; Bayer, a.a.O. (Fussnote 12), S. 7. Dieses Zitat ist durchaus auch im ökumenischen Kontext bedenkenswert.

[73] Vgl. Müller, a.a.O. (Fussnote 41), S. 120-160; Vgl. ausserdem Stefan Alkier: „Ethik der Interpretation", in: Markus Witte (Hg.): „Der eine Gott und die Welt der Religionen", Würzburg, 2003, S. 21-41, hier S. 22f; zur Bedeutung von Martin Luthers Hermeneutik für gegenwärtige hermeneutische Ansätze vgl. Asendorf, a.a.O. (Fussnote 12), S. 51-67.

[74] Vgl. Alkier, a.a.O. (Fussnote 73), S. 26.

[75] Vgl. zum Folgenden Alkier, ebd., S. 32-36.

Interpretationsvorgang muss entsprechend daraufhin befragt werden, ob die Lesenden einen biblischen Text als etwas Anderes und vom Auslegenden Unterschiedenes betrachten, ohne zu versuchen, entweder mit Hilfe des Textes die eigenen Vorstellungen zu legitimieren oder die Vorstellungen des Textes unkritisch zu den eigenen zu machen. Bei der Interpretation ist von den Lesenden im Hinblick auf das von Alkier formulierte Realitätskriterium also zu berücksichtigen, dass eine Interpretation nie identisch mit dem Text sein kann, sondern dieser stets unter einer bestimmten Perspektive betrachtet und verstanden wird. In Gadamers Worten zeigt dies, dass der biblische Text seinen eigenen historischen Horizont hat, welcher durch die Interpretation nie vollständig erfasst werden kann. Dies entspricht der Erfahrung, dass Lesenden, welche einen Text oder ein Buch in verschiedenen biographischen Situationen wiederholt lesen, jeweils neue Aspekte bei der Lektüre auffallen und wichtig werden. So behält der Text im Gegenüber zu den Lesenden seine Fremdheit, in gewissem Sinne seine Autonomie und auch die Chance, immer wieder neu in neue Situation hineinzusprechen.

Als zweites nennt Alkier das Sozietätskriterium, nach dem sich eine Interpretation dann als gut erweist, wenn sie als ein Beitrag zu einer gemeinsamen Wahrheitssuche verstanden wird, ohne anderen Interpretationen genau dieses Anliegen abzusprechen.[76] Unterschiedliche Menschen lesen die Bibel mit unterschiedlichen Ergebnissen. Interpretationen, welche beanspruchen, die einzig wahre Interpretation der Schrift zu sein, sind auf dieser Grundlage zu kritisieren. Das bedeutet nicht, dass dieses Kriterium Desinteresse oder Beliebigkeit beim Schriftverständnis das Wort reden würde, nach dem Motto, jede und jeder soll auf seine bzw. ihre Weise des Schriftverständnisses selig werden. „Der Plural möglicher, wahrer Interpretationen meint keine gleich-gültige Beliebigkeit [...] Erst der Respekt vor der realen Vorgegebenheit des Interpretationsgegenstandes und der Respekt vor der Wahrheitssuche des Anderen führt zu einem echten Interesse an der Interpretation der Anderen."[77] Die verschiedenen Auslegenden sollen vielmehr zusammenarbeiten, um gemeinsam die Bedeutung(en) eines Textes für die Gegenwart zu entdecken. Interpretationen, welche von der eigenen abweichen, können mich auf Aspekte des Textes aufmerksam machen, die ich selbst in meinem Lektüreprozess nicht wahrgenommen habe, die möglicherweise sogar meine Lektüre als eine zutreffende, dem Text gemässe Interpretation in Frage stellen. Für diese respektvolle Art des Umgangs mit unterschiedlichen, ggf. auch sich widersprechenden Bibelinterpretationen spricht bereits die Beobachtung Martin Luthers, der darauf verweist, dass die innere Klarheit des Wortes durch den Heiligen Geist selbst dem

---

[76] Ebd, S. 32. Vgl. zum Folgenden ebd., S. 36-38.
[77] Ebd., S. 37.

einzelnen Lesenden offenbart wird. Die angemessene Berücksichtigung der Perspektivität einer Bibelinterpretation durch die jeweiligen Lesenden schliesst die Verantwortung für die Ergebnisse meines Interpretationsprozesses jedoch nicht aus, sondern erst recht ein, da meine Interpretation gerade nicht als „kontextlose und wertfreie Wahrheit dargestellt und der Öffentlichkeit präsentiert werden"[78] kann. Wenn also eine Interpretation dem, „was Christum treibet", widerspricht, ist ihr Inhalt zu kritisieren.

Als drittes nennt Alkier schliesslich das Kontextualitätskriterium, welches berücksichtigt, dass Interpretationen immer kulturell und politisch verortet sind, dass die jeweilige Perspektive sowie das Auslegungsinteresse der Auslegenden die Auslegung beeinflusst.[79] Gadamer hat grundlegend darauf hingewiesen, dass der Horizont des Lesenden den Leseprozess beeinflusst. Von daher ist es sinnvoll, die eigene Position und die persönlichen, mit der Lektüre verbundenen Interessen zu reflektieren und darzustellen. Die Vorstellung, dass es eine objektive Lektüre eines Textes geben könnte, muss – auch im wissenschaftlichen Kontext – aufgrund der dargestellten hermeneutischen und linguistischen Einsichten als falsch zurückgewiesen werden.

Dieses dritte Kriterium ist in besonderes Weise zu berücksichtigen, wenn es darum geht, Luthers Bedeutung für Hermeneutik und Schriftverständnis zu untersuchen. Auch er interpretierte die Schrift und schrieb seine umfangreichen Werke in einer bestimmten zeitgeschichtlichen Situation und mit spezifischen Interessen, die seine Bibelinterpretation beeinflussten. Deshalb sind sowohl seine Schriftauslegung als auch deren Wirkungsgeschichte sorgfältig daraufhin zu befragen, ob sie mit der Jesus-Christus-Geschichte übereinstimmen. Auf diese Weise wird die Untersuchung von Martin Luthers Lehren und deren Auswirkungen dazu führen, dass Vor- und Nachteile seines umfassenden Werkes und seines Einflusses wahrgenommen und auf ihre bleibende Bedeutung für die heutige Zeit befragt werden können.

---

[78] Ebd., S. 38.
[79] Vgl. ebd., S. 32. Zum Folgenden ebd., S. 38f.

Eine Einführung in das Johannesevangelium und Fragen der lutherischen Hermeneutik

Craig R. Koester

Es ist meine Aufgabe, das Johannesevangelium in einer Weise vorzustellen, die einen Beitrag zur Diskussion über lutherische Hermeneutik leisten kann. Dabei müssen wir drei Elemente berücksichtigen: erstens das Johannesevangelium als solches, zweitens das lutherische theologische Erbe und drittens die Kontexte, in denen die Mitglieder lutherischer Gemeinschaften leben und arbeiten. In dieser Einführung möchte ich einige Bemerkungen zur literarischen Form dieses Evangeliums machen und dies theologisch tun im Licht von Luthers provokativen Anmerkungen zur Botschaft des Johannes. Danach werde ich mich dem Kontext zuwenden, in dem dieses Evangelium geschrieben und zuerst gelesen wurde. Ich hoffe, dass diese Ausführungen zur literarischen und theologischen Dimension des Evangeliums zusammen mit einem Verständnis für seinen ursprünglichen Kontext beitragen können zum Gespräch über seine Bedeutung für zeitgenössische Kontexte.

Wenn ich auf Luthers provokative Anmerkungen zum Johannesevangelium hinweise, dann denke ich an sein „Vorrede zum Neuen Testament" aus dem Jahr 1522, wo er sagt: „Das Evangelium des Johannes ist das einzige, schöne, rechte Hauptevangelium und den anderen dreien weit vorzuziehen und höher als sie zu heben."[1] Zu den Gründen, die Luther dafür anführt, dass er Johannes so hoch empfiehlt, gehören sowohl eine literarische Beobachtung als auch ein theologischer Anspruch. Literarisch stellt er fest, dass Johannes den Worten Jesu mehr Aufmerksamkeit schenkt als seinen Wundern und anderen Werken. Der theologische Anspruch besteht darin: „Denn die Werke hülfen mir nichts,

---

[1] Kurt Aland (Hg.): „Luther Deutsch. Die Werke Martin Luthers in neuer Auswahl für die Gegenwart", Bd. 5, Stuttgart/Göttingen, 1963, S. 42.

aber seine Worte, die geben das Leben." Seine Anmerkungen erinnern an Johannes 6,63, wo Jesus sagt: „Die Worte, die ich zu euch geredet habe, die sind Geist und sind Leben." Seine Ausführungen geben uns einen Ausgangspunkt. Sie laden uns ein, zu überlegen, wie das Johannesevangelium „Worte" mit „Leben" in Verbindung setzt und wie diese ihrerseits in Beziehung stehen zu den Wundern oder Zeichen im öffentlichen Wirken Jesu, wie auch zu seiner Kreuzigung und Auferstehung.

DAS WORT

Die Einleitungsworte des Johannesevangeliums konzentrieren sich auf ein einzelnes Wort. Im Text heisst es: „Im Anfang war das Wort, und das Wort war bei Gott, und Gott war das Wort" (Joh 1,1). Exegetinnen und Exegeten haben häufig darauf hingewiesen, dass der griechische Begriff *logos* eine reiche und aussagekräftige Bandbreite von Bedeutungen hat. Er lässt jüdische Traditionen in Verbindung mit Gottes Macht und Weisheit anklingen, sowie auch philosophische Lehren über die Kraft, die das Universum gestaltet.[2] Es ist jedoch hilfreich zu bedenken, dass der Begriff „Wort" oder *logos* oft für das gesprochene Wort gebraucht wird (z.B. Joh 2,22; 4,37; 5,24). Der Grundbedeutung nach ist ein Wort ein Akt der Kommunikation. Ein Wort ist eine Form der Anrede, ein Mittel der Zuwendung. Mit „im Anfang war das Wort" soll gesagt werden, dass am Anfang Gottes Akt der Kommunikation steht.[3]

Das Evangelium geht davon aus, dass Gott mit der Welt kommunizieren kann, weil Gottes Wort sie geschaffen hat. Johannes sagt, dass durch das Wort „alle Dinge gemacht sind" (Joh 1,3). Die Reichweite dieses Handelns ist kosmisch. Johannes setzt die Geschichte von Jesus in den Kontext von Gottes Beziehung zur ganzen Welt, und er weist darauf hin, dass das Ziel von Gottes Handeln „Leben" (*zoe*) ist. Das Evangelium sagt, dass im Wort „das Leben war, und das Leben war das Licht der Menschen" (Joh 1,4). Es

---

[2] Zu einigen der vorgeschlagenen Bedeutungen des Logos-Gedankens vgl. Raymond E. Brown: „The Gospel According to John", Anchor Bible 29-29A, Garden City, New York, 1966/1970, S. 519-524; Peter M. Phillips: „The Prologue of the Fourth Gospel: A Sequential Reading", London, 2006, S 71-141; Daniel Rathnakara Sadananda: „The Johannine Exegesis of God: An Exploration into the Johannine Understanding of God", *Beihefte zur Zeitschrift für die neutestamentliche Wissenschaft und die Kunde der älteren Kirche 121*, Berlin/New York, 2004, S. 151-172.

[3] Das Thema der Kommunikation kommt darin zum Ausdruck, dass das Wort (*logos*), das nach Joh 1,1 Gott ist, dasjenige ist, von dem nach Joh 1,18 gesagt wird, dass es Gott „bekanntmacht" (*exegesato*). Exegeten benutzen gelegentlich den Begriff „Offenbarung" für diese zentrale kommunikative Handlung im Johannesevangelium. Vgl. D. Moody Smith: „The Theology of the Gospel of John", Cambridge, 1995, S. 75.

ist wichtig zu erwähnen, dass in diesem Evangelium „Leben" vielfältige Dimensionen hat. Auf der einen Ebene ist es physischer Art. Menschen sind lebendig, wenn ihr Herz schlägt und ihre Lunge atmet. Auf dieser Ebene kommt es zum Tod, wenn das Herz aufhört zu schlagen und der Körper nicht mehr funktioniert. Doch auf einer anderen Ebene hat Leben umfassendere theologische Dimensionen. Die Menschen wurden von Gott geschaffen, um eine Verbindung zu ihm zu haben, und sie sind wahrhaft lebendig, wenn sie in rechter Verbindung zu dem Gott stehen, der sie geschaffen hat.[4]

Doch hier kommt die Komplexität herein. Das Evangelium geht davon aus, dass sich dem Leben in diesem vollen theologischen Sinne grössere Hindernisse entgegenstellen. Die einleitenden Zeilen stellen das Wort so dar, dass es einer von Finsternis durchdrungenen Welt Licht bringt. Wenn Licht für eine positive Verbindung mit Gott steht, dann ist Finsternis eine Entfremdung von Gott. Wo Licht auf das Gute hinweist, stellt Finsternis das Böse dar. Da Licht Leben bedeutet, bedeutet Finsternis folglich Tod.[5] In dem Evangelium ist die Welt (*kosmos*) Gottes Schöpfung, und dennoch ist es eine Welt, deren Menschen sich von ihrem Schöpfer entfremdet haben. Der Prolog kann sagen, dass das Wort, das das wahre Licht ist, „in der Welt war und die Welt durch ihn gemacht wurde; aber die Welt erkannte ihn nicht. Er kam in sein Eigentum; und die Seinen nahmen ihn nicht auf" (Joh 1,10-11).

Entfremdung von Gott ist ein grundlegendes Problem, das überwunden werden muss, wenn die Menschen das Leben haben sollen, für das Gott sie geschaffen hat. Auch hier ist der Begriff „Wort" als Kommunikation hilfreich. Im gewöhnlichen Leben bauen Menschen Beziehungen durch Kommunikation auf. Sie sprechen Worte, die mit dem Ohr gehört werden können, um die Schranke des Schweigens zu überwinden und Verständigung zu ermöglichen. Doch die Menschen stellen oft fest, dass gesprochene Worte nicht ausreichen und senden deshalb auch auf andere Weise Botschaften oder „Worte" aus. Sie kommunizieren durch Gesten, die mit den Augen wahrzunehmen sind. Sie lächeln vielleicht oder runzeln die Stirn oder benutzen ihre Finger, um auf etwas zu zeigen. Und sie benutzen auch die Berührung, indem sie jemandem die Hand schütteln. Auf menschlicher

---

4 Zum Thema „Leben" siehe Craig R. Koester: „The Word of Life: A Theology of John's Gospel", Grand Rapids, 2008, S. 30-32 und 44-47; Brown, a.a.O. (Fussnote 2), S. 505-508.
5 Zum Thema „Sünde" im Johannesevangelium siehe Smith, a.a.O. (Fussnote 3), S. 81-82; Rainer Metzner: „Das Verständnis der Sünde im Johannesevangelium", *Wissenschaftliche Untersuchungen zum Neuen Testament 122*, Tübingen, 2000. Zu den Themen Sünde, Böses und das Sinnbild Dunkelheit siehe Craig R. Koester: „Symbolism in the Fourth Gospel: Meaning, Mystery, Community", Minneapolis, 2003, S. 141-150.

Ebene ist alles, was gehört, gesehen und berührt werden kann, eine Form der Kommunikation, die Beziehungen aufbauen kann.

Gott kommuniziert mit den Menschen auf eine menschliche Weise, wenn er Gottes Wort im Fleisch (*sarx*, Joh 1,14) sendet. Gott kommuniziert durch die Worte, die Jesus spricht, durch die Handlungen Jesu und durch den Tod, den Jesus stirbt. In all dem wendet sich Gott an die Welt, die sich von Gott entfremdet hat, mit dem Ziel, die Beziehungen wiederherzustellen, die Leben geben. Das Evangelium verweist auf diese erneuerte Beziehung als Glauben oder Vertrauen (*pisteuo*) als ein wichtiges Thema.[6] Wenn das Wort Gottes Glauben weckt, überwindet es die Entfremdung der Welt von Gott, indem eine Beziehung des Vertrauens, die wahres Leben ist, geschaffen wird (1,12).

Aufgrund der Tatsache, dass das Evangelium als die Geschichte des fleischgewordenen Wortes eingeleitet wird, laden die Eröffnungszeilen die Leserinnen und Leser ein, alles Folgende aus der Perspektive der Kommunikation zu betrachten.[7] Ob der Text einen Dialog erzählt, ein Zeichen beschreibt oder die Geschichte der Kreuzigung und Auferstehung Jesu erzählt, der zentrale Punkt ist immer, wie das Wort sich auf eine Weise an die Welt wendet, die Glauben schaffen und Leben bringen kann.

WORTE UND HANDLUNGEN ODER „ZEICHEN"

Die eröffnende Darstellung des Wortes Gottes im Evangelium passt im Allgemeinen gut zu der anfangs von mir erwähnten Hervorhebung in Luthers „Vorrede". Eine komplexere Frage ist, wie die Worte Jesu in Verbindung stehen mit seinen Handlungen im gesamten Evangelium. Luther behauptete, dass Johannes im Vergleich zu den anderen Evangelisten dem, was Jesus sagte, grosse Aufmerksamkeit schenkte und sehr viel weniger dem, was

---

[6] Hinweise auf glauben (*pisteuo*) erscheinen im ganzen Evangelium. Von seiner Grundbedeutung her heisst glauben vertrauen, obwohl Glaube auch einen kognitiven Inhalt hat. So weist beispielsweise die begründende Aussage in Joh 20,30-31 hin auf den Glauben, dass Jesus der Christus und der Sohn Gottes ist, was ein gewisses Mass an Verstehen voraussetzt. Worte im Blick auf Glauben sind damit verbunden, Gott und Jesus zu kennen, anzunehmen und zu ihm zu kommen. Zu dem Glaubensvokabular bei Johannes vgl. John Painter: „The Quest for the Messiah: The History, Literature and Theology of the Johannine Community", Edinburgh, 1991, S. 327-333. Die Verbindung zwischen glauben und leben haben ist bei Johannes ein regelmässig auftauchender Aspekt (Joh 3,15.16.36; 5,24; 6,40.47; 11,25; 20,31).

[7] Der Begriff *logos* wird nicht als ein christologischer Titel ausserhalb des Prologs benutzt, sondern seine Hervorhebung in den Einleitungszeilen eröffnet eine Perspektive für den folgenden narrativen Text.

Jesus während seines Wirkens tat. Für Luther war dies einfach gut, denn die Worte sind es, die Leben geben.[8] Doch andere Leser und Leserinnen des Johannesevangeliums würden argumentieren, dass die Wunder oder „Zeichen", die Jesus vollbrachte, wesentlich sind für die Botschaft. Statt die Wunder herabzustufen, geben sie ihnen einen zentralen Anteil an der Geschichte. Und dieser Unterschied in der Wahrnehmung gibt uns Gelegenheit, einige der zentralen Aspekte der Erzählung zu erkunden.

Der Bericht des Johannes über das öffentliche Wirken Jesu ist um sieben Wunder oder „Zeichen" (*semeia*) herum strukturiert. Das erste ist die Verwandlung von Wasser in Wein (Joh 2,1-11). Dann folgen mehrere Heilungen (Joh 4,45-5,18; 9,1-41) neben der Speisung der Fünftausend und dem Wandeln auf dem See (Joh 6,1-21). Das siebente Zeichen ist die Auferweckung des Lazarus von den Toten (Joh 11,1-44). Nach der Auferstehung geschieht ein achtes Wunder, der grosse Fischfang (Joh 21,1-14).[9]

Die Zeichen sind offenbarend. Sie vermitteln die „Herrlichkeit" (*doxa*) Gottes und Jesu in einer Weise, die für die Sinne zugänglich ist (Joh 2,11; 11,40). Zeichen zeigen die Macht und Gegenwart Gottes in Weisen, die gesehen und geschmeckt und gefühlt werden können. Wie wichtig sie sind, kommt in der abschliessenden Erklärung des Evangeliums klar zum Ausdruck, wo es heisst:

> Noch viele andere Zeichen tat Jesus vor seinen Jüngern, die nicht geschrieben sind in diesem Buch. Diese aber sind geschrieben, damit ihr glaubt, dass Jesus der Christus ist, der Sohn Gottes, und damit ihr durch den Glauben das Leben habt in seinem Namen (Joh 20, 30-31).

In vielerlei Hinsicht scheint die Einstellung von Johannes gegenüber den Zeichen ganz positiv zu sein.[10]

Doch im Evangelium spiegelt sich auch eine Ambivalenz im Blick auf die Zeichen wider. Die Erzählung zeigt, dass die Zeichen mehrdeutig sind und dass sie völlig unterschiedlich interpretiert werden können, je nach dem, von welchen vorgefassten Annahmen und Sichtweisen sie ausgehen. Zeichen rufen genauso oft Ablehnung und Unglauben hervor wie Glau-

---

[8] Aland, a.a.O. (Fussnote 1).

[9] Einige Exegeten haben die Auffassung vertreten, dass eine der Quellen für das Johannesevangelium eine Sammlung der Zeichen Jesu war, die zusammengestellt worden war als eine Hilfe für die Verkündigung. Zu diesem Vorschlag vgl. Gilbert van Belle: „The Signs Source: Historical Survey and Critical Evaluation of the Semeia Hypothesis", Leuven, 1994.

[10] Udo Schnelle: „Antidoketische Christologie im Johannesevangelium", Göttingen, 1987; Marianne Meye Thompson: „The Humanity of Jesus in the Fourth Gospel", Philadelphia, 1988, S. 63-64.

ben. So heilte Jesus zum Beispiel einen Blinden am Sabbat (Joh 9,14). Wir erwarten vielleicht, dass die Bedeutung dieser Handlung klar ist, sie war es aber nicht. Für den Mann, der die Heilung empfing, zeigte die Kraft zu heilen, dass Jesus von Gott war (Joh 9,32-33). Doch für die Pharisäer zeigte dieses selbe Zeichen, das Jesus ein Sünder war. Sie argumentierten, dass Jesus das Gebot, am Sabbat nicht zu arbeiten, verletzt hatte, weil er einen Brei aus Erde gemacht und eine Heilung vollzogen hatte, obwohl das Leben des Blinden gar nicht in Gefahr war (Joh 9,16). Das Evangelium zeigt uns, wie dasselbe Zeichen in diametral entgegengesetzter Weise wahrgenommen wurde.

Zu dem gleichen Problem der Interpretation kommt es im Zusammenhang mit anderen Zeichen.[11] Als Jesus die Fünftausend mit Brot und Fisch speist, denkt die Menge, dass er eine Wahlkampagne für ein öffentliches Amt macht, und sie wollen ihn zu ihrem König machen. So muss Jesus ihnen entfliehen wegen ihres Missverständnisses (Joh 6,14-15). Die Menge sucht weiter nach ihm und hofft auf ein weiteres Zeichen in Form von mehr kostenloser Nahrung (Joh 6,22-30) und als Jesus sich das Brot des Lebens nennt, wenden sie sich ungläubig von ihm ab (Joh 6,41, 66). Der Verfasser des Evangeliums versteht nur allzu gut, dass Zeichen Verwirrung und Ablehnung statt Glauben schaffen können. Daher bemerkt er zum Ende des öffentlichen Wirkens Jesu: „Und obwohl er solche Zeichen vor ihren Augen tat, glaubten sie doch nicht an ihn." (Joh 12,37)

Weil die Zeichen ambivalent sind, muss das Evangelium die Sichtweisen der Leser und Leserinnen durch Worte formen. Dies ist hermeneutisch wichtig. Die Zeichen stehen nicht für sich allein. Die Menschen reagieren auf die Zeichen, die sie sehen, in rechter Weise, wenn ihre Sichtweisen geformt werden durch die Worte, die sie hören. Lassen Sie mich Ihnen zeigen, was ich damit meine, indem ich mich dem Beginn des öffentlichen Wirkens Jesu zuwende, wo die Nachfolge mit dem gesprochenen Wort und nicht mit einem Zeichen beginnt und die anfängliche Glaubenswahrnehmung der Jünger später durch das Wunder bekräftigt wird, das Jesus zu Kana vollbringt.

Die Dinge nehmen ihren Anfang, als Johannes der Täufer sagt: „Siehe, das ist Gottes Lamm" und diese gesprochene Botschaft zwei seiner eigenen Jünger dazu bewegt, Jesus zu folgen (Joh 1,35-37). Es erscheint merkwürdig zu lesen, dass Jesus an dieser frühen Stelle im Evangelium das Lamm Gottes genannt wird. Dies ist schliesslich der Augenblick, in dem sein öffentliches Wirken beginnt. Hier erscheint Jesus in dem narrativen Teil des Textes zum ersten Mal. Leserinnen und Leser, die die Geschichte von Jesus bereits kennen, können erkennen, dass seine Vorstellung als das

---

[11] Vgl. Koester, a.a.O. (Fussnote 5), S. 79-140.

Lamm Gottes seine Kreuzigung antizipiert.[12] Es wird hingewiesen auf sein bevorstehendes Selbstopfer um der Welt willen. Und im Johannesevangelium ist es gerade diese Botschaft, die eine Bereitschaft zur Nachfolge schafft, wenngleich die Implikationen dessen, was dies bedeutet, noch nicht klar sind. Die Jünger, die Jesus hören und ihn dann begleiten, erfahren bald, dass das Opferlamm auch der Messias ist, der in den Schriften Israels verheissen wurde (Joh 1,41, 45). Was in diesem frühen Kreis der Jünger Glauben (*pisteueis*, Joh 1,50) und ein Gespür für die Identität Jesu schafft, sind die Worte, die gesprochen und gehört werden.

Wenn Jesus im nächsten Kapitel ein Zeichen tut, wird damit bekräftigt und vertieft, was die Jünger inzwischen bereits glauben. Johannes sagt, dass Jesus an einer Hochzeit teilnahm, wo er das Wasser in sechs Steinkrügen in ein kostbares Geschenk von Wein verwandelte (Joh 2,1-10). Für sich allein gesehen könnte das Weinwunder auf sehr unterschiedliche Weise interpretiert werden. So könnten zum Beispiel Menschen mit einem traditionellen griechischen oder römischen Hintergrund denken, dass jeder, der eine solche Fülle zum Trinken anbot, ein neuer Dionysus oder Bacchus, der Gott des Weins und der Feste sein musste.[13] So ist hier der literarische Kontext des Evangeliums entscheidend. Der Verfasser sagt: „Das ist das erste Zeichen, das Jesus tat, geschehen in Kana in Galiläa, und er offenbarte seine Herrlichkeit. Und seine Jünger glaubten an ihn." (Joh 2,11) Johannes hat gezeigt, dass die Jünger Jesus nach Kana begleiten, weil sie bereits glauben, dass er der in der Schrift verheissene Messias ist (Joh 1,41.45). Aus dieser biblischen Perspektive erinnert der Wein wahrscheinlich an Bibelstellen, wo reichlich Wein mit messianischem Königtum verbunden wird (1.Mose 49,10-11; Amos 9,11-13), so dass das Zeichen den

---

[12] Einige schränken den Opfer-Aspekt ein, z.B. John Ashton: „Understanding the Fourth Gospel", Oxford, 1991, S. 491; vgl. Esther Straub: „Kritische Theologie ohne ein Wort vom Kreuz", *Forschungen zur Religion und Literatur des Alten und Neuen Testaments 203*, Göttingen, 2003. Doch die meisten Exegetinnen und Exegeten erkennen an, dass das Bild vom Lamm Opfer-Bedeutungen hat und dass es die Kreuzigung antizipiert. Vgl. Thomas Köppler: „Die theologia crucis des Johannesevangeliums", *Wissenschaftliche Monographien zum Alten und Neuen Testament 69*, Neukirchen-Vluyn, 1994, S. 67-101; Jörg Frey: „Die ‚theologia crucifixi' des Johannesevangeliums" in: Andreas Dettwiler und Jean Zumstein (Hg.): „Kreuzestheologie im Neuen Testament", *Wissenschaftliche Untersuchungen zum Neuen Testament 151*, Tübingen, 2002, S. 169-238, insbes. S. 200-219; Sadananda, a.a.O. (Fussnote 2), S. 21-30.

[13] Vgl. C. H. Dodd: „Historical Tradition in the Fourth Gospel", Cambridge, 1963, S. 224-225; C. Kingsley Barrett: „The Gospel According to St. John", Philadelphia, 1978, S. 151-155 und 188-189.

Glauben bekräftigt, dass Jesus die Schrift erfüllt.[14] Das Zeichen ist eine Form der Kommunikation, doch es steht nicht für sich allein. Die verbalen Begegnungen, die ihm vorausgehen, prägen die Sichtweisen, die notwendig sind, um seine Bedeutung zu erkennen.

Dieses Muster wird fortgeführt in dem zweiten Zeichen. Der Sohn eines königlichen Beamten liegt todkrank in Kapernaum. Der Beamte reist schnell durch halb Galiläa, damit er Jesus bitten kann, mitzukommen und den Jungen zu heilen (Joh 4,46-47). Doch statt dem Mann bis zu seinem Haus zu folgen, gibt Jesus dem Mann ein Wort: „Geh hin, dein Sohn lebt" (Joh 4,50a). Dieses Wort schafft eine neue Art von Krise. Der Mann hatte erwartet, dass Jesus mit ihm kommen würde, aber Jesus tat es nicht. Stattdessen will Jesus, dass der Mann an die Verheissung des Lebens glaubt, bevor er ein Zeichen gesehen hat. Der Beamte wird gebeten, durch halb Galiläa wieder nach Hause zu reisen, ohne ganz sicher zu wissen, ob der Junge lebendig oder tot ist. Alles, worauf der Beamte sich auf dem Weg verlassen kann, ist das Wort Jesu, und doch glaubt er (Joh 4,50b). So sieht Glaube aus einer johanneischen Perspektive aus. Es bedeutet, der Verheissung zu vertrauen, bevor man ihre Erfüllung sieht.[15] Als der Mann also nach Hause kommt und erfährt, dass der Junge am Leben ist, bekräftigt das Zeichen den Glauben, der mit dem Wort Jesu begann.

Das dritte Zeichen ist die Heilung eines Mannes am Teich Betesda und hier wird das Problem der Interpretation hervorgehoben (Joh 5,1-9). Das Zeichen stösst auf Ablehnung, denn es geschah am Sabbat und die jüdischen Behörden verfolgen Jesus deshalb (Joh 5,10-16). So muss das Evangelium die Sichtweise der Leserinnen und Leser durch die von Jesus gesprochenen Worte formen.[16] Aus der Perspektive der jüdischen Autoritäten zeigt das Zeichen, das Jesus sich dem Willen Gottes widersetzt, weil er das Gebot, am Sabbat nicht zu arbeiten, zu verletzen scheint. Als Reaktion darauf argumentiert der Diskurs hingegen, dass Jesus den eigentlichen Willen Gottes ausübt. Er unterstreicht, dass das Werk Gottes darin besteht, Leben zu geben, und Gott gibt an jedem Tag der Woche Leben. Wenn Jesus heilt, tut er das Gleiche; er übt den Willen Gottes dadurch aus, dass er Leben gibt. Ob die Heilung am Sabbat oder an irgendeinem Tag der Woche geschieht, entspricht zutiefst dem schöpferischen Willen Gottes (Joh 5,17-22).

---

[14] Vgl. Brown, a.a.O. (Fussnote 2), S. 104-105.

[15] Hartwig Thyen: „Das Johannesevangelium", in: *Handbuch zum Neuen Testament 6*, Tübingen, 2005, S. 292.

[16] Martin Asiedu-Peprah: „Johannine Sabbath Conflicts as Juridical Controversy", *Wissenschaftliche Untersuchungen zum Neuen Testament 2.132*, Tübingen, 2001, S. 52-116.

Worte prägen auch die Art und Weise, in die Lesenden die anderen Zeichen verstehen sollen. Um der Kürze willen wende ich mich jetzt dem siebenten Zeichen zu, der Auferweckung des Lazarus. Das Zeichen als solches erstreckt sich nur über zwei Verse, als Jesus den Toten aus dem Grab herausruft (Joh 11,43-44). Doch dem geht als Einleitung eine lange Reihe verbaler Begegnungen voraus (Joh 11,1-42). Die Worte, die die Handlung abstecken, stehen in der Mitte der Geschichte, als Jesus sagt: „Ich bin die Auferstehung und das Leben" (Joh 11,25). Jesus hätte dies auch am Ende sagen können, nachdem er Lazarus aus dem Grab herausgerufen hatte und jeder hätte sehen können, dass der Tote wieder lebendig war. Doch das tut Jesus nicht. Stattdessen nennt er sich die Auferstehung und das Leben inmitten einer Situation, wo der Tod noch wirklich ist. Seine Worte rufen Martha auf, zu glauben, auch wenn ihr Bruder leblos im Grab liegt. Sie wird nicht auf Grund dessen, was sie sieht, zum Glauben aufgerufen. Sie wird trotz dessen, was sie sieht, aufgerufen zu glauben. Wenn sie sagt: „Ja, Herr, ich glaube", ist ihr Glaube an das von Jesus gesprochene Wort gebunden (Joh 11,27). Erst später wird das Zeichen ihren Glauben an sein Wort bekräftigen.

Die Worte sind wichtig, denn selbst die Auferweckung des Lazarus wird leicht missverstanden. Einige mögen die Kraft Jesu, Leben zu geben, gefeiert haben (Joh 11,41-45), doch die jüdischen Autoritäten taten das nicht. Sie sahen das Zeichen als eine Bedrohung. In ihren Augen begann Jesus, der Wundertäter, eine Volksbewegung, die die Stabilität der Gesellschaft gefährdete. Sie nahmen an, dass die Römer, wenn sie darüber beunruhigt würden, eingreifen und das jüdische Heiligtum und ihre Nation zerstören würden. Um dies zu verhindern, beschlossen sie, dass Jesus, der Spender des Lebens, getötet werden müsse (Joh 11,46-50). Hier liegt eine grosse Ironie im Evangelium. Gerade das Zeichen, das die lebenspendende Kraft Jesu zeigt, treibt seine Gegner dazu an, ihn zu töten. Weil die Zeichen ambivalent sind, muss das Evangelium bei den Leserinnen und Lesern das Verstehen dieser Zeichen formen durch die Worte des umgebenden literarischen Kontextes.

An dieser Stelle können wir innehalten und nachdenken über die hermeneutischen Implikationen des johanneischen Berichts über das Wirken Jesu. Ich finde, dass Luthers Hervorhebung des Wortes tatsächlich sehr hilfreich ist. Das Evangelium stellt Jesus vor als das fleischgewordene Wort Gottes und im gesamten Verlauf der Erzählung spielen die gesprochenen Worte eine entscheidende Rolle im Bewirken von Glauben und der Formung der Sichtweisen der Leserinnen und Leser im Blick auf die Taten Jesu. Wir können Luthers Ansatz auch nuancieren und weiter entwickeln, indem wir die Zeichen Jesu enger mit seinen Worten verbinden. Schliesslich sind die Zeichen Instrumente für Kommunikation. Jesus „spricht" genauso durch seine Handlungen wie durch seine Worte. Die Zeichen bekräftigen, was die gesprochenen Worte verkünden, und die gesprochenen Worte schaffen einen Rahmen, in dem die Zeichen verstanden werden können.

Kreuzigung und Auferstehung

Ein weiterer Aspekt, der für unsere Arbeit wichtig ist, besteht darin, dass die Zeichen und Worte Jesu im Johannesevangelium im Lichte seiner Kreuzigung und Auferstehung interpretiert werden. Aus literarischer Sicht können wir diese Struktur im einleitenden Kapitel erkennen, wo Jesus als das Opferlamm Gottes identifiziert wird (Joh 1,29; 36). Dann, am Ende seines öffentlichen Wirkens, sagt Jesus zur Menge: „Und ich, wenn ich erhöht werde von der Erde, so will ich alle zu mir ziehen.' Das sagte er aber, um anzuzeigen, welchen Todes er sterben würde" (Joh 12,32-33). Die Menge glaubt ihm nicht und so verbirgt Jesus sich vor ihnen, und der Verfasser berichtet, dass die Menschen trotz aller Zeichen immer noch nicht glaubten (Joh 12,34-37). Damit Jesu Werk seine Erfüllung findet – und wir Leserinnen und Leser dessen Bedeutung verstehen –, müssen die Kreuzigung und die Auferstehung stattfinden. Das entspricht auch der Sichtweise Luthers. Er besteht darauf, dass das ganze Buch im Lichte der zentralen Evangeliumsbotschaft gelesen werden muss, dass Jesus Sünde und Tod durch seinen eigenen Tod und seine Auferstehung überwindet.[17]

Wenn wir uns von Jesu Wirken durch Zeichen nun seiner Passion und Auferstehung zuwenden, könnte es hilfreich sein, deren Beziehung zusammenzufassen. Wo die Zeichen den Charakter der göttlichen Kraft zeigen, zeigt das Kreuz die Tiefe der göttlichen Liebe.[18] In den Zeichen wird die Macht Gottes offenbart durch Heilung, Speisung und Auferweckung von den Toten. Es ist eine Macht, die Leben spendet. Im Kreuz wird die Liebe Gottes in ihrer radikalsten Form offenbart, wenn Jesus sein Leben für andere hingibt (Joh 3,14-16; 15,13).[19] Durch Jesu Tod wird die Liebe Gottes der Welt

---

[17] Aland, a.a.O. (Fussnote 1). Luthers *Heidelberger Disputation* von 1518 argumentierte, dass derjenige nicht wert ist, ein Theologe zu heissen, der versucht, Gottes unsichtbares Wesen durch Betrachtung des Sichtbaren zu erkennen. Wahre Theologie erfordert vielmehr, Gottes sichtbares Wesen durch Christi Leiden und Kreuz zu erkennen. Luther war der Meinung, dass dies auch für das Johannesevangelium galt. Vgl. „Heidelberger Disputation" in: „Martin Luther, Die Hauptschriften", Berlin, o.J., S. 30-31.

[18] C. H. Dodd: „The Interpretation of the Fourth Gospel", Cambridge, 1953, S. 207-208.

[19] Zu den neuerer Diskussionen über die Bedeutung des Todes Jesu bei Johannes vgl. die Aufsätze in Gilbert Van Belle (Hg.): „The Death of Jesus in the Fourth Gospel", *Bibliotheca Ephemeridum Lovaniensium 200*, Leuven, 2007; Koester, a.a.O. (Fussnote 4), S. 108-123.

vermittelt. Wenn diese Gabe der Liebe Glauben hervorbringt, bringt sie Menschen in die Beziehung, die wahres Leben ist. Das ist das Paradoxe im Kern der Evangeliumsbotschaft: Jesus gibt anderen Leben, indem er selbst den Tod erleidet, weil sein Tod die göttliche Liebe vermittelt, die Glauben erweckt und Leben bringt. Und diese Glaubensbeziehung hat für sich eine Zukunft durch die Verheissung der Auferstehung.[20]

Das Thema der Liebe kommt in der narrativen Einleitung der zweiten Hälfte des Evangeliums klar zum Ausdruck. Der Verfasser sagt, dass Jesus „wie er die Seinen geliebt hatte, die in der Welt waren, so liebte er sie bis ans Ende" (Joh 13,1). Diese Redeweise ist suggestiv.[21] Im Griechischen heisst „bis ans Ende" *eis telos*. In einem Sinne ist ein *telos* ein Ende oder ein Ziel. Es weist darauf hin, dass Jesus bis ans Ende seines Lebens Liebe zeigen wird, so dass die Liebe ihren Höhepunkt in der Kreuzigung findet. Am Kreuz kommt sein Wirken zu seinem Ende oder Ziel, und er erinnert an den *telos*-Gedanken, wenn er sagt *tetelestai*, „es ist vollbracht" (Joh 19,30). In einem anderen Sinne zeigt dieser Ausdruck die Qualität seiner Liebe. Durch sein Sterben gibt er seine Liebe vollkommen, nicht teilweise. Wenn es heisst, dass er *eis telos* liebt, bedeutet dies auch, dass er „bis zum Äussersten" liebt.

Die in der Kreuzigung vollkommen gegebene Liebe wirft in der Fusswaschung, die die Passion einleitet, ihren Schatten voraus. Zu dieser Handlung kommt es während des letzten Abendmahls, und Johannes hebt das Thema der göttlichen Kraft hervor. Er sagt, dass Jesus „wusste, dass ihm der Vater alles in seine Hände gegeben hatte und dass er von Gott ge-kommen war und zu Gott ging" (Joh 13,3). Es wird deutlich, dass Jesus aus einer Position der Stärke handelt. Doch jetzt, wo Gott alles in seine Hände gegeben hat, legt Jesus sein Obergewand ab und benutzt seine Hände, um Füsse zu waschen (Joh 13,4-5). Diese Bewegung zeigt, dass seine Kraft zum Ausdruck kommt im liebenden Dienst an seinen Jüngern.

Fusswaschung ist eine wirkungsvolle Art, das Wesen der göttlichen Liebe zu zeigen. Im Altertum war es ein üblicher Brauch, dass die Gäste

---

[20] Zu den neueren Diskussionen über das Thema der Auferstehung bei Johannes vgl. die Aufsätze in Craig R. Koester und Reimund Bieringer (Hg.): „The Resurrection of Jesus in the Gospel of John", *Wissenschaftliche Untersuchungen zum Neuen Testament 222*, Tübingen, 2008; Sandra M. Schneiders: „The Resurrection (of the Body) in the Fourth Gospel: A Key to Johannine Spirituality", in John R. Donahue (Hg.): „Life in Abundance: Studies of John's Gospel in Tribute to Raymond E. Brown", Collegeville, 2005, S. 168-198.

[21] Zu *eis telos* vgl. Gail R. O'Day: „The Gospel of John", *New Interpreter's Bible 9*, Nashville, 1995, S. 721. Die Doppelbedeutung zeigt sich in den unterschiedlichen englischen Übersetzungen. So heisst es z.B. in der New Revised Standard Version „to the end" (bis ans Ende) und in der New International Version „the full extent" (in vollem Masse).

ihre eigenen Füsse wuschen oder in einigen Fällen ein Sklave ihre Füsse waschen würde. Doch von keinem freien Menschen konnte man erwarten, die Füsse eines anderen Menschen zu waschen. Wenn man dies täte, würde man die Stellung eines Sklaven übernehmen.[22] Wenn jemand aus freiem Willen die Rolle eines Sklaven beim Fusswaschen übernahm, so war es ein Akt der vollen Hingabe. Und das tut Jesus. Indem er den Jüngern die Füsse wäscht, übernimmt er die Stellung eines Sklaven, um die Fülle seiner Liebe zu kommunizieren. Diese Handlung beim Abendmahl nimmt den vollkommenen Akt der Selbsthingabe vorweg, der in seinem Tod folgt.

Die Liebe, die Jesus durch die Fusswaschung vermittelt, und die Kreuzigung werden zur Quelle und zum Massstab für christliche Nachfolge. Jesus fasst dies zusammen in seinem neuen Gebot: Die Jünger sollen einander lieben, wie er sie geliebt hat (Joh 13,34; 15,12). Das neue Gebot schliesst ein Element der Gegenseitigkeit ein. Die Jünger sollen einander lieben und dienen und das ist es, was Gemeinschaft aufbaut. Das Evangelium geht davon aus, dass die Menschen es brauchen, Liebe zu empfangen wie auch Liebe zu geben, und in der Gemeinschaft findet die Liebe Jesu ihren Ausdruck. Das Evangelium erkennt an, dass solche Liebe kein Selbstzweck sein kann. Vielmehr ist die Art und Weise, wie Liebe in der Gemeinschaft Gestalt annimmt, eine wesentliche Form des christlichen Zeugnisses in der Welt. In seinem abschliessenden Gebet beim Abendmahl macht Jesus dies ganz deutlich. Er betet dafür, dass die Gemeinschaft eins sei, damit die Welt erkennen möge, was die Liebe Gottes ist (Joh 17,22-23). Dadurch wird die Gemeinschaft bildende Kraft der göttlichen Liebe zu einem wesentlichen Teil des christlichen Zeugnisses. Nach Luthers „Vorreden" ist der Gehorsam gegenüber dem Liebesgebot die Weise, wie Glauben gelebt wird.[23]

Ein wesentliches Merkmal der lutherischen Hermeneutik ist die Unterscheidung zwischen Gesetz und Evangelium.[24] Luther betont, dass das „Evangelium" die Botschaft dessen ist, was Christus getan hat, um Heil zu bringen. Im Gegensatz dazu besteht eine der Funktionen des Gesetzes darin, menschliche Sünde offenzulegen, um uns zu zeigen, wie notwendig das Evangelium ist. Wenn wir das Johannesevangelium lesen, sind diese Kategorien hilfreich. Sie helfen uns zu erkennen, wie der Bericht über Jesu

---

[22] John Christopher Thomas: „Footwashing in John 13 and the Johannine Community", Sheffield, 1991. Details in der Geschichte der Fusswaschung verstärken die Verbindung mit der Kreuzigung. Zu beachten sind das Thema *telos/tetelestai* (Joh 13,1; 19,30), die Erwähnung des Verräters (Joh 13,2), Jesu Heimkehr zu Gott (Joh 13,1, 3) und die Art und Weise, wie er sein Gewand ablegt und wieder aufnimmt, so wie er sein Leben „ablegen" und „aufnehmen" würde (Joh 13,4, 12; vgl. 10,17-18).

[23] Aland, a.a.O. (Fussnote 1), S. 37f.

[24] Vgl. Bernhard Lohse: „Luthers Theologie in ihrer historischen Entwicklung und in ihrem systematischen Zusammenhang", Göttingen, 1995, S. 283-294.

Gefangennahme, Verhör und Kreuzigung die Tiefe der Entfremdung der Welt von Gott, wie auch die Tiefe der göttlichen Liebe für diese Welt sichtbar macht.

Wir wenden uns zuerst dem Aspekt des „Gesetzes" zu, indem wir feststellen, wie bei den Menschen, die in der Passionsgeschichte erscheinen, regelmässig deren Sünde offengelegt wird.[25] Zum Zeitpunkt der Gefangennahme erscheint Petrus als ein getreuer Jünger, der versucht, Jesus zu verteidigen. Doch die Sünde des Petrus wird im Haus des Hohenpriesters ans Licht gebracht, wo er leugnet, irgendeine Beziehung zu Jesus zu haben (Joh 18,10-27). In ähnlicher Weise bestehen die jüdischen Autoritäten darauf, dass Jesus des Aufstands gegen Rom schuldig ist, doch sie selbst erweisen sich als dieser Anklage schuldig, da sie Barabbas, einen echten Rebellen gegen Rom freilassen wollen (Joh 18,40; 19,12). Sie behaupten auch, dass Jesu Anspruch, der Sohn Gottes zu sein, ihn zu einem Gegner des Gottes Israels macht (Joh 19,7), doch sie sind diejenigen, die sagen, dass sie keinen König ausser Cäsar haben, der weithin „Sohn Gottes" genannt wurde und dessen Ansprüche denen des Gottes Israels widersprachen (Joh 19,15).[26] Und schliesslich ist Pilatus ein Heide, der Machtillusionen hat (Joh 19,10). Doch obwohl Pilatus weiss, dass Jesus unschuldig ist, lässt er ihn doch kreuzigen, was zeigt, dass er wirklich machtlos ist, das zu tun, wovon er weiss, dass es wahr ist (Joh 18,38; 19,4.6.16). Der Bericht über das Verhör wirkt als „Gesetz" im lutherischen Sinne, indem die Sünde der Welt offengelegt wird und gezeigt wird, wie das Gebundensein an die Unwahrheit zum Tod Jesu führt.

Doch das Gesetz wirkt um des Evangeliums willen. Es zeigt uns das Wesen der Welt, deren Sünde hinwegzunehmen das Lamm Gottes gekommen ist (Joh 1,29). Das „Evangelium" oder die Botschaft des Heils, die in den abschliessenden Kapiteln erzählt wird, wird in Johannes 3,16 zusammengefasst: „Also hat Gott die Welt geliebt, dass er seinen eingeborenen Sohn gab." Es ist zu beachten, dass dies im Kontext des Johannesevangeliums bedeutet, dass Gott der Welt, die ihn verworfen hat, seine Liebe gibt. Gott schenkt seine Liebe der Welt, die von Gott entfremdet ist. Die Kreuzigung vermittelt die Liebe Gottes in dieser radikalen Form, um die Entfremdung der Welt von ihrem Schöpfer zu überwinden, so dass die Beziehung mit

---

[25] Vgl. Paul D. Duke: „Irony in the Fourth Gospel", Atlanta, 1985, S. 126-137; Andrew T. Lincoln: „Truth on Trial: The Lawful Motif in the Fourth Gospel", Peabody (Massachusetts), 2000, S. 123-138.

[26] Auf den Konflikt mit den kaiserlichen Ansprüchen ist oft hingewiesen worden. Vgl. David Rensberger: „Johannine Faith and Liberating Community", Philadelphia, 1988, S. 87-106; Lance Byron Richey: „Roman Imperial Ideology and the Gospel of John", *Catholic Biblical Quarterly Monograph Series 43*, Washington, D.C., 2007; Tom Thatcher: „Greater than Caesar: Christology and Empire in the Fourth Gospel", Minneapolis, 2009; Warren Carter: „John and Empire: Initial Explorations", New York/London, 2008, S. 194-195.

Gott wiederhergestellt werden kann. Wenn die Evangeliumsbotschaft der göttlichen Liebe, die durch die Kreuzigung Jesu vermittelt wird, Glauben hervorruft, überwindet sie die Sünde, die die Menschen von Gott entfremdet, und bringt sie in die Beziehung mit Gott, die wahres Leben ist (Joh 3,14-15). Wenn Gesetz und Evangelium in dieser Weise zusammenwirken, indem die Sünde offengelegt und die Verheissung der Liebe gegeben wird, dann hat der Text des Johannes die Wirkung, für die er geschrieben wurde, nämlich, dass die Leserinnen und Leser glauben mögen und das Leben haben (Joh 20,31).

DER HEILIGE GEIST

Das Johannesevangelium wurde vor dem Hintergrund der Bedürfnisse der nachösterlichen Gemeinde geschrieben. Für sie geschahen die Ereignisse von Jesu Leben, Tod und Auferstehung in der Vergangenheit und die Zeit hat die Entfernung zwischen dem Kontext der Leser und Leserinnen und dem der ersten Jünger immer mehr vergrössert. Was die nach dem ersten Ostern lebenden Leser und Leserinnen haben, sind Zeugnisworte, die durch die Glaubensgemeinschaft weitergegeben wurden. Das Evangelium stellt dieses Zeugnis in schriftlicher Form vor, damit die späteren Generationen glauben und das Leben haben (Joh 1,30-31). Das Evangelium erkennt auch an, dass Worte als solche keinen Glauben schaffen und stärken und dass es der Heilige Geist ist, der die Worte weiter wirksam macht.

Das Evangelium stellt die entscheidende Rolle des Geistes in dem Eröffnungskapitel vor, wo Johannes der Täufer anerkennt, dass er für sich allein keine Möglichkeit gehabt hätte, den von Gott gesandten Christus zu erkennen (Joh 1,31.33). Johannes der Täufer empfing ein Wort von Gott, das ihm sagte, dass der, auf den der Geist herabfuhr und bei ihm blieb, derjenige war, der mit dem Heiligen Geist taufen würde. Das Herabkommen des Geistes auf Jesus offenbarte die Wahrheit des Wortes, das der Täufer empfangen hatte, wodurch es für ihn möglich wurde, Jesus als den Sohn Gottes und das Lamm Gottes zu erkennen (Joh 1,33-34). Ohne Wort und Geist zusammen wäre Johannes der Täufer nicht in der Lage gewesen, Christus zu erkennen oder ihn zu bezeugen. Das Gleiche würde auch für die nachfolgenden Generationen gelten.

Jesu Gespräche mit den Jüngern beim letzten Abendmahl nehmen vorweg, welche Rolle der Geist dabei spielen würde, das Zeugnis der Gemeinde nach Ostern wirksam zu machen. Der Geist wird die Gemeinde beständig dazu aufrufen, sich dessen zu erinnern, was Jesus seinen ersten Jüngern gesagt hat, und der Heilige Geist wird auch lehren oder offenbaren, welche Bedeutung jene Botschaft für die zukünftigen Generationen haben wird (Joh 14,26). Die ersten Jünger wurden damit beauftragt, Christus zu bezeugen, und doch tun sie dies nicht allein: der Geist gibt Zeugnis in ihnen und durch sie (Joh 15,26-27). Am Osterabend sagt Jesus: „Wie mich der Vater gesandt hat, so sende ich euch", und er bläst sie mit dem Heiligen Geist an (Joh 20,21-22). Ohne den Geist würden die Worte, die die Jünger sprechen werden, lediglich Worte bleiben; doch der Heilige Geist wird sie benutzen, um Glauben zu erwecken. Und ohne das Zeugnis der frühen Gemeinde von Jesu Leben, Tod und Auferstehung würde das Wirken des Geistes vage und unzentriert erscheinen; es ist die Botschaft der Jünger, die dem Glauben, den der Geist bringen wird, Inhalt und Fokus gibt.[27]

DER KONTEXT

Zu unseren Bemühungen hier zählt, das Johannesevangelium im Licht der lutherischen Tradition und der vielen Kontexte zu lesen, die heute durch lutherische Gemeinschaften in der ganzen Welt vertreten sind. Lassen Sie mich als Beitrag zu dieser Diskussion über die Rolle des Kontexts den Kontext betrachten, in dem das Evangelium geschrieben und zuerst gelesen wurde. In den abschliessenden Versen des Evangeliums heisst es, dass der Text auf dem Zeugnis des Jüngers beruhe, den Jesus liebte (Joh 21,24). Wenngleich viele Exegetinnen und Exegeten davon ausgegangen sind, dass der geliebte Jünger der Apostel Johannes war, haben viele zeitgenössische Theologinnen und Theologen von diesem Gedanken Abstand genommen. Der wichtigste Grund dafür ist, dass das Evangelium niemals den Namen des Verfassers nennt, und es wird für nicht hilfreich erachtet, darüber zu spekulieren.[28] Für unsere Diskussion ist es theologisch von Bedeutung, dass das Evangelium sich weigert, seinen Verfasser zu nennen. In einer seiner „Vorreden" merkte Luther an, dass die apostolische Qualität eines Textes davon abhängt, was gesagt wird und nicht, wer es gesagt hat. Er argumentierte, dass was immer „Christus nicht lehret, das ist nicht apostolisch, wenns gleich Petrus oder Paulus lehret; umgekehrt, was Christum predigt, das ist apostolisch, wenns gleich Judas, Hannas, Pilatus und Herodes täte".[29] Das bedeutet, dass der Wert

---

[27] Koester, a.a.O. (Fussnote 4), S. 133-160.

[28] Zur Diskussion über die Verfasserschaft unter denen, die nicht der Meinung sind, dass das Evangelium vom Apostel Johannes geschrieben wurde, vgl. Raymond E. Brown: „An Introduction to the Gospel of John", bearbeitet von Raymond E. Brown, New York, 2003, S. 189-199; Andrew T. Lincoln: „The Gospel According to Saint John", *Black's New Testament Commentaries*, London, 2005, S. 17-26. Einige Theologinnen und Theologen argumentieren weiterhin für den Apostel als Verfasser. Vgl. Craig S. Keener: „The Gospel of John: A Commentary", Peabody (Massachusetts), 2003, S. 81-115.

[29] Aland, a.a.O. (Fussnote 1), S. 63. Ab 1530 fügte die Vorrede das Wort „noch" hinzu, so dass es lautete, dass was immer „Christum noch nicht lehret, das ist nicht apostolisch".

eines Buches darin besteht, sich wirklich auf Christus zu konzentrieren, von dem es Zeugnis ablegt, und nicht auf die Identität des Verfassers.

Das Evangelium erhielt seine endgültige Form wahrscheinlich im Laufe einer gewissen Zeitspanne im Kontext einer frühchristlichen Gemeinschaft. Statt die Theorien über die Stadien, in denen der Text zusammengestellt wurde, zu diskutieren, wäre es wohl hilfreicher, die in diesem Kontext wirkenden theologischen und gesellschaftlichen Faktoren zu erforschen.[30]

Erstens wurde die Tradition, auf die sich das Johannesevangelium gründete, in einer Gemeinschaft geformt, in der einige Mitglieder die Schrift und die jüdische Tradition kannten. Das Evangelium sagt, dass die frühesten Jünger Jesus als die Erfüllung des Gesetzes und der Propheten betrachteten (Joh 1,45). Für die hermeneutische Diskussion ist es bedeutsam, dass der Prozess, die Identität Jesu im Licht der Schrift als ganzer zu erkunden, weitergeführt wurde in der Gemeinschaft, in der das Johannesevangelium geschrieben wurde. Das Phänomen der nachösterlichen Überlegungen im Licht der Schrift zeigt sich deutlich in den Berichten über die Tempelreinigung (Joh 2,17-22) und den Einzug in Jerusalem (Joh 12,14-15) und ist implizit vorhanden im Bericht über die Kreuzigung (Joh 19,24.36-37). Das Evangelium setzt das Wirken Jesu auch in Beziehung zu den jüdischen Festen, einschliesslich Sabbat (Joh 5,9; 9,14), Passa (Joh 2,13; 6,4; 19,14), Laubhüttenfest (Joh 7,2) und Fest der Tempelweihe oder Chanukka (Joh 10,22). Es ist anzunehmen, dass wenigstens einige Leser diese Verbindungen für aufschlussreich halten.

Zweitens enthält das Evangelium Debatten über Jesu Beziehung zur jüdischen Tradition. Die Debatten haben vielleicht im Wirken Jesu begonnen, aber sie spielten auch in der Erfahrung der frühchristlichen Gemeinschaft, die in den Jahrzehnten nach Ostern Fragen zur Identität und zum Wirken Jesu beantworten musste, weiterhin eine Rolle.[31] An bestimmten Stellen

---

[30] Zur Diskussion der Theorien über die Stadien, in denen das Evangelium geschrieben wurde, vgl. Brown, a.a.O. (Fussnote 28), S. 40-89; Paul N. Anderson: „The Riddles of the Fourth Gospel: An Introduction to John", Minneapolis, 2011, S. 125-155.

[31] Die Vorstellung, dass der Bericht des Johannes über Jesu Wirken die Erfahrung der späteren christlichen Gemeinschaft widerspiegelt, hat in den johanneischen Studien eine wichtige Rolle gespielt. Zu den klassischen Studien gehören J. Louis Martyn: „History and Theology in the Fourth Gospel", Louisville, 2003; Raymond E. Brown: „The Community of the Beloved Disciple", New York, 1979. Exegetinnen und Exegeten haben darüber debattiert, in welchem Masse die Geschichte der späteren Gemeinschaft aus dem Evangelium heraus rekonstruiert werden kann, aber selbst wenn die Einzelheiten unklar bleiben, scheint es wahrscheinlich, dass die vom Evangelium angesprochenen Fragen für die Erfahrung der nachösterlichen Kirche von Bedeutung waren.

scheint der Konflikt negativ zu sein. Jesu Gegner klagen ihn an, dass es seinen Lehren an Glaubwürdigkeit mangelt (Joh 7,12), dass er den Willen Gottes verletzt, wenn er am Sabbat heilt (Joh 5,16; 9,16), und dass er ein Gotteslästerer ist, wenn er behauptet, eins mit Gott zu sein (Joh 5,18; 8,58-59; 10,33). Es gibt Belege dafür, dass zumindest einige der Nachfolgerinnen und Nachfolger Jesu den Druck verspürten, ihre Beziehung zu Jesus zu leugnen, um ihr gutes Ansehen bei der breiteren jüdischen Gemeinschaft zu erhalten (Joh 9,22; 12,42-43). Doch statt diese Fragen ausser Acht zu lassen, webt das Evangelium die Debatten in den Bericht über das Leben Jesu hinein.[32] Folglich wird es den Lesern und Leserinnen ermöglicht, die Fragen und Antworten zu hören und so zu einem klareren Bild von der zentralen Botschaft des Evangeliums zu kommen.

Drittens richtet sich das Evangelium an einen breiteren Kreis von Leserinnen und Lesern, die keinen jüdischen Hintergrund haben. Die Erzählung zeigt, wie Jesus in die Welt „gesandt" wird, wo er eine Gemeinschaft zwischen Menschen mit verschiedenem Hintergrund herstellt. Dies nimmt wiederum die Erfahrung seiner Nachfolgerinnen und Nachfolger nach Ostern vorweg, die selbst in die Welt „gesandt" werden, um sein Werk fortzuführen. Johannes nimmt die Mission Jesu und seiner Nachfolger und Nachfolgerinnen in eine multiethnische Welt hinein ernst.[33] Das Evangelium berichtet, wie Jesus sich um die Menschen in Samarien kümmert, wo die Frau am Brunnen die Samariter aus der Stadt zu ihm bringt (Joh 4,28-30.39-42), und von den Jüngern wird erwartet, dass sie diese Zuwendung fortsetzen (Joh 4,36-38). Später wollen einige Griechen Jesus sehen, und ihre Ankunft nimmt die Weise vorweg, auf die der gekreuzigte und auferstandene Jesus Menschen verschiedenster Art durch das Wirken der Jünger zu sich „zieht" (Joh 12,20-23.32). Als Guter Hirte will Jesus eine Gemeinschaft, die Menschen mit jüdischem Hintergrund wie auch diejenigen einbezieht, die nicht zur jüdischen „Herde" gehören, sondern aus anderen Volksgruppen kommen (Joh 10,16). Deshalb betonen sein abschliessendes Gebet beim letzten Abendmahl und seine Worte an die Jünger nach Ostern, dass seine Nachfolgerinnen und Nachfolger in die Welt gesandt werden, wo sie eine wachsende Glaubensgemeinschaft schaffen werden (Joh 17,18-20; 20,21).

---

[32] Asiedu-Peprah, a.a.O. (Fussnote 16), 184-232.

[33] Das Evangelium stellt Jesus als denjenigen dar, den Gott in die Welt „gesandt" hat (*apostello*), und Jesus wiederum sendet seine Jüngerinnen und Jünger. Zu diesem Thema vgl. Teresa Okure: „The Johannine Approach to Mission: A Contextual Study of John 4:1-42", *Wissenschaftliche Untersuchungen zum Neuen Testament 31*, Tübingen, 1988; Edward W. Klink III: „The Sheep of the Fold: The Audience and Origin of the Gospel of John", *Society for New Testament Studies Monograph Series 141*, Cambridge, 2007, S. 220-238.

Im Licht dieses immer vielfältiger werdenden gesellschaftlichen Kontextes vermittelte das Johannesevangelium seine Botschaft auf eine Weise, die einem breiten Spektrum von Leserinnen und Lesern mit unterschiedlichem Hintergrund zugänglich war.[34] Oben erklärte ich, dass der Text manchmal davon ausgeht, dass die Leserinnen und Leser andeutende Anspielungen auf Schriftstellen bemerken, aber es gibt auch Stellen, wo denen, die jene Tradition nicht kennen, grundlegende Informationen gegeben werden. So erklärt das Evangelium zum Beispiel, was Worte wie „Rabbi" und „Messias" bedeuten (Joh 1,38, 41), dass Steinkrüge für jüdische Reinigungsriten benutzt wurden (Joh 2,6) und dass Juden nichts mit den Samaritern teilen (Joh 4,9). Diese Erläuterungen geben den Leserinnen und Lesern aus dem breiteren Leserkreis die notwendigen Perspektiven zum Verständnis der Geschichte.

Es ist auch von Bedeutung, dass die Bildsprache im Evangelium unter den Menschen mit unterschiedlichem Hintergrund wohl breiten Zuspruch gefunden hat. So bezeichnet das Evangelium beispielsweise Jesus als „Brot des Lebens" (Joh 6,35) und „Licht der Welt" (Joh 8,12; 9,5) in Zusammenhängen, die Vorstellungen aus der Schrift und aus der jüdischen Tradition anklingen lassen. Doch dieselben Bilder von Brot und Licht waren für die Menschen im ganzen Mittelmeerraum verständlich. Selbst wenn einige der frühen Leser die traditionellen biblischen Anklänge in diesen Bildern nicht erkennen, würde ihre eigene Lebenserfahrung es ihnen ermöglichen, elementare Verbindungen zwischen Brot und Licht und der Fülle des Lebens herzustellen. Auch andere Bilder, wie Wasser, Rebstock, Schafe weiden und Fusswaschung wären für die Leserinnen und Leser der damaligen Zeit weithin zugänglich gewesen, auch wenn sie die Menschen dazu aufforderten, sich auf einen kontinuierlichen Reflektionsprozess einzulassen, wo das Evangelium innerhalb der Glaubensgemeinschaft gelesen wurde.

Abschliessend ist es hilfreich anzumerken, dass das Schild über dem Kreuz Jesu denen, die Hebräisch sprechen wie auch denen, die Lateinisch und Griechisch verstehen, den gekreuzigten Jesus zum König erklärt (Joh 19,19-20). Die Botschaft des Evangeliums ist dazu bestimmt, die Grenzen der Sprache und der Kultur zu überwinden. Diese Beobachtungen laden

---

[34] Es hat viele Vorschläge gegeben hinsichtlich der Art von Leserinnen und Lesern, die das Evangelium im Blick hatte. Aus literarischer Sicht stellte R. Alan Culpepper fest, dass einige Aspekte des Evangeliums eine gut gebildete Leserschaft voraussetzen, während andere von einer weniger gut informierten Leserschaft ausgehen. Daraus ergibt sich, dass das Evangelium mit einer gemischten Gruppe rechnet. Vgl. R. Alan Culpepper: „Anatomy of the Fourth Gospel: A Study in Literary Design", Philadelphia, 1983, S. 221 und 225. Einige historische Studien stellen ebenfalls eine zunehmend gemischte Gemeinschaft fest. Vgl. Brown, a.a.O. (Fussnote 31); Anderson, a.a.O. (Fussnote 30), S. 134-141.

uns ein, zu bedenken, wie dieses Evangelium auch weiterhin ein breites Spektrum zeitgenössischer Leserinnen und Leser ansprechen könnte. Die Kirchen, die zum Lutherischen Weltbund gehören, vertreten ebenfalls ein Spektrum von Leserinnen und Lesern, die unterschiedliche Sichtweisen haben, die durch ihren spezifischen kulturellen Hintergrund geprägt sind. Zu unseren Kirchen gehören Mitglieder, die viele verschiedene Sprachen sprechen und in den Kontexten, in denen sie leben und arbeiten, vor ihren eigenen besonderen Herausforderungen stehen.

Das Johannesevangelium spricht von einer Einheit oder einem Einssein, das auf einen miteinander geteilten Glauben ausgerichtet ist, der Menschen mit unterschiedlichem Hintergrund in dem gekreuzigten und lebendigen Christus zusammenbringt. Das Evangelium betrachtet ein solches Einssein nicht als einen Selbstzweck, sondern spricht von Einssein als einem integralen Bestandteil des christlichen Zeugnisses. Wenn Jesus betet, „damit sie alle eins seien", fährt er fort mit der Begründung, „damit die Welt glaube" an den in Jesus Christus offenbarten Gott und „die Welt erkenne", was die Liebe Gottes bedeutet (Joh 17,21.23). Nach Johannes ist die Gemeinschaft des Glaubens dort, wo die Liebe Gottes miteinander geteilt und verkündigt wird. Zu erkennen, auf welche Weise Mitglieder der weltweiten lutherischen Gemeinschaft mit ihren vielen eigenen Sprachen und kulturellen Kontexten bereichert werden können durch eine gemeinsame Glaubenstradition und einander unterstützen können in unserer gemeinsamen Berufung, Christus zu bezeugen, ist zugleich Chance und Herausforderung, die vor uns liegen.

Gesetz und Evangelium (mit ein wenig Unterstützung von St. Johannes)[1]

Sarah Hinlicky Wilson

Gesetz und Evangelium – genauer gesagt, die Unterscheidung von Gesetz und Evangelium – ist eines der wichtigsten Merkmale lutherischer Theologie. Es ist nicht ein Puzzlestück unter vielen, sondern der hermeneutische Ausdruck von Rechtfertigung durch den Glauben. Da die Unterscheidung von Gesetz und Evangelium das lutherische Denken so sehr durchdringt, neigt sie jedoch dazu, im Verlauf ihres Gebrauchs verzerrt zu werden. Dies ist zwar nicht automatisch ein Unglück: ein lebendiges, inhaltsreiches Stück Tradition wird stets gehandhabt, abgewogen und durchsiebt, und einige falsche Wendungen gehören zu dem Weg, der zum rechten Ziel führt. Es ist besser, wenn etwas gebraucht, missbraucht und dann wieder korrigiert wird, als dass es im Grunde ohne jegliche Beachtung im Regal steht.

Es gibt insbesondere fünf typische Fehlinterpretationen von Gesetz und Evangelium in der lutherischen Geschichte. Bei der Unterscheidung von Gesetz und Evangelium geht es **nicht** um eine Unterscheidung zwischen:

1. dem Alten und dem Neuen Testament
2. dem, wobei ich mich schlecht (schuldig, unzulänglich) fühle und dem, wobei ich mich gut (gerecht, geliebt) fühle
3. dem Natürlichen und dem Übernatürlichen
4. dem vorchristlichen und dem christlichen Leben
5. Gottes Zorn und Gottes Liebe

---

[1] Anmerkung der Herausgeber: Während es den Richtlinien und der Praxis des LWB entspricht, im Blick auf Gott geschlechtsneutrale Sprache zu verwenden, ist in diesem Beitrag die männliche Sprachweise für Gott auf besondere Bitte der Verfasserin beibehalten worden.

Solche Fehlinterpretationen drängen sich nur deshalb auf, weil sie ein Körnchen Wahrheit in sich tragen und so ist es auch hier. Sie sind ein wenig richtig, aber nicht richtig genug.

Um Gesetz und Evangelium richtig zu verstehen, ist es am besten, Luther zu Wort kommen zu lassen; dazu hier drei ausgewählte Beispiele aus frühen Zeiten seines Wirkens. Zunächst äussert er sich ziemlich ausführlich zu diesem Thema in „Ein kleiner Unterricht, was man in den Evangelien suchen und erwarten solle" aus dem Jahr 1521.

> Darum sollst du Christi Wort, Werk und Leiden auf zweierlei Weise auffassen: einmal als ein Vorbild, dir vor Augen gestellt, dem du folgen und auch so tun sollst, wie 1.Petr. 2,21 sagt: „Christus hat für uns gelitten und uns ein Vorbild gelassen". So wie du siehst, dass er betet, fastet, den Leuten hilft und Liebe erzeiget, so sollst du auch dir und deinem Nächsten tun. Aber das ist das Geringste am Evangelium, wodurch es auch noch nicht „Evangelium" heissen kann. Denn damit ist dir Christus nicht mehr nütze als ein anderer Heiliger. Sein Leben bleibt bei ihm und hilft dir noch nichts, und in Kürze: die Weise macht keinen Christen, es macht nur Heuchler. Es muss noch sehr viel weiter mit dir kommen, obwohl das jetzt lange Zeit hindurch die allerbeste Weise zu predigen gewesen ist (wenn sie auch selten genug war).
>
> Das Hauptstück und der Grund des Evangeliums ist, dass du Christus zuvor, ehe du ihn dir zum Vorbild fassest, aufnehmest und erkennest als eine Gabe und Geschenk, das dir von Gott gegeben und dein eigen sei. So dass du, wenn du ihm zusiehst oder -hörest, dass er etwas tut oder leidet, nicht zweifelst, er selbst, Christus, sei mit solchem Tun und Leiden dein, worauf du dich nicht weniger verlassen kannst, als hättest du es getan, ja als wärest du derselbe Christus. Siehe, das heisst das Evangelium recht erkannt, das ist die überschwengliche Güte Gottes, die kein Prophet, kein Apostel, kein Engel je hat voll beschreiben, kein Herz je genugsam bewundern und begreifen können. Das ist das grosse Feuer der Liebe Gottes zu uns, davon wird das Herz und Gewissen froh, sicher und zufrieden.[2]

> Wenn du nun Christus so zum Grund und Hauptgut deiner Seligkeit hast, dann folget das andere Stück, dass du ihn auch dir zum Vorbild fassest, und dich auch so deinem Nächsten zu dienen ergebest, wie du siehest, dass er sich dir ergeben hat. Siehe, da gehet dann Glaube und Liebe im Schwang, ist Gottes Gebot erfüllet, der Mensch fröhlich und unerschrocken, alle Dinge zu tun und zu leiden. Darum siehe eben darauf: Christus als eine Gabe nähret deinen Glauben und macht dich zum Christen. Aber Christus als ein Vorbild übet deine Werke. Die machen dich nicht zum Christen, sondern sie gehen von dir aus, der du schon vorher zum Christen

---

[2] Kurt Aland (Hg.): „Luther Deutsch, Die Werke Martin Luthers in neuer Auswahl für die Gegenwart", Bd. 5, Stuttgart/Göttingen, 1963, S. 198.

gemacht bist. Wie sehr nun Gabe und Vorbild sich voneinander unterscheiden, so sehr unterscheiden sich auch Glaube und Werke. Der Glaube hat nichts eigenes, sondern nur Christi Werk und Leben. Die Werke haben etwas Eigenes von dir, sollen aber auch nicht dein eigen, sondern des Nächsten sein.

Das siehst du: „Evangelium" ist nicht eigentlich ein Buch der Gesetze und Gebote, das von uns unser Tun fordere, sondern ein Buch der göttlichen Verheissungen, darin er uns alle seine Güter und Wohltat in Christus verheisset, anbietet und gibt. Dass aber Christus und die Apostel uns viel guter Lehre geben und das Gesetz auslegen, ist unter die Wohltat zu rechnen, wie ein anderes Werk Christi (auch), denn recht Lehren ist nicht die geringste Wohltat [...]. [Er sagt nur], was zu tun und zu lassen sei, was den Übeltätern und Wohltätern begegnen wird. Er treibt und zwingt niemand, ja, er lehret auch so sanft, dass er mehr aufmuntert als gebietet.[3]

In welchem Zusammenhang dies mit dem Alten Testament steht, ist eine Frage, an der Lutheranerinnen und Lutheraner unzählige Male gescheitert sind. Obwohl Luther Professor für Altes Testament war, unterteilte er die Zeiten nicht in periodisierender Weise nach dem Grundsatz „erst Gesetz, dann Evangelium". Alle Menschen zu allen Zeiten leben unter dem Gesetz Gottes und durch die Gabe Gottes. Dies erklärt er in seiner „Vorrede zum Alten Testament" aus dem Jahr 1523:

So wisse nun, dass dies Buch ein Gesetzbuch ist, das da lehret, was man tun und lassen soll, und daneben anzeigt Beispiele und Geschichten, wie solche Gesetze gehalten oder übertreten sind, gleichwie das Neue Testament ein Evangelium oder Gnadenbuch ist und lehret, woher man's nehmen soll, dass das Gesetz erfüllet werde. Aber gleichwie im Neuen Testament neben der Gnadenlehre auch viele andere Lehren gegeben werden, die da Gesetz und Gebot sind, das Fleisch zu regieren, sintemal in diesem Leben der Geist nicht vollkommen wird, noch eitel Gnade regieren kann, also sind auch im Alten Testament neben den Gesetzen etliche Verheissungen und Gnadensprüche, womit die heiligen Väter und Propheten unter dem Gesetz im Glauben Christi, wie wir, erhalten worden sind.[4]

Die Heiligen des Alten Testaments lebten nach der Verheissung (nach Luthers Redeweise ein anderes Wort für Evangelium), genauso wie wir heute. Und so wie sie damals das Gesetz brauchten, um ihre Körper, Seelen und Gesellschaften zu ordnen, so brauchen wir es auch heute, wo wir noch nicht die Vollkommenheit des zukünftigen Lebens erreicht haben.

Luther greift die Frage, „wie sich die Christen in Mose schicken sollen" im Jahr 1525 auf, unter anderem weil bestimmte repristinierende Bewe-

---

[3] Ebd., S. 199f.
[4] Ebd, S. 10.

gungen den Christinnen und Christen das levitische Gesetz aufzwingen wollten. Luther gefiel das levitische Gesetz recht oft, doch nur, wenn es eine vernünftige Weise war, die Prinzipien des Naturgesetzes umzusetzen – was als solches das in jedes menschliche Herz geschriebene göttliche Gesetz ist, wie es in Römer 1 heisst. Das Gesetz ist schliesslich gut; nicht nur das Evangelium ist gut. Das einzige Problem bei dem Gesetz besteht darin, dass es das, was es fordert, nicht geben kann. Luther erfasst die Unterscheidung sehr schön in seiner Erläuterung der beiden öffentlichen Predigten Gottes, einmal auf dem Berg Sinai und dann zu Pfingsten.

> Die erste Predigt und Lehre ist das Gesetz Gottes, die andere das Evangelium. Diese zwei Predigten kommen nicht überein, darum muss man ein gutes Verständnis davon haben, dass man sie wisse zu unterscheiden und wisse, was das Gesetz sei und was das Evangelium. Das Gesetz gebietet und fordert von uns, was wir tun sollen, ist allein auf unser Tun gerichtet und bestehet im Fordern. Denn Gott spricht durch das Gesetz: das tue, das lasse, das will ich von dir haben. Das Evangelium aber predigt nicht, was wir tun oder lassen sollen, fordert nichts von uns, sondern wendet es um, tut das Gegenteil und sagt nicht: tue dies, tue das, sondern heisst uns nur die Hände hinhalten und nehmen und spricht: Siehe, lieber Mensch, das hat Dir Gott getan, er hat seinen Sohn für dich ins Fleisch kommen, hat ihn um deinetwillen erwürgen lassen und dich von Sünde, Tod, Teufel und Hölle errettet, das glaube und nimm es an, so wirst Du selig. So gibt es zweierlei Lehre und zweierlei Werke, Gottes und des Menschen. Und wie wir und Gott voneinander geschieden sind, so sind auch die zwei Lehren weit voneinander geschieden. Denn das Evangelium lehret allein, was uns von Gott geschenkt ist, nicht was wir Gott geben und tun sollen, wie das Gesetz zu tun pfleget.[5]

Um das, was Luther ausführlich darlegt, zusammenzufassen: Das Gesetz ist das, was Gott fordert, während das Evangelium das ist, was Gott gibt.

Für Lutheranerinnen und Lutheraner besteht die Schwierigkeit darin zu bedenken, dass Gesetz und Evangelium **beide** Worte Gottes sind. Sie sind gleichermassen ewig; keines ist durch das andere zu beseitigen. Die antinomische Tendenz möchte das Gesetz überwunden wissen, als ob das Gesetz nicht „heilig, gerecht und gut" (Röm 7,12) wäre, als ob es nicht der wahre Ausdruck der unantastbaren Güte und Vertrauenswürdigkeit Gottes wäre. Die legalistische Tendenz möchte das Evangelium überwunden wissen, als ob wir Gnade empfingen, um uns über unseren anfänglichen Widerstand gegen das Gesetz hinwegzubringen, dann aber fortfahren könnten, mit unseren eigenen Kräften die durchaus erfüllbare Aufgabe, heilig zu sein, zu bewältigen. Doch Gesetz und Evangelium bestehen beide

---

[5] Ebd., S. 94f.

jetzt und alle Zeit und keines kann ohne Bezug auf Gott definiert werden. Das Gesetz ist das, was Gott fordert. Das Evangelium ist das, was Gott gibt. Gott ist in beiden Fällen das Subjekt, Gesetz und Evangelium sind direkte Objekte und wir sind einfach die indirekten Objekte.

Wegen unserer misslichen Situation als sündhafte Ebenbilder Gottes sind unsere menschlichen Reaktionen auf Gesetz und Evangelium vielfältig und unterschiedlich. Es gibt keinen *ordo salutis* im Sinne eines verbindlichen Erfahrungsrahmens, der durchgangen werden muss; die Menschen sind dafür viel zu kompliziert. Die Antwort des Menschen auf Gottes Gesetz und Gottes Evangelium ist immer sekundär und derivativ, weshalb Gesetz und Evangelium niemals auf der Grundlage der menschlichen Reaktion definiert werden sollten (vgl. Fehlinterpretation 2 oben). Tatsächlich kann genau dieselbe Schriftstelle als Gesetz oder als Evangelium verstanden werden: Man denke zum Beispiel an die biblischen Ermahnungen im Blick auf den Glauben, die für den *einen* eine anklagende Forderung sein könnten, die nicht erfüllt werden können, weil das gottgegebene Verlangen, sie zu erfüllen, fehlt, während sie für den anderen den Durchbruch aus der Finsternis in strahlendes Licht bedeutet, weil sie tatsächlich gibt, was sie fordert.

Es könnte jedoch hilfreich sein, einige mögliche menschliche Reaktionen auf Gesetz und Evangelium aufzuzeigen. Das Gesetz könnte zum Beispiel Freude und Begeisterung hervorrufen. Wie oft vergessen wir das. Doch wir können das Alte Testament nicht verstehen, wenn wir nicht die Freude des Gesetzes verstehen. Psalm 1 preist den, der „Lust hat am Gesetz des Herrn und sinnt über seinem Gesetz Tag und Nacht". Es ist gut zu wissen, was Gott fordert: das Gesetz offenbart Gottes Wesen und fördert zugleich das Gedeihen des Menschen. Besonders dann, wenn ein falscher Gott, wie ein gewalttätiger Herrscher oder der Zeitgeist der Gesellschaft, fordert, dass an seinen eigenen falschen Vorstellungen vom Gedeihen des Menschen festgehalten wird, sind die wahren Forderungen Gottes eine freudige Alternative, Befreiung von Götzendienst und Tyrannei. Die gegenteilige Reaktion ist jedoch auch möglich. Das Gesetz kann Hass und Aufruhr hervorrufen, insbesondere wenn Sünder und Sünderinnen ihre Sünden mehr lieben als Gottes gerechte Forderungen, denn das Gesetz entlarvt diejenigen, die nicht entlarvt werden wollen. Eine dritte Reaktion liegt irgendwo in der Mitte: das ist Busse. Es kann eine wahre Erleichterung sein, von Gottes Forderungen festgenagelt zu sein, wenn sie unsere selbstzerstörerischen Verhaltensweisen aufdecken oder offenbaren, welche Lüge wir gelebt haben.

Das Evangelium kann dieselben Reaktionen des Menschen hervorrufen. Natürlich hoffen wir, dass Freude die vorherrschende Reaktion ist. Doch das Neue Testament gibt uns wenig Grund zu der Annahme, dass sie die einzige sein wird. Für einige kann die Tatsache, dass Gott uns bereits alles gegeben hat, das wir unser eigen nennen, dass unsere Erlösung und Gerechtigkeit nicht mehr in unseren Händen liegen und dass wir Bittsteller/Bitstellerinnen und Empfänger/Empfängerinnen und nicht heldenhaft Handelnde sind, als anstössig und beleidigend empfunden werden. Und das Evangelium kann auch Busse hervorrufen, beispielsweise aus christlichen Herzen, die kalt geworden sind oder zuvor wenig bewegt waren, aus Dankbarkeit für das Viele, das ihnen geschenkt worden ist, etwas zu geben.

An dieser Stelle ist eine Warnung aus der Dogmengeschichte angebracht. Luthers genaue Beachtung der Lehre von der Rechtfertigung wurde in nicht geringem Masse ausgelöst durch die Behandlung dieses Themas durch den mittelalterlichen Scholastiker Gabriel Biel. In einem grossen Teil der Lehre Luthers über die Rechtfertigung wird in der Tat seine tiefreichende Uneinigkeit mit Biel deutlich. Bei Biel gab es so etwas wie eine Unterscheidung zwischen Gesetz und Evangelium, doch in seinem Denken wirkten sich die beiden sehr unterschiedlich aus. Biel sagte: Tu von dem, was Gott fordert, soviel du mit eigenen Kräften kannst, und dann wird Gott dir alles Übrige gewähren. Da haben wir es wieder: Gesetz, Evangelium. Funktioniert das? Nein, es funktioniert nicht: Es ist ein kaum verschleierter Pelagianismus, und Biel konnte es allein dadurch als nicht pelagianisch rechtfertigen, dass er hervorhob, wie gnädig es von Gott sei, uns alles, was wir nicht aus eigenen Kräften liefern konnten, zu schenken, ganz zu schweigen davon, dass er unsere besten Bemühungen, die immer hinter seinen Erwartungen zurückbleiben, annimmt.

Doch für Luther sind Gottes Forderungen wie auch Gottes Gaben absolut, voll und ganz. Gott fordert die völlige Einhaltung seines Gesetzes, nicht nur unsere besten Bemühungen (wie in dem Ausspruch Jesu: „Darum sollt ihr vollkommen sein, wie euer Vater im Himmel vollkommen ist", Mt 5,48). Und Gott gibt uns auch seine ganze Gerechtigkeit, um uns gerecht zu machen, unabhängig von den Forderungen seines Gesetzes, um seines Sohnes willen (zum Beispiel: „dass ich nicht habe meine Gerechtigkeit, die aus dem Gesetz kommt, sondern die durch den Glauben an Christus kommt", Phil 3,9). Rechtfertigung ist nicht, wie bei Biel, ein Ergebnis des Zusammenkommens von uns und Gott als Partner irgendwo in dem Raum zwischen uns (vgl. Fehlinterpretation 3 oben). Sie geschieht, indem Gott den ganzen Weg zu uns kommt, indem er alles gibt und alles fordert. Das berühmte Gebet Augustins bringt dies auf wunderbare Weise zum Ausdruck: „Gib, was du gebietest, und gebiete, was du willst." Luther hätte wahrscheinlich die Reihenfolge der Satzteile umgekehrt.

Hier liegt also die Gefahr: Es besteht die grosse Versuchung, Gesetz als Evangelium falsch zu etikettieren, indem man sagt, dass Gott die Fähigkeit verleihe, das Gesetz zu halten, und somit sei unser entsprechendes Handeln tatsächlich das, was uns rechtfertigt und erlöst. Hinter dieser Maske geht die Vorrangstellung von Gottes Gnade völlig verloren und die ganze

Verpflichtung wird auf uns zurückgeworfen. Luther war kein Feind der Heiligung, wie Lutheranerinnen und Lutheraner es später mitunter gewesen sind, doch Heiligung ist nicht die **Grundlage** unserer Beziehung zu Gott: Sie ist die **Folge**. Und sie ist im Allgemeinen bescheiden. Die Unterscheidung zwischen Gesetz und Evangelium setzt einen starken Akzent auf die Vergebung der Sünden und ein festes Erfassen der Tiefe der menschlichen Sünde voraus, die in diesem Leben nicht leicht abgeschüttelt werden kann. Optimismus im Blick auf Heiligung führt praktisch gesehen gewöhnlich dazu, dass wir uns selbst belügen. Von geheiligten Menschen wird nicht erwartet, dass sie etwas verpfuschen – stattdessen vertuschen sie es lieber.

Aufgrund der zentralen Bedeutung der Unterscheidung von Gesetz und Evangelium bestand Luther darauf, dass alle Praktiken der Kirche der kritischen Prüfung von Gesetz/Evangelium unterworfen werden. Verstösse gegen das Gesetz sind solche, die fordern, was Gott **nicht** fordert, oder nicht fordern, was Gott **tatsächlich** fordert. Diese sind leicht aufzufinden, wenn auch nicht notwendigerweise leicht zu handhaben. Im 16. Jahrhundert waren typische Irrtümer der ersten Art, Fasten an bestimmten Tagen und das Zölibat für Priester zu fordern, während solche der zweiten Art die christliche Verpflichtung leugneten, ein heiliges Leben zu führen und gute Werke zu tun. Verstösse gegen das Evangelium sind gewöhnlich subtilerer Art: einerseits zurückhalten, was Gott gibt, und andererseits behaupten, etwas zu geben, was Gott in der Tat nicht gibt. Die erstere Kategorie kam zu Luthers Zeiten zum Beispiel zum Ausdruck, wenn nur geweihtes Brot und nicht der Wein ausgeteilt oder die Absolution abhängig gemacht wurde von vollkommener menschlicher Busse. Zur letzteren Kategorie gehörte, Vollkommenheit in diesem Leben statt Vergebung der Sünden zu versprechen oder kirchliche Rituale zu erfinden, die beanspruchten, einen göttlichen Segen zu verleihen, aber keine biblisch begründete Verheissung enthielten. Es ist mit Sicherheit nicht schwer, Verstösse gegen Gesetz und Evangelium in unseren Kirchen heute zu finden.

Die Unterscheidung zwischen Gesetz und Evangelium ergab sich aus Luthers Lektüre der Schrift und wurde ihrerseits zu einem Schlüssel für die Auslegung der Schrift. Es ist kein Zufall, dass seine oben zitierten Beschreibungen der Unterscheidung aus seinen Einführungen in die Bibel stammen. Das Johannesevangelium ist ein gutes Beispiel, um die Unterscheidung von Gesetz und Evangelium heute zu praktizieren, denn es hält den üblichen lutherischen Fehlinterpretationen besonders gut stand. Wenn überhaupt, korrigiert es sie und richtet uns erneut auf Luthers ursprüngliches Verständnis hin aus. Schliesslich war das Evangelium des Johannes wegen der Klarheit seiner Christologie Luthers Lieblingsevangelium.

So ist es zum Beispiel sehr schwierig, mit Johannes eine Konkurrenz zwischen den Testamenten herzustellen (vgl. Fehlinterpretation 1 oben):

Er beruft sich regelmässig auf die Schrift, die für ihn natürlich unser Altes Testament war (und möglicherweise einige Apokryphen) in der Annahme, dass Jesus die Bestätigung und nicht die Abkehr von der Lehre des Mose ist. In der Aussage des Prologs gibt es keine negative Gegenüberstellung, „denn das Gesetz ist durch Mose gegeben; die Gnade und Wahrheit ist durch Jesus Christus geworden" (1,17) – sie werden einfach nebeneinander gestellt. Jesu Auferstehung von den Toten lässt die Jünger an die Schrift glauben (2,22), und Jesus lehrt, dass das in der Schrift verheissene ewige Leben in ihm zu finden ist (5,39). Es ist wahrlich nicht möglich, an Jesus zu glauben, ohne zuerst Mose zu glauben: „Wenn ihr Mose glaubtet, so glaubtet ihr auch mir; denn er hat von mir geschrieben. Wenn ihr aber seinen Schriften nicht glaubt, wie werdet ihr meinen Worten glauben?" (5,46-47). Denn „die Schrift kann doch nicht gebrochen werden" (10,35).

Man kann auch in keiner Weise aus Johannes den Gedanken herausquetschen, dass Gehorsam gegenüber dem Gesetz für das christliche Leben irrelevant sei (vgl. Fehlinterpretation 4 oben). Zur einschneidensten Kritik Jesu an seinen Landsleuten gehörte ihre Missachtung dessen, was Gott fordert. „Hat euch nicht Mose das Gesetz gegeben? Und niemand unter euch tut das Gesetz" (7,19). Im Gegensatz dazu sollten die Jünger Jesu für die breitere Gemeinschaft erkennbar sein als diejenigen, die genau das tun, was er fordert, nämlich „dass ihr euch untereinander liebt, wie ich euch geliebt habe, damit auch ihr einander lieb habt" (13,34). Hier sehen wir, dass das Evangelium tatsächlich dazu befähigt, das Gesetz zu befolgen, ohne dass dadurch die Unterscheidung zwischen den beiden aufgehoben wird. Die Liebe steht genauso im Zentrum des Gesetzes wie im Zentrum des Evangeliums (vgl. Fehlinterpretation 5 oben). Nur ein falscher Jünger könnte behaupten, sich an dem zu freuen, was Gott gibt, und doch nicht zu beachten, was Gott fordert, denn wenn „ihr mich liebt, so werdet ihr meine Gebote halten" (14,15).

Wenn aber dieses Evangelium durch die Brille der Gegenüberstellung von Gesetz und Evangelium betrachtet wird, wird das bei Johannes am häufigsten wiederkehrende Thema deutlich sichtbar: Das ganze Drama dreht sich darum, was Gott gibt und ob wir dieses Geschenk annehmen oder nicht. Bereits im Prolog steht die klagende/freudige Beobachtung:

> Er kam in sein Eigentum; und die Seinen nahmen ihn nicht auf. Wie viele ihn aber aufnahmen, denen gab er Macht, Gottes Kinder zu werden, denen, die an seinen Namen glauben, die nicht aus dem Blut noch aus dem Willen des Fleisches noch aus dem Willen eines Mannes, sondern von Gott geboren sind. (Joh 1,11-13)

Im ganzen Evangelium legen Jesus und andere Zeugnis von ihm ab, doch immer wieder „nehmt ihr unser Zeugnis nicht an" (3,11). „Also hat Gott die Welt geliebt, dass er seinen eingeborenen Sohn gab" (3,16), doch selbst das Annehmen dieses Sohnes ist ein Geschenk. „Ein Mensch kann nichts nehmen, wenn es ihm nicht vom Himmel gegeben ist." (3,27; vgl. auch 6,44) Die göttliche Gewohnheit des Gebens ist im Grunde genommen eine Erweiterung des trinitarischen göttlichen Wesens: „Denn der, den Gott gesandt hat, redet Gottes Worte; denn Gott gibt den Geist ohne Mass. Der Vater hat den Sohn lieb und hat ihm alles in seine Hand gegeben." (3,34-35; vgl. auch 14,16-17 über die Gabe des Geistes, „den die Welt nicht empfangen kann") Die Samariterin am Brunnen erfährt vom lebendigen Wasser und bittet darum; sie empfängt lebenspendenden Glauben. Doch diejenigen, die vom Brot des Himmels erfahren und darum bitten, stellen letztlich fest, dass sie es doch nicht wollen: „Von da an wandten sich viele seiner Jünger ab und gingen hinfort nicht mehr mit ihm." (6,66) Was Gott gibt, erweckt nicht bei jedem Freude, und einige weigern sich, es anzunehmen: „Ich bin gekommen in meines Vaters Namen, und ihr nehmt mich nicht an." (5,43) Selbst Petrus erweist sich als einer, der davor zurückweicht, Gottes Gabe anzunehmen, indem er sagt: „Nimmermehr sollst du mir die Füsse waschen", aber Jesus antwortet: „Wenn ich dich nicht wasche, so hast du kein Teil an mir." (13,8) Jesu Gaben sind keine weltlichen Gaben, die an Bedingungen des ‚fair play' und der damit verbundenen Belohnung gebunden sind: „Den Frieden lasse ich euch, meinen Frieden gebe ich euch. Nicht gebe ich euch, wie die Welt gibt." (14,27) Die ganze Wechselbeziehung zwischen Gesetz und Evangelium, Gebot und Gabe, wird zusammengefasst in den Worten der Abschiedsrede Jesu bei seinen Jüngern: „Nicht ihr habt mich erwählt, sondern ich habe euch erwählt und bestimmt, dass ihr hingeht und Frucht bringt und eure Frucht bleibt, damit, wenn ihr den Vater bittet in meinem Namen, er's euch gebe." (15,16) Und die abschliessenden Zeilen des Johannes lassen mit merkwürdig ungewöhnlichem Charme in einem letzten hoffnungsvollen Gegenstück zum weithin sehr ernsten Buch die schiere Unendlichkeit der Gaben Gottes erahnen: „Es sind noch viele andere Dinge, die Jesus getan hat. Wenn aber eins nach dem andern aufgeschrieben werden sollte, so würde, meine ich, die Welt die Bücher nicht fassen, die zu schreiben wären." (21,25)

Wenn man sich noch einmal die Unterscheidung von Gesetz und Evangelium bei Luther und Johannes vor Augen führt, ergibt sich als umfassende Wirkung, sich daran zu erinnern, dass das, was wir predigen, **Gott** ist. Wir predigen alles von Gott, seinen gerechten Willen und das, was er rechtmässig fordert, seine mächtigen Taten und was er aus Gnade schenkt. Wir predigen im Vertrauen darauf, dass diese beiden Worte Gottes, Gesetz und Evangelium, gut und würdig sind, von seinem Volk gehört zu werden, und der Heilige Geist (nicht der/die Predigende!) wird sie bei jedem einzelnen Menschen je nach dessen Bedarf anwenden. Wir brauchen keine

Pläne und Strategien, um eine berechnete Wirkung zu erzielen, weil das Spektrum der Reaktionen auf Gottes Worte so breit ist. Es ist unser Gebet, dass das Gesetz Busse und Gehorsam und dass das Evangelium Freude und Grossherzigkeit hervorrufen möge, doch letztlich liegt dies nicht in unseren, sondern in Gottes Händen.

Politische Liebe: Warum das Johannesevangelium für die zeitgenössische Ethik nicht so unergiebig ist, wie es scheint

Bernd Wannenwetsch

Das Vierte Evangelium und die moderne Ethik

Im Vergleich zu den synoptischen Evangelien und den meisten Briefen der Apostel scheint das Johannesevangelium eines der am wenigsten „ethischen" Bücher im Neuen Testament zu sein. Ihm mangelt nicht allein die Finesse ethischer Kasuistik, wie sie etwa die Briefe Paulus aufweisen, von denen viele auf Fragen eingehen, die wir als „moralisch" bezeichnen würden; dem Vierten Evangelium scheint auch jener literarische Charme zu fehlen, mit dem die Erzählungen in den synoptischen Evangelien die moralische Vorstellungskraft des Lesers anregen, indem sie ihn einladen, sich mit den Protagonisten jener Erzählungen zu identifizieren oder aus dem, was ihnen widerfährt, Lehren zu ziehen.[1] Verglichen mit den anderen Evangelien zeichnet Johannes ein Bild Jesu, das dessen Distanz zur Welt stärker betont

---

[1] Zur Rolle des Erzählens bei der Entstehung moralischer Überzeugungen und des Moralempfindens siehe Stanley Hauerwas/L. Gregory Jones (Hg.): „Why Narrative? Readings in Narrative Theology", Grand Rapids, 1989; vgl. auch Bernd Wannenwetsch: „Leben im Leben der Anderen. Zur theologischen Situierung und Pointierung der narrativen Dimension der Ethik in der angelsächsischen Diskussion", in: Marco Hofheinz/Franz Mathwig/Matthias Zeindler (Hg.): „Ethik und Erzählung. Theologische und philosophische Beiträge zur narrativen Ethik", Zürich, 2009, S. 93-112.

als seine Fürsorge für ihre Bedürfnisse. Das Vierte Evangelium scheint mehr an Jesu Souveränität interessiert als an seiner Solidarität. So hat es den Anschein, als wäre das tätliche Wirken des Gottessohnes im Johannesevangelium weniger als moralisches Beispiel geeignet und als wären seine Lehren für die christliche Ethik weniger ergiebig als beispielsweise für die spekulative Theologie.

Kein Wunder also, dass das Vierte Evangelium im Bibelstellenregister gegenwärtiger Lehrbücher der theologischen Ethik allenfalls unter ‚ferner liefen' firmiert. Dies war allerdings nicht immer so. Für die christlichen Autoren aus der Zeit der Kirchenväter besass das Evangelium nach Johannes einen besonders hohen Stellenwert, gerade auch als Inspirationsquelle für die christliche Lebensführung – eine Eigenschaft, die häufig mittels allegorischer Interpretation erhoben wurde, wie sie sich etwa an den 124 Homilien zum Johannesevangelium des Heiligen Aurelius Augustinus studieren lässt[2]. Diese Beobachtung sollte uns auf die Möglichkeit aufmerksam machen, dass das fehlende Interesse am Vierten Evangelium für die gegenwärtige christliche Ethik mit der Tatsache zusammenhängen könnte, dass wir dazu tendieren, „Ethik" als separate Disziplin und ihre Aufgaben und Ziele in spezifisch moderner Begrifflichkeit wahrnehmen.[3] Es gilt hier mit wirkmächtigen und spezifisch modernen Vorurteilen zu rechnen, die den Verdacht erst aufkommen lassen, dass wir mit Johannes nicht die Art von Ethik betreiben können, die wir meinen heutzutage treiben zu müssen.

Was die vermeintlich mangelnde Eignung des Johannesevangeliums für die Ethik angeht, drängen sich insbesondere drei Verdachtsmomente auf, denen zufolge dieses Evangelium von einer gewissen Weltlosigkeit, Gesetzlichkeit, und Binnenorientierung gekennzeichnet ist. Weltlos: Muss der spekulative Grundzug, für den die Frage nach der ‚Erkenntnis' im Vordergrund steht, nicht geradezu notwendig eine Distanz zu den konkreten Realitäten dieser Welt aufbauen, mit denen sich die Ethik beschäftigt? Gesetzlich: Muss der starke Nachdruck, den der johanneische Jesus auf das „Halten meiner Gebote" legt, nicht jenes Unbehagens auslösen, das uns mit der Instinktsicherheit modernen Autonomiebewusstseins angesichts jeder Forderung nach „Gehorsam" beschleicht? Und wittern wir in der johanneischen Betonung der Bruderliebe nicht einen kräftigen Hauch von Exklusivismus, in dem die vom synoptischen Jesus geforderte Weite der Nächstenliebe eingedampft wird in ein enges Binnen-Ethos? Mindestens

---

[2] Vgl. Mark Edwards: „John", in: „Blackwell Bible Commentaries", Oxford, 2004; mit Schwerpunkt auf der Rezeption des Textes im Laufe der Geschichte.

[3] Zu den typisch modernen Vorurteilen im Vergleich zu früheren (aber auch postmodernen) Ansätzen siehe Alasdair MacIntyre: „Three Rival Versions of Moral Inquiry: Encyclopedia, Genealogy and Tradition", New Haven, 1992.

aus diesen drei genannten Gründen neigen wir heute dazu, bei der Frage, welchen Wert das Vierte Evangelium für die christlichen Ethik besitzt, die damals bereits von Jesu eigenen Jüngern artikulierten Bedenken zu erneuern:

„Das ist eine harte Rede; wer kann sie hören?" (Joh 6,60)

Im Folgenden hoffe ich aufzeigen zu können, dass sich das Evangelium nach Johannes diesen Verdachtsmomenten keineswegs so einfach fügen mag und tatsächlich Qualitäten besitzt, die es für die christliche Ethik empfehlen. Dabei geht es mir allerdings nicht in erster Linie darum, dieses Evangelium gegen die oben erwähnten Verdachtsmomente zu verteidigen und etwa zu demonstrieren, dass es in Wahrheit nicht ganz so esoterisch, gesetzlich, oder binnen-orientiert ist, als es den Anschein hat, und darum mit modernen Befindlichkeiten auch nicht völlig unvereinbar ist. Was ich vielmehr darlegen möchte, beruht auf einer grundsätzlichen hermeneutischen Überzeugung. Eine inspirierte und inspirierende Lektüre der Schrift setzt einen kanonischen Ansatz voraus, der von der Autorität der Schrift *als ganzer* für die christlichen Diskurse ausgeht. Zu dieser Grundüberzeugung gehört die Herausforderung, den Reflex abzuwehren, vor scheinbar schwierigen, befremdlichen oder skandalösen Abschnitten im biblischen Kanon die Flucht zu ergreifen oder diese einfach zu ignorieren. Ohne den Mut, dem inneren Drang oder dem von aussen herangetragenen Druck nach Zensur zu widerstehen, wäre in der Bibel über kurz oder lang nicht mehr viel übrig, was als „relevant" durchgehen könnte. Denn schliesslich bringt jede Generation in ihre Lektüre der Schrift ihre eigenen, sehr unterschiedlichen Vorurteile mit ein, aufgrund derer zu jedem beliebigen Zeitpunkt der Interpretationsgeschichte bestimmte Abschnitte oder wechselnde Aspekte in Frage kommen, an denen man Anstoss nehmen kann. Als hermeneutische Grundregel für unseren Versuch einer eigenen zeitgenössischen Lektüre der Schrift schlage ich deshalb vor, dass wir unser Unbehagen gegenüber bestimmten Bibeltexten zulassen und aufrichtig eingestehen, dies aber zugleich als Herausforderung betrachten, sowohl den Text neu zu erforschen als auch die Gründe, die uns vor ihm zurückscheuen lassen. Für eine kreative Lektüre der Schrift müsste eine selbstkritische Untersuchung der Quellen unserer Wahrnehmung im Vordergrund stehen: Wird sie bestimmt durch unser Verständnis dessen „was Christum treibet" (Luther), oder eher durch unser Bedürfnis als modernitätsfähig und relevant zu gelten? Keine dieser Alternativen ist von vorn herein vollkommen unproblematisch oder vollkommen falsch, und möglicherweise gibt es noch weitere Wünsche, Umstände oder Objekte, die unsere Wahrnehmungsmuster von Bibeltexten beeinflussen.

DIE SCHRIFT ALS KRITISCHER
GESPRÄCHSPARTNER DER TRADITION

Ob wir eine Bibelstelle für das zeitgenössische moralische Denken als nützlich wahrnehmen oder nicht, beruht zunächst auf der spezifischen Gedanken- und Praxistradition, der wir angehören. Unser Unbehagen (oder unsere sofortige Begeisterung) angesichts bestimmter Stellen oder Bücher der Bibel vermag uns somit auch Aufschluss zu geben über unsere jeweilige Tradition, bestimmte Strömungen, Schwerpunkte oder blinde Flecke darin, die mitverantwortlich sind für unsere Reaktion auf diese Stellen. Im Einklang mit dem Motto der Reformation, wonach sich die Schrift zur Tradition verhält wie die *norma normans* zu *norma normata*, schlage ich vor, die Schrift als eine Art kritischen Gesprächspartner unserer jeweiligen Tradition zu verstehen, um somit zu einer neuen Lektüre beider anzuregen.[4]

Selbst wenn dies in diesem Beitrag nur ansatzweise möglich sein wird, möchte ich versuchen aufzuzeigen, was eine erneute Lektüre des Johannesevangeliums zur Aufgabe beitragen könnte, die Tradition lutherischer Ethik fortzuschreiben. Da sich die Tradition des Luthertums immer gern darauf berufen hat, durch die Neuentdeckung der Schrift als hauptsächliche Inspirationsquelle und bestimmende Norm geformt worden zu sein, würde es einem hermeneutischen „Deismus" gleichkommen, wollten wir den Einfluss des Wortes auf die Rolle reduzieren, die es einst in der Ursprungszeit unserer Tradition gespielt hat. Die Schrift als *externum verbum* gelten zu lassen, heisst aber, sie immer und immer wieder als kritische Einrede und Widerwort aufzusuchen. Dies bedeutet nichts weniger, als dass wir die Schrift dezidiert auch *gegen* unsere eigene Tradition zu lesen bereit sind, so wie wir als Individuen bereit sein müssen, sie *gegen* unsere persönlichen Wahrnehmungen, Meinungen oder die von uns gewählten Lebensweise zu lesen. Die Schrift als kritische Einrede auch gegen unserer Tradition zu lesen bedeutet jedoch keineswegs einfach grundsätzlich alle Aussagen, Urteile und Konsense, welche die Traditionsbildung hervorgebracht hat, in Frage zu stellen, wenngleich nicht auszuschliessen ist, dass ein neues Hören auf das Wort die Kirchen in bestimmten Fällen auch zu einer Revision bestehender Praxis- oder Ordnungsgestalten motivieren kann. Eine Tradition ist kein monolithisches Sinngebilde, sondern vielmehr ein zusammenhängender Diskurs mit einer bestimmten Ausrichtung, aber auch mit einer Vielfalt ineinander verflochtener Stränge. Daher könnte die Herausforderung einer neuen Lektüre der Schrift für eine Tradition durchaus darin bestehen, die

---

4 Zur positiven Rolle der Tradition für die Lektüre der Schrift vgl. Bernd Wannenwetsch: „Conversing with the Saints as they Converse with Scripture", in: *European Journal of Theology 18:2*, 2009, S. 125–135.

Bedeutung der im Gewebe dieser Tradition unterdrückten oder an den Rand gedrängten Stränge neu zu entdecken und ihnen die notwendige Sichtbarkeit zu verleihen. Es mag aber auch sein, dass eine neue Lektüre der Schrift uns zu erkennen hilft, wie wenig fruchtbar ein bestimmter Auslegungsstrang ist oder wie sehr er durch sachfremde Faktoren beeinflusst wurde.

Bevor wir uns die oben genannten Verdachtsmomente gegen das Vierte Evangelium hinsichtlich dessen vermeintlicher Nutzlosigkeit für die zeitgenössische Ethik näher ansehen, scheint es sinnvoll sich für einen Moment mit der Frage aufzuhalten, in welchem *Gestus* dieses Evangelium die christliche Existenz beschreibt. Es wäre schlechthin unmöglich, zu übersehen, wie sehr dieser Beschreibungsgestus von der Sprache der Liebe durchdrungen ist. Der Begriff *Agape* erscheint im Vierten Evangelium häufiger als in jedem anderen Text des Neuen Testaments. Doch anstatt unmittelbar in den Versuch einzusteigen zu beschreiben, worin diese Liebe besteht (sei es mit Hilfe der von Anders Nygrens popularisierten Unterscheidung zwischen *eros* und *agape* oder in Form anderer Definitionen, die als Reaktion auf seine These formuliert wurden), schlage ich vor, zunächst genauer zu betrachten, in welchem Sprachgestus Johannes diese *agape* thematisiert.

Die Geschichte der Fusswaschung der Jünger in Kapitel 13, welche das Evangelium als Paradebeispiel für die Liebe Christus anführt, beginnt mit folgenden Worten:

> Vor dem Passafest aber erkannte Jesus, dass seine Stunde gekommen war, dass er aus dieser Welt ginge zum Vater; und wie er die Seinen geliebt hatte, die in der Welt waren, so liebte er sie bis ans Ende.[5]

„IN GOTTES LIEBE BLEIBEN": EINE ETHIK DER ZUGEHÖRIGKEIT

Die Betonung des „Ausmasses" der Liebe legt auch eine Neuinterpretation ihrer moralischen Bedeutung nahe. Wir neigen dazu, Liebe entweder mit einem Gefühl oder einer Handlung, oder auch mit einer Kombination beider Grössen gleichzusetzen; zwar ist keine dieser Dimensionen bei Johannes ausgeschlossen – denken wir nur etwa an die Schilderung in Kapitel 11 von Jesu Reaktion auf den Tod Lazarus, wonach Jesus „tief bewegt" wurde

---

[5] *Eis telos egapesen autous*, [liebte sie bis ans Ende], ist eine Formulierung, die auf Jesu Opfertod am Kreuz hindeutet, doch macht die Verwendung des Aorist im Griechischen auch eine unmittelbarere Auslegung möglich, welche die Fusswaschung als Hinweis auf das „Äusserste" versteht, auf das „Ausmass" der Liebe Jesu, und somit als eine Voraus-Abschattung seiner Passion insgesamt.

und „ihm die Augen übergingen" –, doch liegt der Schwerpunkt hier ganz deutlich auf einer gewissermassen „räumlicheren" Auffassung der Liebe – einer Liebe, in der man sich aufhalten kann und „bleiben".

> Wie mich mein Vater liebt, so liebe ich euch auch. Bleibt in meiner Liebe! Wenn ihr meine Gebote haltet, so bleibt ihr in meiner Liebe, wie ich meines Vaters Gebote halte und bleibe in seiner Liebe (Joh 15,9-10).

Die Vision des christlichen Lebens als ein Leben, das nicht mehr zu sein braucht (und darum auch nicht danach streben sollte), als in der Liebe Gottes zu bleiben, könnte erfrischend anders und befreiend wirken, wenn sie denn ernst genommen würde. Eine solche Ethik des Bleibens und der Zugehörigkeit könnte sich als gesunde Herausforderung für die typisch modernen Traditionen moralischen Denkens erweisen, in denen Stichworte wie „Leistung" oder „Verwirklichung" im Mittelpunkt stehen und deren Vision auf ein immer mehr gesteigertes Engagement, eine „bessere Welt", eine „erfolgreichere Kirche" und so weiter zielen. Die Ironie, die mit solchen Visionen ethischer Existenz verbunden ist, die menschliches Handeln mit Begriffen wie „Umsetzung", „Verwirklichung" oder „Ergebnis" konnotieren, ist, dass sie solches Handeln häufig gerade in dem Masse unfruchtbar machen, in dem sie es dem Diktat einer melioristischen Sicht der Realität unterwerfen. Demzufolge vermag nichts als gut zu gelten, es sei denn es befindet sich in einem ständigen Verbesserungsprozess.

> Ich bin der Weinstock, ihr seid die Reben. Wer in mir bleibt und ich in ihm, der bringt viel Frucht; denn ohne mich könnt ihr nichts tun [...] Darin wird mein Vater verherrlicht, dass ihr viel Frucht bringt und werdet meine Jünger. Wie mich mein Vater liebt, so liebe ich euch auch. Bleibt in meiner Liebe! (Joh 15,5.8-9)

Das Evangelium nach Johannes ist durchaus interessiert daran „Frucht zu bringen", doch der Nachdruck, den es darauf legt, in Christus, seiner Liebe und seiner Rede zu „bleiben", sollte uns dazu ermutigen, uns ernsthafter für die Frage zu interessieren, was es denn braucht, um dieses „Dazugehören" zu verstehen, zu akzeptieren und zu feiern, welches ja die erste Voraussetzung für das „Bleiben" ist.[6] „Wer von Gott ist, der hört Gottes Worte; ihr hört darum nicht, weil ihr nicht von Gott seid" (Joh 8,47). Eine solche Ethik der Zugehörigkeit wäre eine gute Nachricht für eine Welt, in der es für immer mehr Menschen schmerzlich unklar geworden sind, wozu (oder wohin) sie tatsächlich gehören.

Aus dieser Perspektive können wir eine Reihe von Fragen formulieren, die exemplarisch hervortreten lassen, was in einer zeitgenössischen Ethik

---

[6] „Der Knecht aber bleibt nicht ewig im Hause; der Sohn bleibt ewig." (Joh 8,35)

der Zugehörigkeit auf dem Spiel stünde. Die nachfolgende Liste reflektiert ohne Vollständigkeitsanspruch, was Hans Ulrich sehr zutreffend als die „Grammatik" der lutherischen Ethik bezeichnet hat. Dabei wird der Schwerpunkt zu liegen haben auf dem „konkreten Ethos, das mitteilt, was die Gestalt des menschlichen Lebens prägt"; demnach spiegeln die Fragen, „die Bereiche des menschlichen Lebens, welche Gottes Verheissung bergen"[7], wider – das also, was Luther „Stände" oder „Regimente" genannt hat, bei Dietrich Bonhoeffer „Mandate" oder Ernst Wolf „Institutionen" hiess.

- **Gehören wir zu Gott** als seine erlösten Geschöpfe, oder sind wir diesen oder jenen Loyalitäts- und Gefolgsamkeitsansprüchen unterworfen, die uns in der Welt angetragen werden?

- **Gehören wir zu einer Welt**, deren durch den Schöpfer geschaffenen Institutionen (*oeconomia, politia, ecclesia*) uns zur Teilnahme einladen, oder ist alles auf der Welt nur utilitaristisches Kalkül?

- (*Ecclesia*) **Gehören wir zum Volk Gottes**, oder ist die Kirche nur ein Anbieter religiöser Dienste, die wir in Anspruch nehmen, wenn wir das Gefühl haben sie zu brauchen?

- (*Oeconomia*) **Gehören wir zu unserer Familie**, unserem Ehepartner/ unserer Ehepartnerin, oder sind diese Beziehungen nicht mehr als vertragliche Verpflichtungen, die beliebig ausgehandelt und neu verhandelt werden können?

- (*Politia*) **Gehören wir zur Gemeinschaft** von Bürgerinnen und Bürgern, in der wir aufgerufen sind, zum Gemeinwohl beizutragen, oder bezeichnet Bürger-Sein lediglich eine Anspruchshaltung gegenüber dem Staat? (Für manche wird diese Frage auf schmerzhafte Weise freilich viel grundsätzlicher so klingen: Gehöre ich überhaupt zu einer Gemeinschaft von Bürgerinnen und Bürgern, oder wird mir das eine elementare politische Recht verwehrt, überhaupt Rechte zu haben?)

---

[7] Hans G. Ulrich: „On the Grammar of Lutheran Ethics", in: Karen L. Bloomquist (Hg.): „Lutheran Ethics at the Intersections of God's One World", LWB-Studien 2/2005, Genf, 2005, S. 27-48, hier: 28f. Luther: „Erstlich, die bibel redt und leret de operibus Dei, da ist kein zweiffel an; diese aber sein geteilet in drei hierarchias: *Oeconomiam, politiam, ecclesiam.*" (WA TR 5, 218, 14ff). Indem Luther diese Stände als „Mit-Geschöpfe" der Menschheit bezeichnet (*„concreatae sint"*, WA 40/III, 222, 35f.), betont er den elementaren und paradigmatischen Charakter dieser sozialen Lebensformen, die von Anfang an für die Existenz der Geschöpfe richtig ist.

- **Gehören wir zur Erde** als „Erdlinge", die aus demselben Stoff geschaffen sind wie unsere Mitgeschöpfe, oder ist die Erde lediglich unsere „Umwelt", über die wir verfügen können?

Ein Verständnis des christlichen Lebens gemäss der im Vierten Evangelium als zentral betonten „Zugehörigkeit" und entsprechend der sich daraus ergebenden Aufgabe, in der Liebe Gottes zu „bleiben", wird ebenfalls zu einem anderen Verständnis der Sünde führen. Das Gegenteil von „bleiben" ist in der Sprache des Johannes „abfallen". „Das habe ich zu euch geredet, damit ihr nicht abfallt" (Joh 16,1).

Im Wort „abfallen" hallt der hebräische Begriff für Sünde *pesha* wider: „Übertretung"; doch das Evangelium nach Johannes erinnert uns daran, dass die Übertretung, die hier „Sünde" heisst, nicht in der Übertretung von Regeln besteht (zumindest nicht in erster Linie), sondern im Vergessen oder Verleugnen dessen, wo wir hingehören. Was wir verletzen, wenn wir sündigen, ist kein moralisches Prinzip sondern vielmehr unsere Zugehörigkeit als Christinnen und Christen – die Liebe des Dreieinigen Gottes als des zugewiesenen Aufenthaltsort für Gottes erlöste Geschöpfe.

Wenn ich das christliche Leben als eine Frage der (des) Zugehörigkeit(sgefühls) beschreibe, so möchte ich damit keineswegs die Anforderungen einer des Evangeliums würdigen Lebensführung herunterspielen. Wer sich von Gottes Liebe abwendet, findet sich in einer noch ernsteren Notlage wieder, denn er trennt sich damit von der Quelle des Lebens, der Wahrheit und der Freude. In diesem Sinn lässt sich auch die zuweilen etwas raue sprachliche Oberfläche am besten verstehen, mit welcher der Jesus im Vierten Evangelium immer wieder auf die kategorische Kluft verweist, nach der man entweder zu Gott und seinem Wort oder aber zur „Welt" gehört.

> Wäret ihr von der Welt, so hätte die Welt das Ihre lieb. Weil ihr aber nicht von der Welt seid, sondern ich euch aus der Welt erwählt habe, darum hasst euch die Welt (Joh 15,19).

„Ethik" wird in der Moderne als die prinzipiengeleitete und grundsätzlich unabschliessbare Kunst verstanden, den Grad der Vereinbarkeit von unterschiedlichen moralischen Grundsätzen zu bestimmen oder diese den jeweiligen Umständen entsprechend gegeneinander abzuwägen. Wenn aber die wichtigste Frage diejenige nach unserer Zugehörigkeit ist, dann wird die Rivalität zwischen den verschiedenen Mächten, die unsere Loyalität jeweils beanspruchen, umso deutlicher zutage treten und somit das Bedürfnis wecken, uns über unsere tatsächliche Zugehörigkeit Klarheit zu verschaffen. Unsere Handlungen und Lebensführung insgesamt geben dann beredt Auskunft davon, wo wir wirklich hingehören.

Vielleicht gibt es also einen guten theologischen Grund, weshalb das Johannesevangelium weniger auf eine „Ethik" zielt, wie wir sie heute kennen: gerade weil das Evangelium an einem unzweideutigen Zugehörigkeitsgefühl als Wurzel allen menschlichen Handelns und Verhaltens interessiert ist. Was wir als „Gefühl" der Zugehörigkeit und des Bleibens beschrieben haben, darf jedoch nicht vage bleiben. Liesse man es unbestimmt, so könnte seine Anziehungskraft gerade in die falsche Richtung gehen, in dem es dann als Basis für eine Moral in Gebrauch genommen würde, die allgemein und flexibel genug wäre, um aller Art individualistischer und willkürlicher Interpretationen Raum zu lassen.

Für Johannes jedoch sind die Zugehörigkeit und das Bleiben keineswegs vage: Die Einladung und Herausforderung des Vierten Evangeliums besteht spezifisch darin, in Christus und seinen Worten (Geboten) zu bleiben, und sich damit im Kraftfeld der Liebe des Vaters aufzuhalten, um so am Werk des Dreieinigen Gottes selbst teilzuhaben.

Mit dieser Präzisierung vor Augen werden wir nun versuchen genauer anzugeben, was dies für eine Liebe ist, die Jesus seinen Jüngern als „neues Gebot" gegeben hat. Dies ist nun auch der rechte Zeitpunkt, um sich mit den eingangs genannten Verdachtsmomenten Weltlosigkeit, Gesetzlichkeit und Exklusivismus auseinanderzusetzen, die man mit dem Vierten Evangelium verbinden kann. Wie hängt diese Liebe, die von Johannes betont wird, mit der Struktur des Gebotes zusammen? Wer sind die Adressaten und Empfänger dieser Liebe? Und welche Aktivitätsform ist für sie paradigmatisch?

IST BRUDER- UND SCHWESTERLIEBE WENIGER ALS NÄCHSTENLIEBE?

Wie die Kommentatorinnen und Kommentatoren insbesondere der modernen Ära herausgehoben haben, ist das Liebesgebot im Vierten Evangelium nicht nur speziell an die Jünger (statt etwa an die „Menge") gerichtet, sondern scheint sich sogar auf diesen engeren Kreis zu beschränken.[8] Die johanneische Standardformulierung lautet *agapate allelous*, „dass ihr einander liebt". Wie begrenzt erscheint uns diese Formulierung, verglichen mit der Art und Weise, wie Jesus sich in Lukas 10 ausdrücklich gegen jede reduzierende Interpretation der Nächstenliebe stemmt, von seiner Aufforderung zur Feindesliebe ganz zu schweigen? Der Verdacht einer Binnenreduzierung des Liebesgebots im Vierten Evangelium erhärtet sich noch, wenn man sich den weiteren Kontext des *Corpus Johanneum* ansieht. Im 1. Johannesbrief

---

[8] „Immer aber ist es nur die Bruder-, nicht aber die Nächstenliebe, zu der aufgefordert wird." Siegfried Schulz: „Das Evangelium nach Johannes", in: *NTD 4*, Göttingen, 1978, S. 181.

beispielsweise wird *allelous* (‚einander') ausdrücklich auf „Bruder oder Schwester" spezifiziert (1.Joh 4,19-21). Da es keinen Grund gibt, zwischen dem Vierten Evangelium und dem 1. Brief des Johannes unterschiedliche semantische Absichten anzunehmen (ungeachtet der Frage der Urheberschaft), lässt sich kein anderer Schluss ziehen als der, dass bei Johannes eher die Bruder- und Schwesterliebe als die Nächstenliebe betont wird.

Nun müssen wir jedoch der Frage nachgehen, was es mit diesem Sprachspiel der Bruder- und Schwesterliebe tatsächlich auf sich hat, und ob es eine Alternative gibt zu dieser *prima facie* Auslegung, die mit der Bruder- und Schwesterliebe eine Reduzierung auf den unmittelbaren Binnenbereich der Gemeinde assoziiert. Um diese Frage beantworten zu können, müssen zwei Unter-Fragen geklärt werden. Welche Art von Personen sind denn „der Bruder oder die Schwester", die Johannes zu angemessenen Liebesobjekten erklärt, und mit welchem Recht kann der Aufruf, diese zu lieben, ein „neues Gebot" genannt werden? Zunächst müssen wir uns mit der offensichtlichen und gerade deshalb wenig erforschten Tatsache beschäftigen, dass „Bruder und Schwester" keine natürliche sondern eine „künstliche" Bezeichnung für die Jünger ist. Christinnen und Christen sind einander Brüder und Schwestern „nicht aus dem Blut noch aus dem Willen des Fleisches noch aus dem Willen eines Mannes" (Joh 1,13), sondern, wie das Vierte Evangelium unermüdlich betont, durch die Initiative Gottes, der als Vater die Freunde seines Sohnes als seine eigenen Kinder adoptiert. Einzig und allein aufgrund dieser göttlichen Adoption können Christen und Christinnen sich als Gemeinschaft von Brüdern und Schwestern begreifen.

Der nicht durch natürliche Blutsbande, sondern durch die Gnade Gottes gewährte Geschwisterstatus hat etwas Künstliches, das auf eine wesentliche Erkenntnis hindeutet: Als Brüder und Schwestern in Christus wachsen wir nicht immer schon miteinander auf,[9] sondern begegnen uns

---

[9] Die mittelbare Natur der Gemeinschaft der Christen und Christinnen wird von Dietrich Bonhoeffer in seinem Buch „Gemeinsames Leben" als ein Merkmal wahrer „geistlicher" Liebe beschrieben, die für ihn grundsätzlich verschieden ist von „seelischer" Liebe: „Seelische Liebe liebt den Andern um seiner selbst willen, geistliche Liebe liebt den Andern um Christi willen. Darum sucht seelische Liebe die unmittelbare Berührung mit dem Andern [...] Weil geistliche Liebe nicht begehrt, sondern dient, darum liebt sie den Feind wie den Bruder. Sie entspringt ja weder am Bruder, noch am Feind, sondern an Christus und seinem Wort [...] Weil Christus zwischen mir und dem Andern steht, darum darf ich nicht nach unmittelbarer Gemeinschaft mit ihm verlangen [...] Das bedeutet aber, dass ich den Andern freigeben muss von allen Versuchen, ihn mit meiner Liebe zu bestimmen, zu zwingen, zu beherrschen." Dietrich Bonhoeffer: „Gemeinsames Leben: Das Gebetbuch der Bibel", in: Eberhard Bethge et al (Hg.): „Werke/Dietrich Bonhoeffer", Bd. 5, Gütersloh, 2002, S. 29-31.

zunächst als „Andere" – als „der da" und „die da", und somit eben gerade nicht als das natürliche „Wir" einer Familie. Es wäre absurd anzunehmen, dass der johanneische Jesus in seiner Betonung der Bruder- oder Schwesterliebe lediglich an das bereits bekannte Liebesgebot erinnern wollte, um dies dann mit einem verringerten Anspruchsrahmen zu versehen. Indem er die brüderliche oder schwesterliche Liebe besonders betont, gibt Jesus tatsächlich ein *„neues* Gebot", das sich vom überlieferten Gebot der Nächstenliebe (Lev 19,18) unterscheidet. Die Qualität des Neuen am Gebot Jesu übersehen wir freilich so lange, wie wir uns im Rahmen der Frage nach der Reichweite aufhalten, in der die Bruderliebe im Abgleich mit der allgemeinen Nächstenliebe dann als Reduktion erscheinen muss. Der Unterschied besteht jedoch nicht in der Quantität (Reichweite), sondern in der Qualität. Bruder- oder Schwesterliebe ist nicht mehr oder weniger, sondern *anders* als Nächstenliebe. Beide gebotenen Formen der Liebe stehen nicht in einem Wettbewerbsverhältnis zueinander und sollten darum auch nicht gegeneinander ausgespielt werden.

Um die Eigenart und den spezifischen Sinn der Liebe als „neuem Gebot" besser zu verstehen, wenden wir uns der Erzählung der Fusswaschung in Kapitel 13 zu, die das Vierte Evangelium ausdrücklich als Paradigma für das neue Gebot präsentiert. Die Perikope beginnt mit der Aussage: „und wie er die Seinen geliebt hatte, die in der Welt waren, so liebte er sie bis ans Ende" (13,1), und gipfelt in der Aufforderung desgleichen zu tun: „Wenn nun ich, euer Herr und Meister, euch die Füsse gewaschen habe, so sollt auch ihr euch untereinander die Füsse waschen." (13,14)

Jesus führt an seinen Jüngern eine Handlung aus, die ein Gastgeber in der Antike normalerweise an einen Sklaven delegieren würde, nämlich den Gast zu empfangen, indem er ihm die Sandalen aufbindet und die Füsse säubert und erfrischt.[10] Mit dem Ritual der Fusswaschung (*ablutio*) als Bestandteil des christlichen Gottesdienstes, zumeist am Gründonnerstag, haben einige liturgische Traditionen versucht, dem Gebot Jesu wörtlich zu folgen. Wer jemals, sei es als Gebende/r oder als Empfangende/r, an diesem Ritual teilgenommen hat, wird bezeugen können, dass es fast unweigerlich ein gewisses Unbehagen auslöst. Die Schilderung im Johannesevangelium betont zwar hauptsächlich den Status-Aspekt und die Selbsterniedrigung des Herrn, indem er diese Handlung an seinen Jüngern ausführt; es ist allerdings ein weiterer Aspekt dieses Rituals, der für uns heute besonders schwer zu ertragen ist: die körperliche Nähe. Zumindest in den Gesellschaften des Westens sind wir es gewohnt andere Körper auf Distanz zu

---

[10] In Israel galt diese Handlung als derart erniedrigend für denjenigen, der sie ausführte, dass nur nichtjüdische Sklaven dafür in Betracht kamen. Vgl. Schulz, a.a.O. (Fussnote 8), S. 173.

halten. Ausserhalb des Kontaktes mit Angehörigen oder höchstens noch mit medizinischem Personal beruht unser gesellschaftliches Leben auf so etwas wie einem Nicht-Berühren-Abkommen. Was beim Ritual der Fusswaschung zum generellen Berührungstabu noch verschärfend hinzukommt, ist die Vorstellung, dass die Teile des menschlichen Körpers, die mit dem Boden in Kontakt sind, wenn sie gesäubert werden müssen, auch unangenehm riechen können, und das Unbehagen, das die Sinneswahrnehmung dieses Phänomens begleitet, wird (hormonell) höchstens bei den uns genetisch nahestehenden Personen abgemildert, d.h. bei den Gliedern unsere eigenen Familie.

Worauf diese Überlegungen hindeuten ist, dass die Bruder- oder Schwesterliebe keine reduzierende Fassung des allgemeinen Liebesgebots ist, sondern dieses vielmehr theologisch näher bestimmt. Den/die Andere/n (ob diese/r zunächst ein/e Fremde/r ist, eine Bekanntschaft oder ein/e Gleichgesinnte/r) wie den Bruder/die Schwester zu lieben, bedeutet ihn/ sie mit der uneingeschränkten, bedingungslosen und dauerhaften Liebe zu lieben, die wir mit Familienbeziehungen assoziieren. Der geschwisterliche Charakter der Liebe für den Glaubensgenossen bzw. die Glaubensgenossin wird im Johannesevangelium noch intensiviert durch die Verknüpfung mit der Liebe des Vaters durch den Sohn als Werk des Heiligen Geistes. Die bedingungslose und dauerhafte Liebe, die wir mit Familienbeziehungen assoziieren, auch wenn und gerade weil wir wissen, dass sie innerhalb jeder Einzelfamilie oftmals nur in Brechungen vorliegt, wurzelt in der einen wahren Quelle dieser Liebe, dem dreieinigen Gott.

POLITISCHE LIEBE

Doch selbst wenn wir bereit sind anzuerkennen, dass es der johanneischen Aufforderung „Dies ist mein Gebot, dass ihr euch untereinander liebt, wie ich euch liebe" (Joh 15,12), nicht darum geht, das Mass der Liebe, sondern die Art der Liebe näher zu bestimmen, müssen wir uns der heiklen Frage stellen, ob die Betonung der Bruder- oder Schwesterliebe nicht zur Untergrabung eines breiter aufgestellten politischen Paradigmas beigetragen hat, gemäss dem wir die menschliche Sozialität verstehen sollen und wollen.

In eben dieser Untergrabung des politischen Paradigmas für die menschliche Koexistenz bestünde, wie die grosse politische Philosophin Hannah Arendt behauptet hat, das (ihrer Ansicht nach katastrophale) politische Erbe des Christentums. Indem das Christentum „Liebe" zum neuen, übergeordneten Organisationsprinzip menschlicher Sozialität auserkor, hat es laut Arendt das klassische und dem Zusammenleben letztlich angemessenere politische Ideal des „Respekts" (im Sinne der aristotelischen *philia politike*, der politischen Freundschaft) zum Verschwinden gebracht und damit den öffentlichen Bereich effektiv privatisiert. Liebe, so Arendt, ist zwar innerhalb der familiären Privatsphäre durchaus die angemessene Organisationsform des Zusammenlebens; die mit dem Christentum beförderte Entgrenzung ihrer Geltungssphäre musste aber massgeblich zur Zerstörung der politischen Kultur beitragen, als die Liebe begann, den öffentlichen Bereich mit ihrem (in diesem Kontext) unangemessenen Kodex affektiver statt rationaler Bindungen zu erobern.[11]

Arendt hat ihren Finger sicherlich auf einen wunden Punkt gelegt, wie sich etwa am Beispiel unbedingter Stammesloyalität veranschaulichen lässt, welche die Ausbildung einer politische Kultur behindert, in der vernünftige Allianzen über Stammesgrenzen hinweg möglich sind. Arendts politische Kritik am Christentum übersah jedoch jenen entscheidenden Sachverhalt, den wir in unserer Betrachtung der „künstlichen" Dimension der johanneischen Bruder- und Schwesterliebe herausgearbeitet haben: Die Aufforderung den (potentiell) Fremden und (vielleicht ganz anderen) Anderen wie einen Bruder oder eine Schwester zu lieben, ist in ihrem Wesen bereits politisch. Diese „neue Gebot" zielt auf ein Ethos, in dem die Glieder einer Gemeinschaft eingeübt werden in die Notwendigkeiten, derer es bedarf, um friedlich mit allen möglichen anderen zusammenzuleben. Dies gilt zunächst untereinander (für die Glaubensgenossen und -genossinnen), aber dann auch in einem weiteren Sinn für das Zusammenleben in menschlichen Gesellschaften und schliesslich auch für die friedliche Koexistenz zwischen verschiedenen Gesellschaften, Völkern und Nationen. In diesem Zusammenhang sei an die Aussage des Aristoteles erinnert, wonach die Familie die Keimzelle jeder grösseren menschlichen Gesellschaft ist, nicht nur weil die Familie aufgrund ihres Fortpflanzungszwecks die Gesellschaft mit Mitgliedern beliefert, sondern auch weil sie diese gemäss ihres erzieherischen Zwecks auf ihre Rolle als Bürger und Bürgerinnen vorbereitet. Im Johannesevangelium ist die politische Dimension der „unnatürlichen Familie" der Jünger Jesu freilich nicht eine Frage der Pädagogik, sondern eine Gabe Gottes. Die von Gott gewirkte Versöhnung bildet gewissermassen die Matrix ihrer Sozialität – die Lebensweise, in der diese neue Form der menschlichen Gesellschaft überhaupt existiert.

Auf diesen politischen Aspekt der Liebe deuten meines Erachtens auch die miteinander verflochtenen *en* („in")-Formulierungen, die sich im Johannesevangelium in auffälliger Häufung finden. Wenn das Vierte Evangelium das Gebet Jesu für die Einheit seiner Jünger überliefert, „so

---

[11] Für Hannah Arendt ist die Liebe „weltlos" („unworldly phenomenon") und „die mächtigste aller antipolitischen Kräfte" („the most powerful of all antipolitical human forces"). Hannah Arendt: „The Human Condition", Chicago/London, 1998, S. 242.

wie wir eins sind", dann wird deutlich, dass Einheit nicht als unmittelbare Zielbestimmung des Politischen oder jeder konkreten Politik zu verstehen ist. Ein solches Verständnis würde allen möglichen Formen von *identity politics* mitsamt den inhärenten Gewalt- und Ausgrenzungsanwandlungen heraufbeschwören. Wie der Gebetsgestus Jesu zeigt, kommt die Einheit der Jünger und Jüngerinnen Jesu aber gerade nicht als Funktion einer darauf ausgerichteten Politik in den Blick. Vielmehr schenkt Gott diese Einheit als Teilhabe an der Einheit der Dreifaltigkeit, die selbst eine Einheit der Liebe ist. Wenn die Einheit also nicht mehr Ziel des Politischen ist, sondern das, womit dieses ausgerüstet wird, um überhaupt möglich zu werden, dann ist die für diese Einheit erforderliche Liebe bereits als politisch ausgewiesen und sollte als solche auch frei wirken können.

Das Paradigma der Liebe, das im Vierten Evangelium durch die Fusswaschung Jesu an seinen Jüngern exemplifiziert wird, ist das Dienen, jedoch nicht in einer herablassenden Art. Es ist eine Liebe, die es dem/der Anderen erlaubt, „einen Teil" an uns zu haben – genau so, wie Jesus dies Simon erklärt, als dieser ihm vorwirft, einen Sklavendienst auszuführen. „Wenn ich dich nicht wasche, so hast du keinen Teil an mir" (Joh 13,8).[12] An dieser Liebe sind alle Jünger beteiligt, zunächst als Empfänger, doch anschliessend auch als Vermittler derselben Liebe, die sie erfahren haben. Die Jünger empfangen diese Liebe ja bereits in einer gemeinschaftlichen Form, denn Jesus wäscht jedem Einzelnen nacheinander die Füsse und macht auf diese Weise jeden Empfänger seiner Liebe zugleich zum Zeugen dessen, was er an den anderen Jüngern tut. Diese Liebeshandlung wird also von jedem Einzelnen persönlich empfangen, jedoch nicht privat, sondern in der Halböffentlichkeit des gemeinsamen Passamahles. Wenn Jesus seine Freunde auffordert, sich gegenseitig die Füsse zu waschen, dann lässt sich der Sinn dieser Liebeshandlung nicht auf eine Binnengruppe beschränken, sondern besteht vielmehr darin, ein Zeugnis in der Welt zu sein. „Daran wird jedermann erkennen, dass ihr meine Jünger seid, wenn ihr Liebe untereinander habt." (Joh 13,35) Politische Liebe, wie ich sie nennen würde, ist sowohl partizipatorisch als auch proklamatorisch. Trotz der recht anders gelagerten Rhetorik im Vierten Evangelium finden wir in der hier vorgenommenen politischen Charakterisierung der Liebe eine hoch-interessante Parallele zu den Briefen der Apostel, wenn etwa Paulus die Gläubigen auffordert, „wandelt nur würdig (*politeuomai*) des Evangeliums Christi" (Phil 1,27), oder wenn die Gläubigen im Brief an

---

[12] Paulus bestätigt diese Vermutung in Römer 12, wo er eine neue Art der Sozialität der *ekklesia tou theo* beschreibt, indem er von den Gläubigen sagt: „...aber untereinander ist einer des anderen Glied". Vgl. hierzu Bernd Wannenwetsch: „,Einer des anderen Glied'. Auf dem Weg zu einer theologischen Theorie politischer Repräsentation", in: Wolfgang Schoberth/Ingrid Schoberth (Hg.): „Kirche – Ethik – Öffentlichkeit. Christliche Ethik in der Herausforderung", *Ethik im theologischen Diskurs 5*, Münster, 2002, S. 136-162.

die Epheser angesprochen werden als „Mitbürger der Heiligen und Gottes Hausgenossen" (Eph 2,19).[13]

Die politische Natur der Kirche als leibhafte Zeugin der Liebe des drei-einigen Gottes ist nun leider in den Kirchen der Reformation weitgehend in Vergessenheit geraten, nicht zuletzt im Kontext der Moderne, in der eine individualistische Verengung des Glaubensverständnisses dazu geführt hat, die Kirche lediglich als Ausdruck eines für das religiöse Bewusstsein natür-lichen Gemeinschaftsbedürfnisses wahrzunehmen.[14] Verstärkt wurde diese Tendenz durch den Siegeszug einer simplifizierten (und Luthers Theologie zuwider laufenden) Zwei-Reiche-Lehre, welche den Begriff des Politischen ausschliesslich mit dem „Reich zur Linken" verkoppelte und ihn damit von der Kirche und deren Auftrag abspaltete. Die Erinnerung an die ursprüng-liche Konzeption politischer Liebe (Johannes) und an die damit verbundene Beispielrolle der Kirche als Gottes *polis* (Paulus) sollte uns zugleich aber vor einer anderen politischen Denkströmung im Protestantismus warnen, die das Evangelium unmittelbar als eine Art Sozialprogramm zur Herstellung besserer Verhältnisse missversteht. Diese Denkrichtung überdehnt die (berechtigte) Kritik an dem mit der Zwei-Reiche-Theologie einhergehenden Separatismus dahingehend, dass sie „Nächstenliebe" vermittlungslos denkt und somit in sozialen Aktivismus hinein auflöst. In beiden Fällen, sowohl im Separieren von Evangelium und Politik, als auch im Kurzschliessen beider Grössen, wird die entscheidende Rolle der Kirche als paradigmatischer Ort und als Vermittlerin der Politik Gottes verdunkelt.

Für beide dieser Entgleisungen in der Tradition des lutherischen poli-tischen (und ekklesiologischen) Denkens bietet die johanneische Betonung der Zugehörigkeit und des „Bleibens" ein gesundes Korrektiv: durch ihre Charakterisierung von Gottes Liebe als einen Raum, in dem die menschliche Liebe befähigt wird, ihre natürlichen Grenzen zu überwinden und so zur „politischen Liebe" zu werden, die mit dem Anderen umgeht, wie man mit seinem Bruder oder seiner Schwester umgehen würde.

---

[13] Für den weiteren Kontext siehe Bernd Wannenwetsch: „Political Worship. Ethics for Christian Citi-zens", in: *Oxford Studies in Theological Ethics*, Oxford, 2004, Taschenbuch 2009.

[14] Die Auffassung des „notwendigerweise geselligen" Charakters der Religion ist programmatisch von Friedrich Schleiermacher in seinen „Reden" formuliert worden. „Ist die Religion einmal, so muss sie notwendig auch gesellig sein [...] ihr müsst gestehen, dass es etwas Widernatürliches ist, wenn der Mensch dasjenige, was er in sich erzeugt und ausgearbeitet hat, auch in sich verschliessen will." Friedrich Schleiermacher: „Reden über die Religion. Kritische Ausgabe", besorgt von G. C. B. Pünjer, Braunschweig, 1879, 4. Rede, S. 181.

Rezeption und Kontext – Luthers kontextuelle Hermeneutik

Vítor Westhelle

Einführung

Wir Theologinnen und Theologen sind Weberinnen und Weber. Wir weben einen besonderen Bildteppich namens „Theologie". Jedes Exemplar ist anders, hat seine ganz eigene Farbgebung. Ein solches Gewebe entsteht durch die Verbindung von Kette und Schussfaden – den senkrechten und waagrechten Fäden. Anders gesagt geht es um die Kreuzungspunkte des Fadens, der aufgespannt ist – der Kette –, mit dem, der hindurchgewoben wird – dem Schuss. Verwebt man beide, entsteht ein Bildteppich. Welche Form er erhält, hängt von den Kettfäden ab. Ein solcher Bildteppich hat einen Kontext innerhalb des Kontextes, in dem er gewoben wird. Als Thema ist dem vorliegenden Aufsatz „Rezeption und Kontext" gesetzt und dazu ist zunächst eine Arbeitsdefinition von „Kontext" festzulegen. Wie wäre „Kontext" besser zu definieren, als mit dem eben beschriebenen Bild?

Etymologisch kommt der Begriff „Kontext" vom lateinischen *contextus*, dem Verwobensein von Wörtern, das sich ableitet von *contexere*, zusammenweben (*com-* + *texere*/weben). In der Literatur ist ein Text das Produkt des Webens, gewoben von dem Verfasser, der Autorin bzw. dem Dichter/der Dichterin. Zusammengefügt werden die Umstände, die das Weben beeinflussen und ermöglichen, daher die Bedeutung für die Hermeneutik. In der biblischen Exegese bezog man den Begriff Kontext zunächst auf die Beziehung einer Perikope zum literarischen Gesamtwerk, in das sie eingebettet ist. Später erweiterte man das Konzept um sonstige, ausserbiblische literarische Werke der Entstehungszeit und schliesslich auch um die historischen und kulturellen Umstände, die die Abfassung des Textes beeinflusst haben könnten, sprich das soziopolitische und ökonomische Umfeld. Kontexte bestehen also aus einer

Reihe gemeinsamer Erfahrungen, die Linsen bieten, durch die eine bestimmte Information gefiltert wird. Damit verändert sich die Auslegung, die auf einen Text angewandt werden kann. Hier liegt die Aufgabe der Hermeneutik.

KONTEXT UND HERMENEUTIK

Seit Friedrich Schleiermacher Anfang des 19. Jahrhunderts unterscheidet die moderne Hermeneutik zwischen der grammatikalischen Bedeutung eines Textes und der, von Schleiermacher so genannten, psychologischen Bedeutung, die durch die Einsicht in den Sinn oder das Erahnen des Sinns eines Textes entsteht. Die psychologische Bedeutung erwächst aus den nicht grammatikalischen Eigenschaften, den Eigenheiten, die das Verstehen des Textes ermöglichen. Texte tragen die Prägung der Umgebung, in der sie gewoben wurden und ohne die ein Text nicht verstanden werden kann. Texte haben eine Ökologie, eine Umwelt, mit der sie in Interaktion stehen. Seit dem vergangenen Jahrhundert ist auf der Grundlage der Arbeit von Martin Heidegger, Hans-Georg Gadamer und insbesondere Paul Ricœur zudem deutlich geworden, dass nicht nur die Umgebung der oder des „Webenden" für das Textverständnis von Bedeutung ist, sondern auch das Umfeld der lesenden Person. Denn der Sinn eines Texts liegt nicht nur in und hinter ihm, sondern geht ihm auch immer voraus, nämlich im Milieu einer/eines zukünftig Lesenden, die/der dem Text mit einem Vorverständnis begegnet, das – wie farbige Brillengläser ein Gewebe, das man durch sie anschaut – das Verstehen des Texts auf eine bestimmte Art und Weise einfärbt.

Behandelt man einen Text theologisch, kommen zu den grammatikalischen Eigenschaften die Kontexte des Schreibenden und des Lesenden hinzu, die untersucht werden müssen, um den Sinn zu erschliessen. Die Entwicklung der historisch-kritischen Methode biblischer Exegese (um ein Beispiel für einen hermeneutischen Ansatz zu nennen) ist bis ins 15. Jahrhundert zurückzuverfolgen, als der italienische Humanist Lorenzo Valla nachwies, dass es sich bei der Konstantinischen Schenkung um eine Fälschung handelt – eine Entdeckung, die für Luther und die Reformation von grosser Bedeutung war. Zu einem zentralen Thema wurde die historisch-kritische Methode für den Protestantismus jedoch, als man sie auf die biblische Auslegung anzuwenden begann. Seit dem 18. Jahrhundert wurden, ausgehend von Hermann Samuel Reimarus und Gotthold Ephraim Lessing, Regeln für eine Textanalyse und Exegese, die den ursprünglichen Kontext berücksichtigen, festgelegt und über die nächsten Jahrhunderte weiterentwickelt. Jedoch war es vor allem die Entstehung der Befreiungstheologien in der zweiten Hälfte des vergangenen Jahrhunderts, die den Kontext der Lesenden zum entscheidenden Faktor für die Erschliessung der theologischen Bedeutung eines Texts machte. Seine Bedeutung verändert sich wesentlich, je nach Einwirkung einer Reihe von Faktoren: die Situation des Autors/der Autorin, die Umstände, unter denen ein Text gelesen wird, sowie auch die Einbeziehung oder der Ausschluss bestimmter Texte. Im Folgenden sollen einige Beispiele für die Wirkung des Kontextes dargelegt werden, hernach geht es um kritische Anfragen an kontextuelle Ansätze hermeneutischen Bemühens und schliesslich soll ein Luthertext als Fallstudie kontextueller Theologie dienen.

Die Situation des Autors/der Autorin: Zunächst wollen wir einen ursprünglichen Kontext betrachten und feststellen, wie er sich auf die Textaussage ausgewirkt hat, danach soll es um die Bedeutung des Kontextes gehen, in dem er rezipiert wird. Nehmen wir das Johannesevangelium. Das im späten ersten Jahrhundert nach Christus, als sich die christliche Botschaft in der sie umgebenden heidnischen Kultur verbreitete, entstandene Evangelium übernahm von seiner neuen Umgebung eine Sprache und bestimmte in ihr verwendete Begrifflichkeiten, wodurch es kontextrelevant wurde. Eine der einflussreichsten weit verbreiteten Philosophien der Zeit, die die Sprache und Kultur der heidnischen Welt prägte, in die das Christentum vordrang, war die Gnosis. Das Johannesevangelium entstand in einem von ihrer Botschaft geprägten Umfeld. Doch selbst mit Übernahme von Elementen eines philosophischen Systems, das schon in der zweiten Hälfte des zweiten Jahrhunderts als den Hauptaussagen des christlichen Evangeliums zuwiderlaufend betrachtet wurde, wie Irenäus aufs Schärfste argumentiert[1], war Johannes in der Lage, Zeuge des Evangeliums zu sein.[2]

Umfeld der Lesenden: Nehmen wir ein Beispiel, das die Bedeutung des Kontextes, in dem rezipiert wird, belegt. Für eine ganze Generation Befreiungstheologinnen und -theologen insbesondere aus Lateinamerika gewann der Exodustext von der Befreiung aus Ägypten bis zur Inbesitznahme des Gelobten Landes im Buch Josua paradigmatische Bedeutung. Aber dieselben Texte, die Heimatlosen ein Land in Aussicht stellen, werden ganz anders gelesen von schwarzen Südafrikanerinnen und -afrikanern, von Drawida in Indien, von US-amerikanischen Indigenen oder Mexikanerinnen und Mexikanern, deren Land Buren, Arier oder die USA an sich gerissen haben, die sich ihrerseits – was nicht überraschen dürfte – nicht selten auf dieselbe biblische Verheissung eines im Namen Gottes zu erobernden Landes beriefen. Der Kontext der Rezeption ist hier fraglos von entscheidender Bedeutung.

Selektives Lesen: Lesungen werden ausgewählt nicht nur, weil sie für einen bestimmten Anlass passen, sondern immer auch, weil sie sich für

---

[1] Irenäus: „Gegen die Häresien (Contra Haereses)".

[2] Ernst Käsemann: „Ketzer und Zeuge. Zum johanneischen Verfasserproblem", in: *Zeitschrift für Theologie und Kirche 48* (1951), S. 292-311.

ideologische Ziele einsetzen lassen und eingesetzt werden. Howard Thurman, Doyen der frühen akademischen schwarzen Theologie in den USA und Mentor von Martin Luther King, Jr., schreibt über seine Kindheit auf einer Farm. Regelmässig kam ein Prediger und hielt Gottesdienste, Thurman hörte biblische Lesungen und die Predigten zu diesen Lesungen. Daneben las seine Mutter ihm jeden Abend biblische Geschichten vor. Lange meinte er, es gebe zwei Bibeln, denn von dem Prediger und seiner Mutter hörte er nie dieselben Texte. Erst später wurde im bewusst, dass der Prediger für die schwarzen Farmarbeiterinnen und arbeiter nur Passagen aus den Paulusbriefen wählte, während seine Mutter ihm immer aus den Evangelien vorlas. Die ideologischen Aspekte lassen tief blicken, ja beunruhigen, aber das entscheidende Element dieser Erinnerungen ist, dass sich in der Selektivität auch ein Ausschliessen vollzieht, ähnlich wie eine Fotografie, die eine Szene festhält und dabei ganz bewusst die Umgebung ausblendet.

Kritik kontextueller Theologie

Wir sollten im Blick behalten, dass die Kontextualität aller Theologie häufig kritisiert wird. Drei dieser kritischen Ansätze verdienen hier Erwähnung, wovon der prägnanteste von fundamentalistischer Seite kommt. Hier wird die Relevanz jeglichen Kontextes abgelehnt – Grammatik, Verortung innerhalb eines Werks, Umstände des Autors/der Autorin und besonders der Kontext der Rezeption. Der Buchstabe, das geschriebe Wort ist in seiner angenommenen unverfälschten Reinheit zu erhalten. Diese theologische Haltung wurde von der akademischen Theologie oft rundheraus und wie selbstverständlich abgetan. Ihre relative soziologische Bedeutung jedoch muss berücksichtigt werden, denn sie ist ihrerseits Teil vielfältiger Kontexte.

Manche theologisch-philosophischen Entwicklungen zogen nicht ohne Grund die Kritik der neo-orthodoxen Bewegung des zwanzigsten Jahrhunderts auf sich. Sie legt Wert darauf, dass die göttliche Offenbarung frei ist von sämtlichen Einschränkungen menschlicher Umstände, so dass Geschichte und Kontext lediglich als Hinweise auf dogmatische Inhalte gelten, wie etwa die Formulierung im Glaubensbekenntnis, „unter Pontius Pilatus". Der Verweis auf Pilatus im Credo dient lediglich dazu, das vollumfängliche Menschsein Christi zu bezeugen, aber von der Substanz ist der Name des Präfekten, philosophisch verstanden, zufällig und hat im Prinzip kein dogmatisches Gewicht. Diese Haltung jedoch ist geprägt von einem Kontext, in dem aus einer Situation, in der die Botschaft des Evangeliums nicht unterscheidbar war vom Kontext selbst, gewisse Formen des Existenzialismus erwuchsen.

Ein anderer Kritikpunkt nimmt ein komplexeres Problem in den Blick, das mit kontextuellen hermeneutischen Ansätzen einhergeht. Der Begriff

„Kontext" wird hier als zu schwammig gesehen. Wo sind die Grenzen eines bestimmten Kontextes? Wann ist etwas aus dem Kontext gerissen? Wie durchlässig sind die Abgrenzungen von Kontext? Wie dehnbar sind sie, wie einschränkend? Welche sozialen Parameter dienen als Kriterien zur Definition eines Kontextes? Hier schaffen Aspekte wie ethnische Zugehörigkeit, Geschlecht, geographischer Standort, sozioökonomische Schicht, Nationalität, Sprache etc. unüberschaubare Variablen, die jede Arbeitsdefinition sprengen. Kontexte entstehen aus gemeinsamen Erfahrungen. Aber Erfahrungen sind selbst ein Bündel von Stimuli, die auf die Einzelperson wirken und die sich bei niemandem sonst auf genau dieselbe Weise wiederholen. Das heisst, die Anwendung einer eng gefassten Definition würde in den Solipsismus führen, denn mein Kontext ist, wenn wir den Gedanken bis zur *reductio ad absurdum* treiben, nur mein eigenes, solipsistisches Selbst. Das ist das Ende der Kommunikation, denn kontextgebundenen Sinn kann dann nur ich allein und niemand sonst beurteilen, das allein ist ja der „Kontext", auf dessen Grundlage Sinn erschlossen wird, da niemand ausser mir auf die genau gleiche Erfahrung zurückgreifen kann. Hierin liegt ein fundamentaler Widerspruch, denn ein Sinn, der nicht kommuniziert werden kann, ist sinnlos, da er nicht vermittelbar ist.

Der Kontext und seine Darstellung

Angesichts der Sackgasse, in die die Priorisierung des Kontextes und seine Reduzierung auf das Absurde führen, bietet die postkoloniale Theorie eine Hilfestellung.[3] Der Kontext als solcher ist nicht abstrakt zu definieren und transzendent anzuwenden. Es geht darum, sich bewusst zu machen, wie ein Kontext entsteht und als solcher dem Gegenüber vermittelt wird, also um die Bedeutung des Webens. Wie stellt sich ein Kontext als Kontext dar und wer hat den aktiven Part dieser „Darstellung"?[4] Anders gesagt geht es uns nicht um den Kontext als abstrakte Kategorie, sondern um die Mechanismen, durch die der jeweilige Kontext dargestellt wird, und um die Frage, wer für diese Darstellung verantwortlich ist. Damit verlagert sich die Diskussion von der klassischen hermeneutischen Frage nach der Bedeutung darauf, wer definiert, was einen Kontext ausmacht, welche Variablen seinen

---

[3] Vítor Westhelle: „After Heresy. Colonial Practices and Postcolonial Theologies", Eugene (Oregon), 2010.

[4] Vgl. hierzu die faszinierende Diskussion des Sati und der Darstellung des Rituals im kolonialen Indien bei Gayatri C. Spivak: „Can the Subaltern Speak?", in: Cary Nelson/L. Grossberg (Hg.): „Marxism and the Interpretation of Culture", Chicago, 1988, S. 271-313.

Rahmen stecken und zu welchem Zweck die Definition angewandt wird. Anders gesagt: Wer ist der Lockvogel? Von wem stammt die Darstellung und wer legt den Text aus? Für postkoloniale Autorinnen und Autoren gilt die Darstellung eines spezifischen Kontextes von aussen, unabhängig von der moralischen Intention der für die Darstellung verantwortlichen Person, bereits als geprägt von der kulturellen Präsupposition des Kontexts dieser Person. Dies ist, wiederum unabhängig von der moralischen Intention, ein Akt der Gewalt, denn Gewalt bedeutet ja eben, dem Gegenüber die Möglichkeit zu nehmen, sich selbst darzustellen; ihre/seine Darstellung seiner/ihrer selbst nicht anzuerkennen.[5]

Allerdings handelt es sich hier nicht um ein reines „entweder ... oder". Es besteht immer eine Asymmetrie zwischen der Darstellung eines Kontexts und dem Kontext selbst. So gibt es etwa einen Unterschied, wie eine Burka von jemandem aus dem Westen oder von einer Afghanin dargestellt wird. Für die Afghanin ist sie vielleicht eine befreiende Möglichkeit der Selbstdarstellung, während sie aus der westlichen Sicht beispielsweise einem Journalisten oder einer Politikerin als Symbol der Unterdrückung und der Frauendiskriminierung gilt. Der Unterschied zwischen beiden Darstellungen desselben Kontextes markiert die Trennlinie zwischen dem hegemonischen und dem untergeordneten Kontext. Ersterer geniesst den Vorteil, für sich in Anspruch nehmen zu können, dass die eigene Darstellung zutrifft, als „wissenschaftlich" gilt, weil er auch das Wahrheitssystem und den Kanon kontrolliert, demgegenüber er verantwortlich ist. Letzterer wird abgewertet insofern als er nicht im Rahmen der hegemonialen Epistemologie oder des vorherrschenden Wahrheitssystems funktioniert.

Die untergeordnete Selbstdarstellung wird vollkommen vernachlässigt, weil sie die hegemonischen Normen nicht einhält, oder sie wendet sie nicht erfolgreich an. Die Versuche der schwächeren Seite, sich selbst darzustellen, werden immer „kontaminiert" durch aus den externen Kontexten übernommene Elemente, die die Darstellung von aussen, von der hegemonischen Seite her formen. Der Grund hierfür ist folgender: Der Kontext, der für sich das Recht der Selbstdarstellung in Anspruch nimmt, tut dies, indem er in das vom dominanten Kontext kontrollierte Feld eindringt. Dazu benötigt er importierte Konzepte und Kategorien. Dieser Prozess wird in der postkolonialen Theorie als Hybridität bezeichnet, was die Fähigkeit meint, in andere kontextuelle und konzeptuelle Territorien vorzudringen und zu eigenen Zwecken Konzepte anzuwenden, die dem hegemonialen Kontext vertraut sind. Ein solcher Prozess vollzieht sich etwa, wenn Frantz

---

[5] Die Erzählung von Kain und Abel, der erste Akt menschlicher Gewalt, von dem die Bibel berichtet, illustriert dies sehr gut. Das Opfer Abels wurde anerkannt, nicht aber das des Kain, was zur Gewalt führte.

Fanon auf Freud verweist, wenn Paulo Freire in seiner Pädagogik Hegel aufgreift, wenn Gayatri Chakravorty Spivak auf Jacques Derrida Bezug nimmt, Edward Said auf Michel Foucault, oder der eine oder die andere unter ihnen auf Marx. Sie greifen kritisch-progressive Elemente eben jenes Kontextes auf, der sie von jeher von aussen definierte und ihnen eine unangemessene Identität aufzwang. Die postkoloniale Reaktion besteht darin, das Untergeordnete von innen nach aussen darzustellen, aber gleichzeitig auch immer unangemessen in den hegemonialen Kontext vorzudringen. Hier spricht man von Widerstand oder Gegengewalt.

LUTHER: EINE FALLSTUDIE

Wozu ein Aufsatz zum Umgang mit Rezeption und Kontext? Am besten lässt sich das anhand einer Predigt Luthers darlegen, die zu einer Serie von 77 Predigten über das 2. Buch Mose gehört und die er im August des turbulenten Jahrs 1525 hielt.[6] Die moderne postkoloniale Theorie beschreibt die problematische Rolle der Darstellung in der Auslegung oder Hermeneutik. Luther aber greift, lange vor solchen Erklärungen bzw. Anleitungen, inmitten eines für den Reformator bewegten Jahres, das Thema ganz praktisch auf. Die veröffentlichte Abhandlung unter dem Titel „Ein unterrichtung, wie sich die Christen ynn Mose sollen schicken"[7] ist beispielhaft dafür. Luther setzt sich auseinander mit dem Einfluss schwärmerischer Prediger, die, ähnlich heutigen fundamentalistischen Positionen, die Gesetze des Pentateuch (damals noch dem Mose zugeschrieben, wodurch Mose metonymisch für das Gesetz und die Verheissungen im Pentateuch steht) den Menschen auferlegen wollten mit der Mahnung: „Liebes volck, das ist das wort Gottes". Luther antwortet mit einer lapidaren Lektion in kontextueller Hermeneutik: „Es ist war, wir künnens ja nicht leucken, Wir sind aber das volck nicht", und ausserdem: „man mus nicht allein ansehen, ob es Gottes wort sey, ob es Gott geredt hab, sondern viel mehr, zu wem es geredt sey, ob es dich treffe".[8]

Luthers Predigt und die veröffentlichte Schrift enthalten drei Fakten zur Kontextualisierung bzw. drei Kriterien, die ihren Rahmen setzen sollten. Das erste ist die Relevanz. Ein Text gilt für mich, insoweit er meine Situation, meinen Kontext betrifft und eine Sprache spricht, die ihm angemessenen

---

[6] Der Text der Predigt wurde ein Jahr später zur Veröffentlichung als Streitschrift überarbeitet, 1527 diente er als passende Einleitung für die Sammlung der Predigten Luthers. Die hier verwendete Fassung stammt aus der überarbeiteten Schrift von 1526, in: WA 16, S. 363ff.

[7] Ebd., S. 363.

[8] Ebd., S. 385.

Ausdruck verleiht. Ist das nicht der Fall, ist der Text für mich nicht relevant. Das Gesetz ist hilfreich, insoweit es eine Aussage zu einem bestimmten Zustand trifft. Beim zweiten Kriterium handelt es sich um die Innovation. Moses ist allgemeingültig, nicht aufgrund der spezifischen Gesetze, die für ein konkretes Volk gelten, sondern aufgrund der „verheyssungen und zusagungen Gottes von Christo."[9] Dieses Neue, dieses Evangelium spricht Juden und Jüdinnen sowie Heiden und Heidinnen gleichermassen mit seinen Verheissungen an, gilt allen Völkern und spricht zu allen, ja „zun Engeln, holtz, fischen, vogeln, thieren und zu allen Creaturen", aber wir sind keines davon.[10] Drittens wird Mose zum „Exempel", Vorbild, wie viele der anderen Propheten auch, dem es im eigenen Kontext nachzueifern gilt, und dient als hermeneutischer *locus* für die Aufgabe der Transfiguration, der Übertragung der Figur des Mose aus seinem Kontext und seinem Volk in einen anderen Kontext, ein anderes Volk. Im Folgenden sollen diese drei Kriterien, die Luther als vorrangige Aufgabe der Hermeneutik herausarbeitet, kurz erläutert werden. Dabei soll nicht der ursprüngliche Luther gesucht werden, sondern sollen auf Luthers eigenen Text die gleichen kontextuellen hermeneutischen Prinzipien angewandt werden, mit denen er an den biblischen Text herangeht.

Relevanz

Bei der ersten Aufgabe bzw. dem ersten Kriterium wird berücksichtigt, inwiefern ein Text auf ein bestimmtes Volk zugeschnitten ist, welche Resonanz er hat auf die Erfahrung dieses Volkes. Hier unterscheidet Luther zwischen dem universalen Fundament, „mir von Natur eingepflantzet", also dem Naturrecht, und seiner Kodifizierung, dem kontextgebundenen positiven Recht. Der Dekalog etwa ist die kodifizierte Form für ein bestimmtes Volk. Wir folgen dem Dekalog nicht, weil Gott ihn dem Mose und Mose ihn uns gab, sondern weil Mose „mit der natur ubereinstymmet."[11] Vom Naturrecht bis zu seiner Kodifizierung im positiven Recht ist jedoch eine Anpassung notwendig, sogar die Zehn Gebote selbst betreffend. Die Begegnung mit neuen, anderen Umständen/Kontexten – Zeit, Ort, Erfahrung – erneuert sie: „diese [neuen] Dekaloge sind klarer als der Dekalog des Mose" so Luthers stolzes Fazit auf der Grundlage dieses hermeneutischen Prinzips.[12] „Klarer" – bei anderer Gelegenheit verwendet er auch „besser" – ist zu verstehen als passender für den Kontext, der sich unterscheidet vom Kontext der Israelitinnen und Israeliten, die am Fuss des Bergs Sinai lagerten.

---

[9] Ebd., S. 381.
[10] Ebd., S. 388.
[11] Ebd., S. 380.
[12] „Et hi Decalogi clariores sunt, quam Mosi decalogus ...", WA 39/I, S. 47.

Häufig sehnen wir uns jedoch nach einem unstrittigen Wort von aussen, auf das wir uns unabhängig von unserer eigenen Situation verlassen können. Warum? Damit wir nicht argumentieren, nicht denken brauchen, einfach gehorchen können. Damit wir lediglich sicher gehen müssen, dass das unhinterfragbare Wort erhalten wird. Wir leiden unter dem, was Derrida *mal d'archive* – Archivübel, Archivfieber – nennt, wollen also mit der Vergangenheit die Echtheit der Gegenwart belegen, einen unverfälschten Ursprung, eine reine und authentische Quelle finden. Das impliziert jedoch immer die Missachtung der Gegenwart und der Stätten, die diese Gegenwart einnimmt. Das sind die Prozesse, die sich vollziehen, wenn wir andere (biblische und ausserbiblische) Kategorien, Ideen und Konzepte anwenden, die für die Erfahrung anderer Kontexte von entscheidender Bedeutung sind, und sie wiederholen, nachplappern, völlig abstrahiert von unserer Gegenwart und ihrer Verortung. Was in einem Kontext gut gewesen sein mag ist nicht notwendig gut in einem anderen. Luther nimmt alttestamentliche Gebote als Beispiele für eine gute Praxis – die Verheiratung einer Witwe mit ihrem Schwager, den Zehnten, das Erlassjahr. Die Heiden jedoch gehen diese Bestimmungen genauso wenig „an, als von Zehenden und andern, die doch auch schön sind."[13] Welche Bedeutung haben andere Kontexte also für uns in unserem Kontext? Sie helfen uns, Strategien und Taktiken zu konzipieren, die die Gegenwart erhellen. Es ist wichtig, sich klar zu machen, wie das Wort Gottes an ein bestimmtes Volk ergeht, damit wir auch in der Lage sind, seine Relevanz für unseren eigenen Kontext zu erkennen. In den Worten des brasilianischen Bischofs Pedro Casaldáliga: „Das universale Wort spricht nur Dialekt."

Dies also ist die erste Aufgabe: die Resonanzen im Text zu entdecken. Resonanz ist ein in der Physik und Chemie seit Langem etablierter Begriff, den die Sozialpsychologie übernommen hat, um die Tatsache zu beschreiben, dass unser Nervensystem nicht in sich abgeschlossen ist, sondern auf Stimuli aus dem sozialen Umfeld reagiert, in dem sich die/der Einzelne bewegt, also ihrem/seinem Kontext. Resonanz impliziert Verantwortung. In diesem Sinn kann man sagen, dass ein Text Resonanz hat, nicht weil eine Einzelperson emphatisch auf ihn reagiert, sondern weil er in einem Kontext als gut empfunden wird, in ihn verantwortlich passt und Perspektiven für weitere Schritte aufzeigt. Zur Resonanz gehört in der Sozialpsychologie der Gegensatz Dissonanz, also die Erfahrung von Unerwartetem und Aufrüttelndem.

Hier mag ein Beispiel die Aufgabe der Resonanz beschreiben. Flávio Koutzii war in den 1960er und 1970er Jahren ein brasilianischer Aktivist (heute ist er Politiker). Nach dem Staatsstreich der Militärs 1964 ging er ins

---

[13] Luther, a. a. O. (Fussnote 6), S. 380.

argentinische Exil. Als ein Jahrzehnt später (1975/76) in Argentinien das Gleiche geschah, wurde er mit anderen politischen Gefangenen inhaftiert. Im Gefängnis hatten sie keinen Zugang zu Informationen von aussen, ihre Gespräche wurden überwacht und wurde Politisches thematisiert, folgten Strafen. Bibeln jedoch waren in dem Militärgefängnis erlaubt. Statt des gewohnten politischen Jargons, der ihnen verboten war, begannen sie, anhand biblischer Geschichten und Konzepte die politische Situation zu beschreiben und täuschten so die Überwachenden. Koutzii, selbst weltlicher Jude, beschreibt in seiner Autobiographie[14] ein überraschendes Phänomen. Biblische Geschichten von Exil, Unterdrückung, Befreiung, die Heilungen im Neuen Testament, Kreuz und Auferstehung boten den Gefangenen eine Sprache, die sich wunderbarerweise eignete, gewandt und relevant ihren Kontext zu beschreiben, und ihnen Lichtblicke eröffnete, die ihnen die soziopolitische Sprache, die sie so gut beherrschten, nicht in der selben präzisen Art und Weise bieten konnte. Eine Vielzahl ähnlicher Berichte gibt es aus der Frühzeit der christlichen Basisgemeinden, die sich aus verbotenen politischen Gruppierungen in Lateinamerika, die ursprünglich keine Verbindung zu Kirche oder Religion im Allgemeinen hatten, in einen kirchlichen Kontext hinein wandelten. Das bedeutet Resonanz: Der Text hat zu meiner Situation etwas zu sagen.

Als kritischer Aspekt geht jedoch mit dem Kriterium der Relevanz und dem hermeneutischen Prinzip der Resonanz das Risiko der Akkulturation christlicher Theologie und Verkündigung einher. Während die Inkulturation das Ziel des Kriteriums Resonanz ist, schlägt sie aber dort, wo Unterschiede nicht zugelassen werden, in Akkulturation um. Unterschiede und Anderssein verblassen in der Anpassung an ein kulturelles Ethos. Diese Warnung erging im 20. Jahrhundert von der Neo-Orthodoxie insbesondere an die Adresse des Luthertums mit der ihm angekreideten Tendenz, die Botschaft des Evangeliums zu akkulturieren. Folgendes sagt Luther dazu in derselben Schrift, mit der wir uns hier befassen: „Und also auff die weise sol ich Mosen annemen und nicht unter die banck stecken. Zum ersten, das er schöne Exempel der gesetz gibt, die daraus mögen genomen werden [...] Zum andern sind darynne die zusagungen Gottes, damit der glaube gestercket und erhalten wird."[15]

Damit kommen wir zum zweiten Kriterium, einem Kriterium, das eine Kultur nicht aus sich heraus hervorbringen kann. Es muss von aussen kommen.

---

[14] Flávio Koutzii: „Pedaços de Morte no Coração", Porto Alegre, 1984.
[15] Luther, a. a. O. (Fussnote 6), S. 382.

Innovation

Luther führt dieses zweite Kriterium mit folgenden Worten ein: „Zum andern find ich ynn Mose, welchs ich aus der natur nicht hab. Das sind nu die verheyssungen und zusagungen Gottes von Christo. Und das ist das beste fast ynn dem gantzen Mose, wilchs da nicht natürlich ynn die hertzen der menschen geschrieben ist, sondern kömpt von hymel herab."[16]

Ist das Gesetz kontextuell zu denken, so sagt das Evangelium: Jetzt, da ihr versteht, wo ihr seid (das ist die Funktion des Gesetzes), ist es Zeit für eine Verwandlung, Veränderung. Es ist Zeit für Innovation. Es ist Zeit, das Buch des Gesetzes – und in jedem „Buch" geht es um das Gesetz – zu schliessen, damit das lebendige Wort des Evangeliums geöffnet werden kann. Auch wenn wir unsere kulturelle Orientierung achten und ihr treu sind, kommt Wandel von aussen, vom Anderen, und dieser Andere ist der, der verkündet: „Ihr sollt nicht meinen, dass ich gekommen bin, das Gesetz oder die Propheten aufzulösen; ich bin nicht gekommen aufzulösen, sondern zu erfüllen [...] Ihr habt gehört, dass [...] gesagt ist [...] Ich aber sage euch [...]" (Mt 5,17-22) Umschreibend könnte man formulieren: „Ich bin nicht gekommen, euren Kontext gering zu achten, sondern ihn heil zu machen [...] Ihr habt gelernt, das anzunehmen, bei dem ihr eine Resonanz fühlt [...] aber ich fordere euch heraus, etwas Neues zu tun." Hier findet sich Luthers hermeneutisches *discrimen*, das kritische und entscheidende Moment, das die Grenzen der Relevanz definiert. Während die Relevanz die Resonanz eines Textes in Bezug zu einer Situation sucht, ist die Innovation sensibel für das Moment der Dissonanz, wo Neues Wandel hervorbringt. Die doppelte Aufgabe, die Resonanz wie Dissonanz umfasst, wird in der Bibel hellsichtig dargestellt in einem Vergleich, der die Sammlung von Gleichnissen im Matthäusevangelium abschliesst, dem Evangelium, das die Sorge um Kontextualität und Relevanz am deutlichsten erkennen lässt. „Da sprach [Jesus]: Darum gleicht jeder Schriftgelehrte, der ein Jünger des Himmelreichs geworden ist, einem Hausvater, der aus seinem Schatz Neues und Altes hervorholt." (Mt 13,52) Das Neue ist das Evangelium, die frohe Botschaft, was bisher nicht da war, hereinbricht, erneuert und aufrüttelt.

Das Neue holt Menschen aus dem gewohnten, als sicher empfundenen Bereich heraus und fordert dazu auf, die Grenzen der Kontextualität zu überschreiten. Auch hier möge ein biblisches Beispiel dies illustrieren: Im zwanzigsten Kapitel des Johannesevangeliums lesen wir von den Jüngern, die im Obergemach versammelt sind, hinter „aus Furcht vor den Juden" verschlossenen Türen. Es ist der Sonntag der Auferstehung. Plötzlich steht

---

[16] Ebd., S. 381. Dies ist eines von vielen Beispielen, wo Luther die Präsenz des Evangeliums im Hebräischen Testament betont.

Jesus zwischen ihnen und sagt: „Friede sei mit euch!", und die Jünger werden froh. Alles ist heimelig und in Ordnung, solange sie mit Jesus in ihrer Mitte in dem Obergemach bleiben, solange sie in dem ihnen vertrauten Kontext bleiben. Jetzt aber geschieht etwas Interessantes. Jesus hat ihnen bereits Frieden gewünscht. Aber er sagt es noch einmal: „Friede sei mit euch!" Der Gruss ist an sich nicht viel anders als ein „Guten Morgen", oder zumindest meinen das die Jünger. Einen Gruss wiederholt man nicht, es sei denn, die Person, an die er gerichtet war, hat ihn aus irgendeinem Grund nicht gehört. Die Wiederholung ist also nötig, weil sie es nicht begriffen haben. Die Jünger haben keine Ahnung, was „Friede" heissen soll. Also wiederholt Jesus: „Friede sei mit euch!", und, damit es klarer wird, fasst er die Aussage gleich noch in andere Worte: „Wie mich der Vater gesandt hat, so sende ich euch." Das heisst: Setzt euch in Bewegung, stellt euch eurer Angst und wendet euch dem Neuen zu. Ja, das Neue ist immer Quelle der Beunruhigung und Angst, denn es macht uns angreifbar und unterbricht das, was wir gelernt haben, im Alltäglichen unseres Kontexts zu verwalten. Das Markusevangelium, das älteste der Evangelien, endete ursprünglich wahrscheinlich am Ostersonntag mit den Frauen am Grab Jesu, denen gesagt wird, Jesus sei auferstanden, und die wohl ursprünglichen abschliessenden Worte des Evangeliums lauten: „... Zittern und Entsetzen hatte sie ergriffen. Und sie sagten niemandem etwas; denn sie fürchteten sich." (Mk 16,8) Wir kennen die Trauer und sind gar ausgebildet, sie zu verwalten, aber eine Überraschung, sei sie noch so wunderbar, macht uns Angst, denn sie entzieht sich unserer Kontrolle.

Kulturen wollen ihren Kontext darstellen. Theologisch wird diese Darstellung als „Gesetz" bezeichnet, es handelt sich also um das erstarrte Bild, das vorgibt, die reale Situation darzustellen. Die dargestellte Realität ist jedoch dynamisch, instabil und ständigem Wandel unterworfen. In dem Moment, in dem eine Darstellung existiert, entspricht sie bereits nicht mehr dem Kontext, den sie behauptet darzustellen, sie ist nicht mehr Präsenz sondern Re-präsentation. Das Neue, das Evangelium kann nicht dargestellt werden, denn es ist Präsenz, oder, um das Bild des Paulus zu gebrauchen, es ist kein toter Buchstabe in seiner erstarrten Form. Es ist das lebendige Wort, *viva vox*. Diese Präsenz hat ihren Ursprung in Jesus selbst aus der Kraft des Geistes, der einbricht und ausbricht, wie der Atem, der ein- und ausströmt.

Im Griechischen und also auch im Neuen Testament lautet das Wort für „Gegenwart" *parousia*. Aber mit diesem Wort verbindet sich eine verfälschte, ja oft falsche Konnotation, die auf die Wiederkunft Jesu in der Zukunft verweist, auf eine zweite/*deutero parousia*, wobei dieser Begriff im Neuen Testament nicht verwendet wird.[17] *Parousia* ist Gegenwart des

---

[17] Erstmals verwendet wahrscheinlich bei Justinus dem Märtyrer, etwa Mitte des zweiten Jahrhunderts.

Evangeliums, also Gegenwart Christi, mit eschatologischem Charakter. Dabei handelt es sich allerdings um eine Eschatologie, die ununterscheidbar ist von der Erfahrung des hereinbrechenden Christus, der uns aus den gewohnten Orten, an denen wir leben und die wir mit den oben beschriebenen Mechanismen der Darstellung zu kontrollieren lernen, herausruft.

Hierin also liegt die Spannung zwischen Relevanz und Innovation. Die eine definiert unseren Kontext und die andere ruft uns heraus oder führt eine innere Wandlung herbei. Relevanz ohne Innovation ist blinde Gesetzlichkeit, Innovation ohne Relevanz leerer Spiritualismus.

Transfiguration

Damit sind wir bei Luthers drittem Kriterium. Dabei geht es um die Heilung des *mal d'archive*, das uns vermittelt, unsere Legitimation erwachse daraus, dass wir genau so handeln wie Mose, Jesus, Paulus, Augustin oder Luther oder aber so wie diese Tradition in der deutschen, skandinavischen oder nordamerikanischen Auslegung weitergegeben wird. Wichtig ist, mit der Tradition so umzugehen, wie dies Luther mit der Schrift tut – also einerseits zu unterscheiden, was kontextrelevant ist und was nicht, und andererseits das für alle Neue wahrzunehmen, das im Evangelium von der Gegenwart (*parousia*) Christi liegt. Wäre dies aber die einzige zu treffende Unterscheidung, würde man damit undifferenziert alles verwerfen, was für die eigene Situation und den eigenen Kontext nicht relevant ist, mit dem Ergebnis einer zerstückelten Bibel und der Geringachtung anderer Kontexte und Traditionen, wobei das „Neue" lediglich das wäre, womit ich mich wohlfühle.

Entsprechend führt Luther einen dritten Aspekt ein und stellt fest: „Zum dritten lesen wir Mosen von wegen der schönen Exempel des glaubens, der liebe und des creutzes ynn den lieben heiligen vetern Adam, Habel, Noah, Abraham, Isaac, Jacob, Mose und also durch und durch, daran wir lernen sollen Gotte zu vertrawen und yhn lieben. Herwiderümb auch sehen wir die Exempel des unglaubens der gotlosen..."[18] Ein Exempel im Sinne von Beispiel wird in der Literaturtheorie als *figura* bezeichnet.[19] Solche Figuren beschreiben symbolhafte Persönlichkeiten – wie diejenigen, die Luther nennt – oder Ereignisse, die, anders als Ideen oder Lehren in einem Kontext verwurzelt sind und in diesen Kontext gehören. Sie haben eine Genealogie, einen Ort und eine Zeit, in die sie hineingehören. Dazu haben Figuren die Fähigkeit, durch Zeit und Raum zu wandern und in anderen Personen und Ereignissen Wurzeln zu schlagen. Eine Figur ist Katalysator unterschiedlicher Erfahrun-

---

[18] Luther, a. a. O. (Fussnote 6), S. 391.
[19] Erich Auerbach: „Figura", in: *Archivum Romanicum*, Jg. 22, 1938, S. 436-489.

gen in verschiedenen Zeiten und an verschiedenen Orten. Der Auszug Israels aus Ägypten ist Figur vielfältiger moderner Befreiungsbewegungen. Pharao ist die Figur für viele unterdrückerische und autoritäre Herrschende. Mose ist die Figur der revolutionären Führungspersönlichkeit, Petrus die Figur des Papsttums, Luther der entschlossenen Führung, im Sinne des „ich stehe hier, ich kann nicht anders", etc.

Wir sprechen hier von der Praxis der Transfiguration. Eine Figur, die zu einem bestimmten Kontext gehörte, taucht in einem anderen wieder auf und wird in diesem verklärt oder verwandelt – „trans-figuriert". An dieser Figur machen sich kontextuelle Erfahrungen fest, die sich von den ihr ursprünglich zugeordneten unterscheiden, aber in gewissem Sinne auch mit ihnen übereinstimmen. Wie Luther vorschlägt, die „Exempel" nachzuahmen, müssen wir auch dem Beispiel Luthers folgen, der uns die frohe Botschaft von Christus in unserem jeweiligen Kontext bezeugt. Luther selbst muss transfiguriert werden, wie dies ja schon vielfach geschehen ist und geschieht.

Nehmen wir beispielsweise die Verklärung Jesu in den synoptischen Evangelien. Ich denke, dass dieser Text, bei Markus wie bei Matthäus, im Kontext der vorhergehenden Perikope gelesen werden muss. Jesus fragt, für wen ihn die Menschen halten und die Antwort lautet: Johannes, Elia oder einen der Propheten – gar den grössten unter ihnen, Mose. Petrus aber bekennt ihn als den Messias, auf den die anderen hingewiesen haben. Das richtige Bekenntnis! Unmittelbar danach aber spricht Jesus von dem Leiden, das ihm bevorsteht. Petrus tadelt ihn, denn die Tradition besagt, solch ein Los sei einem seligen Propheten nicht zugedacht, noch viel weniger dem siegreichen Messias. Und Jesus erwidert: „Geh weg von mir, Satan!" Anders gesagt ist Jesu Antwort: „Petrus, fliehe nicht aus unserem Kontext. Elia ist hier und Mose ebenfalls, auch um sie geht es. Sie sind auch in mir und bei mir. Aber ich bin, der ich bin, und bin hier in der gegenwärtigen Situation, die anders ist als die jedes anderen Propheten, lass zu, dass ich ich selbst bin." Ja, Petrus hat das richtige Bekenntnis, aber – leider – den falschen Kontext. Petrus leidet am *mal d'archive*. Exakte Rechtgläubigkeit, aber unzulängliche Kontextualisierung – ein Zeichen des Dämonischen.[20]

Die Erzählung von der Verklärung, die unmittelbar folgt, wiederholt dieselbe Lektion. Die Figuren des Mose und des Elia treten aus unterschiedlichen Zeiten und Kontexten hinzu und bestätigen Jesus. Ihre Figuren werden verwandelt (griechisch: *metamorphete*) in Jesus und gewinnen in ihm Leben und Präsenz. Als die Jünger Jesus daran erinnern, dass die Schriftgelehrten sagen, vor dem Messias müsse Elia kommen, erklärt

---

[20] Vítor Westhelle: „The Church Event. Call and Challenge of a Church Protestant", Minneapolis, 2009, S. 98-102.

ihnen Jesus, Elia sei schon gekommen, aber nicht erkannt worden. Und sie verstehen, dass er von Johannes dem Täufer spricht. Jesus ist also auch der neue Mose, Befreier des Volkes. Hier steht diese galiläische Randfigur und erhebt Anspruch auf den Stab des Mose, wo doch die Hohepriester diejenigen sind, die auf dem Stuhl des Mose sitzen. Für die Jünger wird Jesus in genau diesem Moment kontextualisiert und seine Figur zum Sitz aller relevanten, wertgeschätzten Erfahrungen jenes jüdischen Kontextes und seiner Traditionen. Jesus war nicht der „Sohn Gottes" jenseits dieser Welt, der über den Ambivalenzen der Geschichte stand. Jesus, der Sohn Gottes, war in diesem Kontext eingebunden in die Geschichte seines Volkes, er war nicht der beziehungslose „Sohn Gottes", wie es Petrus zu glauben schien. Jesus verkörperte die Ambiguität und Fragilität des historischen Kontextes, in den er eingetaucht war, und verleibte ihn sich ein. Zuletzt brachte ihn der Kontext, in dem er seine Botschaft wob, um sein Leben. Luther wandte das gleiche Prinzip auf Jesus selbst an. In demselben Text, den wir zitiert haben, schreibt Luther: „Wye auch ynn den Euangelisten, als von den zehen aussetzigen, es gehet mich nicht an, das er sie heist zum priester gehen und yhr opffer thun, das Exempel aber yhrs glawbens gehet mich an, das ich Christo, wie sie, glewbe."[21]

Die Transfiguration ist jene Praxis, wodurch eine Figur aus einem bestimmten Kontext das Potenzial hat, Katalysator von Erfahrungen für andere Kontexte zu sein, oder sie geschieht, wenn eine Figur aus einem bestimmten Kontext den Geist von einem anderen Kontext zugehörigen Figuren verkörpert. Aus diesem Grund sprechen wir von hybriden Kontexten. Sie integrieren autochthones Material in eine ehemals fremde Figur. Ein weiteres Beispiel der Transfiguration bietet Harriet Tubman. Sie wurde als Moses des Abolitionismus bezeichnet, da sie in dieser Bewegung eine transformative Funktion einnahm und im Rahmen der so genannten „Underground Railroad" Sklaven und Sklavinnen aus dem Süden der USA in den Norden brachte. Die Transfiguration legt dar, wie die Vergangenheit lebendig und in die gegenwärtigen Kontexte verwandelt wird. Das *mal d'archive* bewirkt genau das Gegenteil, löst die Gegenwart auf in eine tote Vergangenheit. In Luther wurden in der Tat Paulus und Augustinus transfiguriert, aber er wiederholte sie nicht. Er machte sie sich zu Eigen, aber in seiner eigenen Persönlichkeit, seinem eigenen Kontext, um Christus den Menschen seiner Zeit zu predigen. Das meinte er mit dem Begriff „apostolisch". In seinen eigenen Worten: „Was Christus nicht lehret, das ist nicht apostolisch, wenns gleich St. Petrus oder Paulus lehret; umgekehrt, was Christus predigt, das ist apostolisch, wenns gleich Judas, Hannas, Pilatus

---

[21] Luther, a. a. O. (Fussnote 6), S. 392.

und Herodes täte."[22] Und was Luther über die Schrift sagt, muss auch über Luther gesagt werden. Luthers „Exempel", seine Figur kann insoweit nachgeahmt werden, als er die kostbare frohe Botschaft, die Worte des Neuen verkündete, wenn auch manche seiner Lehren für das „liebe deutsche Volk" nicht für uns geeignet sind, obwohl das Exempel hilfreich ist.

„IN THE OFFING"

Das englische „offing" bezeichnet, im ursprünglichen nautischen Sinn, den Bereich der offenen See, der vom Ufer aus sichtbar ist, also einen „Zwischenraum" zwischen meinem Kontext und dem, was jenseits davon liegt. Dieser Raum gehört weder mir noch irgendjemandem sonst. Hier enden die Regeln und Gesetze der Navigation, das Neue aber ist noch nicht sichtbar. Dieser Text wurde „in the offing" gewoben, im Raum zwischen Relevanz und Innovation, in dem Transfiguration geschieht.

---

[22] Kurt Aland (Hg.): „Luther Deutsch. Die Werke Martin Luthers in neuer Auswahl für die Gegenwart", Bd. 5, Stuttgart/Göttingen, 1963, S. 63.

Lutherische Hermeneutik und neutestamentliche Exegese – politische und kulturelle Kontextualisierungen

Eve-Marie Becker

Was ist „lutherische Hermeneutik"? Eine Spurensuche

Um die gegenwärtige Bedeutung lutherischer Hermeneutik oder Theologie diskutieren zu können, muss zunächst gefragt werden, was der Begriff „lutherisch" impliziert. Bezieht er sich auf das Lesen und Auslegen der Schriften und der Theologie Luthers, oder geht es vielmehr um die paradigmatische Wirkung Luthers[1] auf die Entwicklung der modernen Theologie und die Geschichte des Protestanismus? Der Begriff „lutherisch" wird erst verständlich, wenn er in seiner Verwendung innerhalb der europäischen Kulturen und/oder in einer globalisierten Welt kontextualisiert wird.

Dabei kann und werde ich nicht ignorieren, dass mein Zugang zu diesen Fragen mit meiner Biographie als europäische Wissenschaftlerin untrennbar verknüpft ist. Luthers Wirkung auf die Geschichte, Kultur und Politik des 16. Jahrhunderts und darüber hinaus ist Teil unserer gemeinsamen europäischen Identität. Dies gilt insbesondere für Deutschland und die nordischen Länder. In Aarhus, zum Beispiel, wird das 500. Jubiläum

---

[1] Gerhard Ebeling hat darauf hingewiesen, dass die herausragende Rolle Luthers in der Theologiegeschichte auf seiner theologischen Denkweise und der Hermeneutik des gemeinsamen Bibellesens beruht. Gerhard Ebeling: „Luther. Einführung in sein Denken", Tübingen, 1981, bes. S. 102-104.

von Luthers Thesenanschlag 1517 mit einer intensiven Reflexion darüber einhergehen, wie die dänische Kultur und Gesellschaft von der Reformationsgeschichte und insbesondere vom Einfluss Martin Luthers auf die dänische Politik und Theologie geprägt wurden und weiterhin noch werden.[2]

In deutschsprachigen kirchenhistorischen Diskursen wird Luther gewöhnlich als Theologe gesehen, der von der Geschichte des Spätmittelalters geprägt war und sich der Erneuerung des Bestehenden als verpflichtet verstand. Man könnte Luther jedoch auch als Initiator der sogenannten Neuzeit in Mitteleuropa sehen, also als progressiven Denker, Modernisierer oder Revolutionär. Je nachdem, wie wir Luthers Stellung in der Geschichte sehen und bewerten, verstehen wir auch seine auf die Auslegung der biblischen Schriften bezogene Hermeneutik, und zwar entweder als Vorwegnahme einer Kritik an der Moderne oder aber als Anstoss zur Anwendung moderner bibelkritischer Methoden, wie sie uns insbesondere im Bereich der biblischen Exegese begegnet.[3] Beide Sichtweisen und Optionen sind berechtigt, da Luther historisch wie bibelhermeneutisch gesehen an der Schnittstelle von Spätmittelalter und Neuzeit steht. Welche Position wir einnehmen, wenn wir von „lutherischer Hermeneutik" sprechen, hängt letztlich davon ab, wie wir Luther deuten und wie wir seine Funktion in der Geschichte bewerten – als Referenzpunkt für oder als Gegensatz zu unseren aktuellen kirchenhistorischen und politischen Diskussionen oder unsere Methodik in biblischer Exegese und/oder Hermeneutik.

Allerdings sind wir nicht vollkommen frei in der Wahl unserer Perspektive auf Luther, denn bereits im Vorfeld, d.h. durch die Forschungsgeschichte, sind unterschiedliche Diskurse vorgegeben. Diese Diskurse resultieren aus der Geschichte der Lutherrezeption und ihrer theologischen wie politischen Wirkungen, insbesondere auf die Theologie des 20. Jahrhunderts. Im Jahr 2009 diskutierte die Vereinigte Evangelisch-Lutherische Kirche Deutschlands (VELKD) aus Anlass des 125. Geburtstags von Rudolf Bultmann die Wirkung Luthers auf die Bultmann'sche Theologie und Hermeneutik.[4] Es entstand dabei eine höchst faszinierende Fallstudie zur Lutherrezeption im 20. Jahrhundert. Aus verschiedenen Gründen gilt Bultmann als bedeutender, wenn nicht als der einflussreichste deutsche Vertreter jüngerer lutherischer Theologie im Bereich der neutestamentlichen Exegese.

---

[2] Vgl. M. Schwarz-Lausten: „Die Reformation in Dänemark. Schriften des Vereins für Reformationsgeschichte 208", L. M. Tönnies (Übers.) und J. Schilling (Hg.), Heidelberg, 2008. Siehe auch weiter unten.

[3] Jüngst hat auch Ulrich H. J. Körtner auf analoge Differenzierungen verwiesen. Siehe weiter unten.

[4] Vgl. Ulrich H. J. Körtner et al. (Hg.): „Bultmann und Luther. Lutherrezeption in Exegese und Hermeneutik Rudolf Bultmanns", Hannover, 2010.

Die Untersuchung von Bultmanns Verhältnis zu Luther wirft die grundlegende Frage auf, ob und wie sich gewisse „lutherische" Elemente in und hinter Bultmanns Hermeneutik (im Sinne der Rezeptionsgeschichte oder der Ideengeschichte) finden lassen.[5] Wann und wie greift Bultmann auf bestimmte Elemente der lutherischen Hermeneutik zurück? Zweifellos nimmt Bultmann explizit Bezug auf Luther. Ein Aufsatz von 1957 ist in diesem Zusammenhang höchst aufschlussreich. Bultmann legt hier sein hermeneutisches Prinzip der Sachkritik dar; es stützt sich ausdrücklich auf Luthers „was Christum treibet": „Das [Prinzip] dürfte in der Tat lutherisch sein, und wenn das [...] ein Risiko ist, so ist zu fragen: gibt es denn überhaupt eine Exegese ohne Risiko?"[6] Hier wird deutlich, dass und in welcher Weise sich Bultmann auf ein zentrales lutherisches Prinzip zur Auslegung biblischer Texte bezieht, nämlich die Sachkritik, also eine sachlich kritische Auseinandersetzung mit dem Aussagegehalt eines biblischen Texts. Bei Luther erwächst ein solches hermeneutisches Prinzip aus seiner theologischen Betonung der Christologie, die wiederum eine kritische Haltung gegenüber allen institutionellen wie biblischen Traditionen hervorbringt. Hierin liegt das eigentliche Fundament des reformatorischen Schriftprinzips *(sola scriptura)*. In diesem Sinne ist Bultmann ein wichtiger Repräsentant für die Wirkung der lutherischen Hermeneutik auf die neutestamentliche Exegese in Deutschland wie auch in Dänemark[7] Mitte des 20. Jahrhunderts und darüber hinaus.

Eine solche „lutherische" Wirkung auf die Theologie der Gegenwart kann jedoch nicht einfach als ein kohärentes bzw. plausibles Konzept festgestellt werden. Schon Bultmann selbst empfand sehr deutlich unterschiedliche Dilemmata bei der Lutherrezeption. So betrachtete er die Tatsache, dass Luthers Auslegung der paulinischen Texte nicht nur als hilfreicher Schlüssel für die Interpretation neutestamentlicher Texte dient, sondern auch dazu neigt, die Theologie des Paulus zu überlagern, als Problem. 1928 etwa schrieb Bultmann:

---

[5] Vgl. Ulrich H. J. Körtner: „Zur Einführung: Bultmann und Luther – oder: Wie lutherisch ist die Theologie Rudolf Bultmanns?", in: Ebd., S. 18.

[6] Rudolf Bultmann: „In eigener Sache (1957)", in: Ebd., *GuV 3*, Tübingen, 1993, S. 178-189: „Angesichts der innerhalb des NT vorhandenen Differenzen erscheint mir eine Sachkritik als unumgänglich, die ihren Massstab an den entscheidenden Grundgedanken des NT, oder vielleicht besser: an der Intention der im NT erklingenden Botschaft (Luther: ‚was Christum treibet') hat. Das dürfte in der Tat lutherisch sein..."

[7] Zur Wirkung Bultmanns auf die dänische Theologie vgl. P. G. Lindhardt, Johannes Sløk und K. Olesen Larsen. Für Hinweise zu dieser Thematik danke ich meinen Kollegen in Aarhus, Lars Albinus und Ole Davidsen.

> Die wissenschaftliche Arbeit ist [...] unendlich, weil sich unsere Begrifflichkeit
> unendlich entwickelt und deshalb die Aufgabe der Interpretation in jeder Gene-
> ration neu gestellt ist, d.h. in neuer Begrifflichkeit geschehen muss. Mag Luthers
> Paulus-Exegese auf echtem Verständnis des Paulus beruhen; wir können uns
> bei ihr aus dem einfachen Grunde nicht begnügen, weil wir erst wieder Luther
> interpretieren müssen.[8]

Der „lutherische Paulus" selbst ist also ein Konzept, das der kritischen
Interpretation oder gar der Revision bedarf.

An dieser Stelle muss Bultmanns Sensibilität im Umgang mit Luthers
spezifischem Interpretationskonzept paulinischer Theologie betont werden,
da die aktuelle Forschung dazu neigt, Bultmann in enger Übereinstimmung mit dem „lutherischen Paulus" zu sehen[9] – eine Einschätzung, die
tendenziell weder positiv noch neutral gemeint ist, insbesondere wenn von
Bultmanns „Theologie des Neuen Testaments"[10] die Rede ist. Die Kritik an
der hermeneutischen Tradition der Paulus-Interpretation: Luther-Bultmann
beruht nämlich in erster Linie auf einem politischen Misstrauen angesichts
der welt- und kirchengeschichtlichen Ereignisse des 20. Jahrhunderts. Die
Grundfrage dabei lautet: Erinnern Bultmanns Worte, wie etwa: „Dann
aber ist der Sinn des Gesetzes letztlich der, den Menschen in den Tod zu
führen und damit Gott als Gott erscheinen zu lassen ..."[11] an „lutherischen
Antijudaismus"[12] und, wenn ja, wie ist damit umzugehen? Diese Fragen
stehen bei Luther im Zusammenhang mit dessen Bewertung des Judentums
im Kontrast zum paulinischen Konzept der Rechtfertigung, das das Judentum
an sich in einem tendenziell negativen Licht erscheinen lässt. Eine solche
Sichtweise aber ist vor dem Hintergrund der Geschichte des 20. Jahrhunderts hermeneutisch wie politisch höchst problematisch. Insbesondere
seit dem Zweiten Weltkrieg und dem Holocaust müssen sämtliche Fragen,
die in der Paulusexegese im Zusammenhang mit Antijudaismus oder gar
Antisemitismus entstehen könnten, ihrerseits mit Sachkritik behandelt
werden, und zwar nicht zuletzt aus politischen Gründen. Insofern müssen
auch nicht nur Luthers Haltung zum jüdischen Volk und zum Judentum

---

[8] Rudolf Bultmann: „Die Bedeutung der ‚dialektischen Theologie' für die neutes-
    tamentliche Wissenschaft", in: *GuV* 1, Tübingen, 1993, S. 114-133.
[9] Vgl. z. B. Magnus Zetterholm: „Approaches to Paul. A Student's Guide to Recent
    Scholarship", Minneapolis, 2009, z. B. S. 75.
[10] Rudolf Bultmann: „Theologie des Neuen Testaments", 9. Auflage überarbeitet von
    O. Merk, Tübingen, 1984.
[11] Ebd, S. 268.
[12] Luthers Antijudaismus ist in engem Zusammenhang mit seiner Ablehnung des Papst-
    tums sowie seiner anti-„türkischen" Haltung zu sehen. Vgl. Ebeling, a. a. O. (Fussnote
    1), S. 153; dort Bezugnahme auf WA 40/I, S. 603.

und ihr möglicher Einfluss auf die Wirkungsgeschichte des Luthertums kritisch beleuchtet werden. Auch müssen wir diskutieren, ob die Wirkung der lutherischen Hermeneutik auf die Paulusforschung theologisch und politisch betrachtet angemessen oder überhaupt legitim ist.

Entsprechend ist der „lutherische Paulus" in der jüngeren Forschung – denken wir etwa an die „Neue Paulus-Perspektive" (*new perspective*) – äusserst umstritten. Bei Bultmann und andernorts lässt sich beobachten, dass die Auslegung des jüdischen Gesetzes und deren Folgen für die Paulusforschung permanent kontrovers diskutiert werden. Wir sollten jedoch nicht vergessen, dass Bultmann sein Paulusverständnis nicht einfach mit Luthers Ansatz gleichsetzen wollte oder würde (siehe oben). Gleichzeitig wird diskutiert, wie und auf welcher Basis eine Neubewertung und/oder Verteidigung der lutherischen Pauluskonzeption möglich sein könnte – sowohl hinsichtlich ihrer historischen Grundlegung in der Theologie des 16. Jahrhunderts als auch im Blick auf ihre hermeneutischen Implikationen und Wirkungen auf die gegenwärtige Theologie und Theologiegeschichte.[13] Trotzdem sollte hier die Frage gestellt werden, in welchem Masse diese Versuche einer Revision oder ‚Neubegründung' des lutherischen Paulus letztlich auf Verteidigungsstrategien und Apologetik hinauslaufen. Jedenfalls ist die theologische Tradition, die sich von Paulus zu Luther, von Luther zu Bultmann und schliesslich bis zur protestantischen Theologie der Gegenwart erstreckt, sicherlich nicht ohne wirkungsgeschichtliche Probleme oder eindeutig und selbstverständlich, sondern birgt durchaus ernste hermeneutische Schwierigkeiten und Herausforderungen.

Damit kommen wir zu einem vorläufigen Schluss: Einzelne Aspekte der lutherischen Hermeneutik haben enorme politische Implikationen. Vor diesem Hintergrund wird deutlich, dass nach wie vor offen ist, in welchem Masse Luthers theologische Fokussierung auf die Rechtfertigung und ihre hermeneutischen Konsequenzen politisch angemessen oder sachlich sinnvoll ist. Die Probleme bei der Rezeption und Anwendung der auf der Rechtfertigungslehre basierten lutherischen Hermeneutik in der Theologie der Gegenwart gewinnen zusätzliches Gewicht, wenn wir uns bewusst machen, dass wir es hier mit einer grundlegenden Lehre der protestantischen Dogmatik zu tun haben. Theologen wie Gerhard Ebeling unterstreichen die Tatsache, dass Luthers Idee von der Rechtfertigung *sola fide* keineswegs „als willkürliche Bevorzugung einer Lieblingslehre [...] sondern als Angabe dessen, was die innere Struktur sämtlicher theologischer

---

[13] Vgl. z. B. Stephen Westerholm: „Perspectives Old and New on Paul. The ‚Lutheran Paul' and His Critics", Grand Rapids, 2004. Vgl. ausserdem Alexander J. M. Wedderburn: „Eine neuere Paulusperspektive?", in: Eve-Marie Becker/Peter Pilhofer (Hg.): „Biographie und Persönlichkeit des Paulus", *WUNT 187*, Tübingen, 2005/2009, S. 46-64.

Aussagen ausmacht", gesehen werden kann.[14] Anders gesagt, führt uns die Auseinandersetzung mit dem ‚lutherischen Paulus' in das eigentliche Zentrum der lutherischen Hermeneutik – es geht hier also gewissermassen um eine Operation am Herzen.

Vor diesem Hintergrund ist auch die lutherische Hermeneutik des 21. Jahrhunderts weiterhin mit politischen Fragen konfrontiert. Sie wird daher überzeugend zu klären haben, wie sich die paulinische Rechtfertigungslehre auf eine solche Art und Weise aus den Schriften des Neuen Testaments begründen lässt, dass sie die friedliche Koexistenz von Judentum und Christentum in der/den europäischen Kultur(en) und darüber hinaus auf Dauer ermöglicht und stabilisiert. Im aktuellen theologischen Diskurs wird die lutherische Hermeneutik folglich permanent von Seiten der politischen Ethik hinterfragt und kontrolliert. Eine wichtige Aufgabe der biblischen und akademischen Hermeneutik besteht also darin, einen angemessenen diskursiven Rahmen zu schaffen, in dem sich die Auslegung, Bewertung und weitere Erforschung der grundlegenden Prinzipien und Instrumente ‚lutherischer Hermeneutik', wie etwa der scharfen Kontrastierung von Gesetz und Evangelium[15], ereignen können.

BIOGRAPHISCHE PERSPEKTIVEN

Bei unserer Suche nach Spuren lutherischer Hermeneutik in der gegenwärtigen Theologie und Kultur werden wir immer unter dem Einfluss bestimmter Modi des Vorverständnisses stehen, die unsere Forschungsarbeit prägen. Unserem teils individuell geprägten, teils kollektiv gesteuerten Vorverständnis können wir uns nicht entziehen. So ist unsere Sicht auf die lutherische Hermeneutik durch unser kulturelles Umfeld und unsere politische Verortung stark beeinflusst. Es ist also zu erwarten, dass auch meine Herangehensweise an diese Fragen von meinen professionellen Aufgaben und Verpflichtungen beeinflusst sowie von meinem biographischen Hintergrund geprägt ist. Es gibt keine Exegese oder Theologie ohne

---

[14] Gerhard Ebeling: „Dogmatik des christlichen Glaubens, Bd. I: Prolegomena – Erster Teil", Tübingen, 1987, S. 32: „Aber ebenso ist der Hinweis auf die Rechtfertigung allein aus Glauben nicht etwa als willkürliche Bevorzugung einer Lieblingslehre vor anderen gemeint, sondern als Angabe dessen, was die innere Struktur sämtlicher theologischer Aussagen ausmacht. Dasselbe gilt von der dem Rechtfertigungsthema korrespondierenden Unterscheidung zwischen Gesetz und Evangelium ..." Vgl. ausserdem Ebeling, a. a. O. (Fussnote 1), S. 121.

[15] Vgl. James A. Loader u. a.: „Gesetz und Evangelium", in: Oda Wischmeyer et al. (Hg.): „Lexikon der Bibelhermeneutik", Berlin/New York, 2009, S. 217-221.

Beteiligung der/des einzelnen Exegetin/Exegeten.[16] Die biographische und autobiographische Reflexion befördert also die Klärung des akademischen Diskurses.[17]

Ich gehe hier von der Prämisse aus, dass die lutherische Hermeneutik ein wertvolles und hilfreiches Paradigma protestantischer Theologie darstellt. Im Folgenden sollen auf dieser Grundlage einige Ideen dazu ausgearbeitet werden, inwiefern die lutherische Hermeneutik nach wie vor das Potential hat, theologische Arbeit wie kulturelles Leben zu bereichern und zu stimulieren. Ich verweise dabei auf einige Aspekte, die einen direkten Bezug zu meiner akademischen Biographie und meiner derzeitigen Arbeit an einer dänischen Universität haben.

DER HUMANISMUS LUTHERS

Als Professorin für neutestamentliche Exegese geht es mir bei der Auseinandersetzung mit der lutherischen Hermeneutik nach wie vor primär um methodische Fragen der Textauslegung im Bereich der Bibelwissenschaft. Hier sind Luthers exegetische wie philologische Arbeiten von entscheidender Bedeutung. Für mich ist Luther daher Teil eines breiteren humanistischen Milieus im frühen 16. Jahrhundert, in dem der philologisch geprägte *ad fontes*-Gedanke ebenso wichtig war wie die Rückbesinnung auf antike (literarische) Gewohnheiten und Traditionen.[18]

Gleichzeitig war Luther in besonderer Weise an der Entwicklung der deutschen Sprache interessiert, was konkret in seinem Bestreben Ausdruck fand, die Bibel in deutscher Sprache zugänglich zu machen und demzufolge die alt- und neutestamentlichen Texte auf der Grundlage der ihm zur Verfügung stehenden hebräischen und griechischen Manuskripte zu übersetzen. Der zugrundeliegende hermeneutische Gedanke ist, dass allen Menschen die biblischen Texte sowie die Ergebnisse von Exegese und Textauslegung offen stehen sollten. Hieraus ergeben sich enorme soziopolitische Konsequenzen, die deutlich werden, wenn wir an die jüngsten

---

[16] Vgl. z. B. Eve-Marie Becker: „Die Person des Exegeten. Überlegungen zu einem vernachlässigten Thema", in: Oda Wischmeyer (Hg.): „Herkunft und Zukunft der neutestamentlichen Wissenschaft", *Neutestamentliche Entwürfe zur Theologie 6*, Tübingen/Basel, 2003, S. 207-243.

[17] Vgl. z. B. Eve-Marie Becker (Hg.): „Neutestamentliche Wissenschaft. Autobiographische Essays aus der Evangelischen Theologie", Tübingen/Basel, 2003.

[18] Vgl. z. B. das Wiederaufleben der Tradition der *laudatio funebris*: z. B. Philipp Melanchthon: „Oratio in funere reverendi viri D. Martini Lutheri", 1546.

afrikanischen Bibelübersetzungsprojekte und deren politische Wirkung[19] denken, oder an die westlichen akademischen Vorstellungen von der Vermittlungsaufgabe akademischer Theologie (siehe weiter unten). Zwar setzt das Lesen und Auslegen biblischer Texte eine akademisch geschulte bzw. wissenschaftlich fundierte Fachkompetenz voraus, die letztlich aber eingesetzt werden sollte, um die bestehende Kluft zwischen dem ‚Sitz im Leben' der neutestamentlichen Schriften in der antiken Welt und dem Denken der modernen LeserInnen zu überwinden.

Die Stärke von Luthers Übersetzungskonzept geht Hand in Hand mit seinem Interesse an einer „existenziellen" theologischen Auslegung der neutestamentlichen Schriften. Auch hier erscheint Luther als Theologe, der am besten in einem breiteren humanistischen Milieu zu verstehen ist. So ist auch Erasmus von Rotterdam nicht nur an philologischer Arbeit interessiert, obwohl er zu den ersten Gelehrten zählt, die an einer textkritischen Ausgabe des Neuen Testaments arbeiteten (1516).[20] Vielmehr ging es ihm darum, über die philosophischen Fragen hinaus auch ethische und theologische Themen zu behandeln, wie dies in seinem 1502 in lateinischer und 1524 in deutscher Sprache veröffentlichten *Enchiridion militis christiani* deutlich wird.[21] Dies gilt, obwohl sich Erasmus – jedenfalls in Luthers Augen – offensichtlich vergleichsweise wenig im Sinne reformatorischer Theologie engagierte.[22]

In diesen humanistischen und reformatorischen Kreisen ist grosse Achtung vor dem existenziellen Potential der antiken Autoren und ihrer Schriften zu erkennen. Hier ergibt sich folgender hermeneutischer Schluss: Antike Texte – und insbesondere neutestamentliche Texte – enthalten grundlegende Einsichten in das Leben des Menschen und die Suche nach Gott, so dass sie die Beschäftigung mit den jeweils aktuellen Lebensbedingungen auf höchst aufschlussreiche und kritisch-reflektierende Weise anregen. Ein ähnlicher Ansatz einer theologischen Auslegung neutestamentlicher Schriften, der zugleich soziopolitische Implikationen hat, findet sich in der jüngsten afrikanischen Exegese[23], etwa in der Suche

---

[19] Vgl. Gosnell L. Yorke: „Hearing the Politics of Peace in Ephesians. A Proposal from an African Postcolonial Perspective", in: *JSNT 30*, 2007, S. 113-127.

[20] Vgl. „Novum Instrumentum", Faks.-Neudr. der Ausgabe Basel 1516 mit einer historischen, textkritischen und bibliographischen Einleitung v. H. Holeczek, Stuttgart, 1986.

[21] Vgl. Erasmus von Rotterdam: „Enchiridion militis christiani/Handbüchlein eines christlichen Streiters", in: Werner Weizig (Hg.): „Erasmus von Rotterdam. Ausgewählte Schriften", Lateinisch und Deutsch, Darmstadt, 1995, Bd. 1, S. 55-375.

[22] Vgl. z. B. Luthers Brief an Erasmus vom April 1524.

[23] Vgl. Jean-Claude Loba-Mkole: „Paul and Africa?" (Manuskript, vorgelegt bei der Jahrestagung der *Studiorum Novi Testamenti Societas*, 2011).

nach politischen Friedenskonzepten.[24] Europäische Wissenschaftlerinnen und Wissenschaftler müssen sich neu mit der Frage auseinandersetzen, wie der humanistische Impuls der lutherischen Hermeneutik auf aktuelle kulturelle Herausforderungen in unseren Gesellschaften, die meines Erachtens primär von Prozessen der Säkularisierung charakterisiert sind, angewendet werden kann.

DAS ERBE DER MODERNISIERUNG

Als deutsche Theologin, deren Studium in Marburg und Erlangen in das letzte Jahrzehnt des 20. Jahrhunderts fiel, war ich konfrontiert mit der Wirkung der Bultmann'schen Theologie und Hermeneutik auf die zeitgenössische protestantische Wissenschaft. Im typologischen Sinne könnte man Bultmann bis heute als einflussreichsten Vertreter der lutherischen Hermeneutik in den letzten etwa einhundert Jahren betrachten (siehe oben). Angesichts der Art und Weise, wie er die befreiende politische Kraft neutestamentlicher Texte kritisch einsetzte (denken wir etwa an die oben angesprochene ‚Sachkritik') und auf das aktuelle Leben in Kirche und Gesellschaft anwendet, ist es nicht überraschend, dass manche Aspekte der so genannten Befreiungstheologie – zumindest im deutschen Kontext – als Ergebnis einer nach-Bultmann'schen Hermeneutik betrachtet werden können (bspw. Luise Schottroff). Bultmann selbst war um eine solche Applikation der neutestamentlichen Schriften auf die Fragestellungen der modernen Welt besonders bemüht, was bis heute durchaus ambivalente Reaktionen hervorruft.

Ein wesentlicher Teil dieses Konflikts konzentrierte sich auf die Auseinandersetzung mit Bultmanns Ideen zur Entmythologisierung, die 1941 auf der Grundlage von Vorlesungen formuliert wurden, die Bultmann unter dem Titel „Neues Testament und Mythologie" am 21. April und 4. Juni in Frankfurt am Main bzw. in Alpirsbach gehalten hatte. Der Historiker Konrad Hammann deutete diese Vorlesung unlängst von Bultmanns Kritik am Nationalsozialismus her.[25] Nur sehr wenige theologische Texte des 20. Jahrhunderts sind von einer solchen Kontroverse begleitet wie dieser Artikel, der in theologischen wie philosophischen Kreisen diskutiert wurde und weiterhin wird.

Was genau machte diesen Aufsatz so problematisch? Bultmanns Absicht war es, die moderne Erscheinungsform des protestantischen Glaubens

---

[24] Vgl. Yorke, a.a.O. (Fussnote 19); Loba-Mkole, a.a.O. (Fussnote 23), S. 10.

[25] Vgl. Konrad Hammann: „Rudolf Bultmann. Eine Biographie", Tübingen, 2009, S. 307-319.

in seiner Rückbindung an die Evangeliumsverkündigung zeitgemäss zu reflektieren:

> Man kann nicht elektrisches Licht und Radioapparat benutzen, in Krankheitsfällen moderne medizinische und klinische Mittel in Anspruch nehmen und gleichzeitig an die Geister- und Wunderwelt des Neuen Testaments glauben. Und wer meint, es für seine Person tun zu können, muss sich klar machen, dass er, wenn er das für die Haltung christlichen Glaubens erklärt, damit die christliche Verkündigung in der Gegenwart unverständlich und unmöglich macht.[26]

Bultmann will also die mythische Weltsicht und die Darstellung der Erlösung, wie sie in den neutestamentlichen Texten enthalten ist, so interpretieren, dass mythische Ideen und mythische Sprache „anthropologisch oder, besser, existentiell"[27] gedeutet werden können. Entmythologisierung bedeutet also, die neutestamentliche Mythologie wie folgt zu lesen: Die Mythologie des Neuen Testaments ist „nicht auf ihren objektivierenden Vorstellungsgehalt hin zu befragen, sondern auf das in diesen Vorstellungen sich aussprechende Existenzverständnis hin"[28]. Anders gesagt entmythologisiert Bultmann die neutestamentlichen Schriften, indem er sie in eine existenzielle Auslegung überführt, was uns wiederum an Luthers Streben nach einem existenziellen, also lebenswirklichkeitsorientierten Verständnis des Evangeliums erinnert. Die relevante Frage ist hier nicht, ob Bultmann mit seiner Mythenkritik Recht hatte. Zwei wesentliche hermeneutische Aspekte werden vielmehr in seiner Herangehensweise erkennbar: Bultmanns Entmythologisierungsprogramm hat gewaltige politische Konsequenzen, wie im Folgenden deutlich wird, und es stützt sich auf die Idee der existenziellen Auslegung.

Treffen wir hier also auf ‚lutherische Hermeneutik' – und zwar, jenseits möglicher typologischer Affinitäten zwischen der Person Luthers und Bultmanns? Im absoluten Sinne könnten wir die Frage verneinen: Luther hat keine Entmythologisierung biblischer oder neutestamentlicher Texte initiiert. Seine hermeneutischen Zielsetzungen waren andere. Trotzdem ging es Luther aber – und dies könnte als ein entscheidender Punkt ‚lutherischer Hermeneutik' gelten – um den Gedanken, dass die neutestamentlichen Schriften, und zwar durchaus als autoritative Texte verstanden, entsprechend

---

[26] Rudolf Bultmann: „Neues Testament und Mythologie. Das Problem der Entmythologisierung der neutestamentlichen Verkündigung", Nachdr. der 1941 erschienenen Fassung, *Beiträge zur evangelischen Theologie 96*, Hg. Eberhard Jüngel, München, 1988, S. 16.

[27] Vgl. ebd., S. 22.

[28] Ebd., S. 23.

der aktuellen Bedürfnisse und Lebensbedingungen interpretiert werden müssen. Hierbei spielt erneut die Sachkritik eine herausragende Rolle.

Interessanterweise verstand Bultmann sein Entmythologisierungsprogramm ausdrücklich als Fort- und Weiterführung der reformatorischen Theologie. Ulrich H. J. Körtner weist darauf hin, wie stark sich Bultmann in die Tradition Philipp Melanchthons wie auch Wilhelm Herrmanns stellte. Bultmann wandte Melanchthons Paradigma: *„Christum cognoscere hoc est: beneficia eius cognoscere, non eius naturas et modos incarnationis intueri"* [Christus zu kennen heisst, seine Wohltaten zu kennen, nicht seine Naturen oder die Modi seiner Inkarnation][29], unmittelbar auf sein Entmythologisierungsprogramm an, insofern als er letzteres als Methode definierte, kritisch offenzulegen, was Gott für uns getan hat. So sieht Bultmann die Entmythologisierung „parallel zu der Paulinisch Lutherischen Doktrin der Rechtfertigung *sola fide.*"[30] Nach Bultmanns Verständnis verweist sie damit zurück auf die leitenden Ideen der reformatorischen Theologie im Allgemeinen und elementare Aspekte der Theologie Luthers im Besonderen.[31]

VOM VERANTWORTUNGSVOLLEN UMGANG MIT DEM POLITISCHEN

Es besteht eine weitere Verbindung zwischen der Hermeneutik Luthers und jener Bultmanns. Ich würde diese Verbindung in den soziopolitischen Implikationen und Wirkungen der neutestamentlichen Hermeneutik sehen. In seiner Bultmann-Biographie hat Konrad Hammann deutlich aufgezeigt, dass Bultmanns Entmythologisierungsprogramm in zweierlei Hinsicht politische Ursachen und Auswirkungen hatte. Bultmann wollte die Mythen seiner Zeit offenlegen und entkräften, insbesondere die katastrophale Verquickung von Mythos und Geschichte, wie sie sich im Nationalsozialismus fand. Auf der Grundlage der „Barmer Erklärung" kritisierte Bultmann die „natürliche Gotteserkenntnis", wie sie die so genannten Deutschen Christen vertraten,

---

[29] Vgl. Philipp Melanchthon: „Loci communes", 1521, 0,13.
[30] Vgl. Rudolf Bultmann: „Zum Problem der Entmythologisierung", in: *KuM II*, Hamburg, 1952, S. 179-208, bes. 184f. und 207. Dazu auch Körtner, a. a. O. (Fussnote 4), S. 11f.
[31] Vgl. Körtners Verweise darauf, dass Bultmann sein Programm ausdrücklich in Bezug setzt zu Luthers Vorlesung über den Römerbrief 1515/16: Bultmann, ebd., S. 203f.; ebd., S. 12; Johannes Ficker (Hg.). „Luthers Vorlesung über den Römerbrief 1515/1516", Leipzig, 1925.

eine Gruppe, die die deutsche Politik im Dritten Reich unterstützte.[32] In seinem Beitrag „Die Frage der natürlichen Offenbarung" stellt Bultmann die These auf, die neutestamentlichen Schriften enthielten keine klare oder entscheidende Reflexion über die Geschichte.[33] Andererseits richtet sich Bultmanns Demythologisierungsprogramm auch gegen gewisse Tendenzen in der „Bekennenden Kirche". Bultmann war beunruhigt darüber, dass dieser christlichen Widerstandsgruppe primär an der Wahrung der Reinheit des Credo gelegen war, so dass sie Gefahr lief, den christlichen Glauben ausschliesslich in veralteten Sprachformen und mit Hilfe einer Weltsicht auszudrücken, die bereits überholt war.[34]

Man könnte sagen, dass Bultmanns ausgewogene Überlegungen dazu, wie theologische Positionen in politischen Krisenzeiten zu artikulieren

---

[32] Jedes *„Phänomen der Geschichte ist zweideutig*, und keines offenbart als solches Gottes Willen. Und erst recht ist jedes *geschichtliche Phänomen der Gegenwart* zweideutig ... Sind Gottes Forderung und Gottes Heiligkeit in ihrer Radikalität erfasst, so schweigt die Rede von der Offenbarung Gottes in der Forderung des Guten und in der Geschichte; so muss das Urteil lauten, dass *der Mensch vor Gott Sünder* ist, und dass *seine Geschichte eine Geschichte sündiger Menschen* ist und deshalb Gott gerade verhüllt", so Rudolf Bultmann in: „Die Frage der natürlichen Offenbarung" (1941), in: *GuV* 2, Tübingen, 1993, S. 79-104. „Mit dieser eminent politischen Aussage gab Bultmann 1940/41 ein Exempel der theologischen Auseinandersetzung mit den aktuellen Mythen", so Hammann, a. a. O. (Fussnote 25), S. 309.

[33] Sie geben das Paradoxon wieder, „dass Gottes eschatologischer Gesandter ein konkreter historischer Mensch ist, dass Gottes eschatologisches Handeln sich in einem Menschenschicksal vollzieht, dass es also ein Geschehen ist, das sich als eschatologisches nicht weltlich ausweisen kann ... Die Verkündiger, die Apostel: Menschen, in ihrer historischen Menschlichkeit verständlich! Die Kirche: ein soziologisches, historisches Phänomen; ihre Geschichte historisch, geistesgeschichtlich verständlich! Und dennoch alles eschatologische Phänomene, eschatologisches Geschehen!", so Bultmann, a. a. O. (Fussnote 26), S. 63f.

[34] Vgl. Hammann, a. a. O. (Fussnote 25), S. 309. Im Januar 1941 erklärte Bultmann in einem Grusswort an seine Studenten im Kriegsdienst: „Liebe Freunde! Zu Beginn des neuen Jahres soll Euch ein Gruss dessen versichern, dass ich an Euch mit herzlichen Wünschen denke ... Ich will Euch gestehen, dass mir die Absicht, Euch das Folgende zu schreiben, kam, als ich am Weihnachtsfest aus dem Gottesdienst nach Hause ging, – tief enttäuscht und deprimiert. Wohl hatte ich eine in der Form treffliche und in ihrem Inhalt dogmatisch höchst korrekte Predigt gehört. Aber es war keine wirkliche Predigt gewesen ... so darf nicht länger gepredigt werden; sonst werden unsere Kirchen in der nächsten Generation völlig entleert sein", Rudolf Bultmann: „Grusswort im Marburger Rundbrief zu Jahresbeginn Januar 1941", in: Erika Dinkler-von Schubert (Hg.): „Feldpost – Zeugnis und Vermächtnis. Briefe und Texte aus dem Kreis der evangelischen Studentengemeinde 1939-1945", Göttingen, 1993, S. 142-145.

seien, durchaus an lutherische Hermeneutik anknüpft, insofern als Luther selbst nie nach einfachen Lösungen suchte – etwa bei der Frage, wann im Blick auf die Reformationsereignisse der Einsatz von Gewalt legitim sei. In seinen Kontakten mit Christian II. von Dänemark neigte Luther nicht dazu, einseitig zugunsten einer seiner Sympathisanten zu argumentieren, sondern wahrte eine kritische Distanz und folgte seinem persönlichen und theologischen Gewissen. Wohl verfolgte er das Ziel, den religiösen Diskurs für einfache Menschen zu öffnen, doch trat er nicht für eine schnelle politische Revolution ein, sondern mahnte zu friedlichem Handeln und zur Achtung vor der (gottgegebenen) Obrigkeit.[35]

Die komplexe Frage, bis zu welchem Punkt eine politische Obrigkeit akzeptiert werden muss und wann eine Regierung gestürzt werden sollte, kann hier freilich nicht erörtert werden. Zum Zeitpunkt der Entstehung dieses Beitrags erleben wir die Problematik dieser Fragen, wenn wir die Tagespolitik in verschiedenen Ländern Nordafrikas und des Nahen Ostens beobachten. Die politischen Ereignisse dieser Tage sollten uns ermutigen, ernsthaft unsere postmodernen und recht unbekümmerten europäischen Ideen zur Legitimität politischer Macht zu überdenken. Im Blick auf Helmuth James von Moltke oder Dietrich Bonhoeffer, die immerhin Teil der jüngeren deutschen Geschichte sind, sollten wir uns durchaus erinnern, wie ernst und schwierig die Auseinandersetzung mit dem Tyrannenmord ist – insbesondere aus christlicher Perspektive. Es soll hier auch nicht diskutiert werden, inwieweit Bultmanns Rolle im Dritten Reich überhaupt mit Luthers Reaktion auf seinen eigenen zeitgeschichtlichen politischen Kontext verglichen werden könnte. Allerdings möchte ich die Behauptung aufstellen, dass lutherische Hermeneutik immer auch eine Sensibilität für die persönliche Verantwortung impliziert sowie den sorgsamen Versuch, neutestamentliche Texte als Grundlage für den Ausdruck theologischen Denkens besser zu verstehen und sie im Zusammenhang mit dem kirchlichen und gesellschaftlichen Leben in der Gegenwart zu sehen. Hier ist leider freilich auch zu vermerken, wie viele deutsche Theologinnen und Theologen, die sich selbst als Lutheranerinnen und Lutheraner verstanden, nicht in der Lage waren, dieser politischen Verantwortung lutherischer

---

[35] Vgl. Luthers Schrift „Ob Kriegsleute auch in seligem Stande sein können" (1526) sowie dazu Schwarz Lausten, a. a. O. (Fussnote 2), S. 27; vgl. ausserdem Martin Schwarz Lausten: „Christian 2. Mellem paven og Luther. Tro og politik omkring ‚den røde konge' I eksilet og I fangenskabet (1523-1559)" *Kirkehistoriske Studier III/3*, Kopenhaguen, o. J.; Carsten Bach-Nielsen/Per Ingesmann (Hg.): „Reformation, religion og politik. Fyrsternes personlige rolle i de europæiske reformation", Århus, 2003. Ich danke meinem Kollegen Carsten Bach-Nielsen für diese Hinweise. Eine andere Position vertritt z. B. Philipp Melanchthon: „An iure C. Caesar est interfectus", 1533.

Hermeneutik zu entsprechen. Vielmehr versagten sie menschlich wie theologisch in der schwierigsten Periode der deutschen, ja vielleicht der europäischen Geschichte überhaupt: dem Dritten Reich.

LUTHERISCHE HERMENEUTIK UND DIE AKADEMISCHE SITUATION DER GEGENWART

Ich möchte kurz auf mögliche Konsequenzen und Wirkungen der lutherischen Hermeneutik hinsichtlich der aktuellen akademischen Situation eingehen: Wie ist die moderne dänische Kultur vor dem Hintergrund der lutherischen Hermeneutik zu verstehen? Inwieweit beeinflusst oder bestimmt das kulturelle Umfeld unsere Arbeit als Theologinnen und Theologen und insbesondere als Neutestamentlerinnen und Neutestamentler?

Im Folgenden möchte ich einige Beobachtungen formulieren, die ich an der Universität Aarhus, wo ich seit 2006 lehre, gemacht habe – die Universität Aarhus ist eine öffentliche Universität des dänischen Staates ohne konfessionelle Determinierung.

Im September 2011 diskutierte das theologische Lehrkollegium, ob wir in Zukunft eine Art „Universitätsgottesdienst" anbieten sollten. Viele Kolleginnen und Kollegen zögerten, da sie befürchteten, die Trennung von *academia* und *ecclesia* könne verletzt werden. Jedes Engagement in der Kirche und jedes kirchliche Tun wird vorrangig als Teil des Privatlebens verstanden. Diese Situation scheint ambivalent. Einerseits hat Dänemark eine Staatskirche lutherischen Bekenntnisses (die Evangelisch-Lutherische Volkskirche in Dänemark). Andererseits ist eine klare Trennung zwischen akademischer Welt und privater Religion zu erkennen – obwohl von uns als akademisch Lehrenden und Forschenden erwartet wird, zum öffentlichen Diskurs beizutragen, d. h. die Ergebnisse unserer Forschungsarbeit für das kulturelle und gesellschaftliche Leben im Sinne der „Forschungskommunikation" zu erschliessen.

Die genannte Ambivalenz mag mit der Rezeption der lutherischen Zwei-Reiche-Lehre zu tun haben. Dieser Lehre gemäss sind politische Angelegenheiten und religiöse Fragen voneinander zu trennen. Die Zwei-Reiche-Lehre ist allerdings weder unproblematisch, noch bleibt sie ohne Widersprüche – weder im heutigen Dänemark noch im Fall Luthers, wie bereits angedeutet wurde. Die Zwei-Reiche-Lehre mag auch die Kirche beeinflusst haben, da die dänische Volkskirche heute ihre eigene soziokulturelle Identität hat und nicht von privater Religiosität oder Konfessionalismus bestimmt wird. Dies gilt insbesondere vor dem Hintergrund des stark ausgeprägten Säkularismus der dänischen Gesellschaft. Der amerikanische Soziologe Phil Zuckerman führte vor einigen Jahren empirische Untersuchungen zum persönlichen

Glauben der schwedischen und dänischen Bevölkerung durch und kam dabei zu dem Schluss, dass diese Gesellschaften statt von persönlicher Frömmigkeit von einer „Kulturreligion" geprägt sind.[36] Könnte man also sagen, dass in den modernen europäischen Gesellschaften die lutherische Hermeneutik Prozesse der Säkularisierung und den Verlust persönlicher Glaubensüberzeugungen befördert hat? Und falls ja – wie genau wirkt sich dies aus, und wie ist die Wirkung im Ergebnis zu bewerten?

In vielen mitteleuropäischen Gesellschaften lässt sich statt religiöser Belebung und einer Tendenz der Sakralisierung eher ein Trend zur Säkularisierung beobachten.[37] Diese Säkularisierungsprozesse sind in gewissem Masse Ergebnis der protestantischen Infragestellung kirchlicher Autoritäten und Traditionen. Im Falle Dänemarks, das ein relativ kleines Land mit einer alles in allem homogenen protestantischen Konfession ist, geht es bei der Ausübung von christlicher Religion weit weniger um innerchristliche Spannungen oder konfessionelle Streitigkeiten, höchstens um die Verteidigung des kulturstiftenden protestantischen Erbes gegen atheistische oder agnostische Positionen.

In Dänemark ist zudem zu beobachten, wie die lutherische Hermeneutik gesellschaftliche Denkprozesse kulturellen Wandels und kultureller Erneuerung (vgl. z. B. Grundtvig) anstossen und fördern kann. Die lutherische Hermeneutik entwickelt sich in diesem soziopolitischen Umfeld, wo bis heute andere Religionen und/oder christliche Konfessionen nur eine untergeordnete Rolle spielen, gleichsam als ein theologisches und kulturelles Konzept. Man könnte in gewissem Sinne dabei von einer lutherischen „Monokultur" sprechen, auch wenn sich durch den zunehmenden Einfluss des Islam zukünftig Veränderungen ergeben mögen. Ich wage keine Prognose darüber, wie das dänische Konzept der Kulturreligion auf solche zukünftigen religiösen und gesellschaftspolitischen Herausforderungen reagieren wird.

Wie aber geht die akademische Theologie in Dänemark mit den politisch und kulturell gesetzten Grenzen um – Grenzen, die als späte, möglicherweise mutierte historische Wirkungen der lutherischen Hermeneutik und

---

[36] Vgl. Phil Zuckerman: „Samfund uden Gud", Højbjerg, 2008, S. 169ff.

[37] Vgl. hierzu Friedrich Wilhelm Graf: „Die Wiederkehr der Götter. Religion in der modernen Kultur", München, 2004; Jürgen Habermas/Joseph Ratzinger: „Dialektik der Säkularisierung. Über Vernunft und Religion", Freiburg, 2005; Charles Taylor: „A Secular Age", Cambridge, 2007; Michael Reder/Joseph Schmidt (Hg.): „Ein Bewusstsein von dem, was fehlt. Eine Diskussion mit Jürgen Habermas", Frankfurt, 2008. Vgl. ausserdem Anton Hügli: „Jaspers Vorlesung Die Chiffern der Transzendenz im Kontext seines Schaffens während seiner Basler Zeit", in: Karl Jaspers, „Die Chiffern der Transzendenz. Mit zwei Nachworten", Hg. Anton Hügli and Hans Saner, Basel, 2011, S. 115-134.

ihrer gesellschaftlichen Ausformung in der Struktur von Staat und Kirche verstanden werden können? Ich sehe mindestens drei Faktoren, die die Theologie als akademische Disziplin prägen:

- Erstens bemüht sich die dänische akademische Theologie um ein fundiertes Verständnis aktueller kultureller und gesellschaftlicher Entwicklungen. Dieser Faktor erwächst sicherlich aus der lutherischen Hermeneutik selbst. Darüber hinaus spiegelt er auch äussere Erwartungen. Es ist kein Zufall, dass von der heutigen Theologie programmatisch erwartet wird, sich selbst eindeutig als Teil der Kulturvidenskab (Geisteswissenschaften) zu definieren. Dementsprechend wird die theologische Fakultät an der Universität Aarhus derzeit in eine grössere geisteswissenschaftliche Fakultät integriert.

- Zweitens stützt sich die akademische Theologie auf das Prinzip der Religionsfreiheit. Persönliche Frömmigkeit wird folglich strikt von der akademischen Arbeit getrennt.

- Drittens sucht die akademische Theologie weitaus weniger oder zurückhaltender eine direkte Zusammenarbeit mit kirchlichen Einrichtungen oder die Unterstützung durch die dänische Kirche, sondern ist vielmehr bestrebt, primär den Geisteswissenschaften zugerechnet zu werden – so orientiert sie sich an wissenschaftlichen Kriterien und wissenschaftspolitisch relevanten Fragestellungen und fügt sich so in den breiteren geisteswissenschaftlichen Rahmen der „Humanities" ein. Entsprechend könnte das akademische proprium der Theologie wie folgt beschrieben werden: Einerseits ruht die Theologie in ihrer akademischen Tradition, andererseits hat sie hinsichtlich ihrer Verpflichtung zur akademischen Ausbildung (der künftigen Pfarrerinnen und Pfarrer der dänischen Kirche) vor allem auch einen Bildungsauftrag zur Vermittlung der christlichen Religion wahrzunehmen.

In eben diesem akademischen Milieu spielen Kulturwissenschaft wie auch Religionsgeschichte und Philosophie eine vorrangige Rolle. Aus diesem Kontext erwachsen dann auch die intellektuellen Herausforderungen für uns als Forschende und Lehrende in unserem Bemühen, Studierende etwa für die neutestamentliche Exegese zu interessieren. In diesem Rahmen muss ‚lutherische Hermeneutik' umfassendere politische und kulturelle Perspektiven entwickeln. Eine solche Hermeneutik sollte einen Beitrag zu einem Christentum und insbesondere zu einem evangelischen Glauben leisten können, der den Bedingungen moderner Gesellschaften gerecht zu werden vermag. So können Lutheranerinnen und Lutheraner mit ihrer

Betonung der befreienden wie auch der kritischen und analytischen Kraft des christlichen Glaubens letztlich aktiv am kulturellen Wandel Anteil nehmen und ihn mitgestalten.

HERAUSFORDERUNGEN DER GLOBALISIERUNG

Die Konsequenzen und Wirkungen der lutherischen Hermeneutik waren lange Zeit tief mit der europäischen protestantischen Kultur und Theologie verbunden. Heute sind sie zum einen innerhalb der europäischen Gesellschaften umstritten und werden kontinuierlich und umfassend hinterfragt.

Eine wesentliche Herausforderung für die europäische Theologie könnte sich zum anderen zukünftig in der Frage stellen, wie sie christlichen Kulturen im Fernen Osten sowie in der südlichen Hemisphäre begegnet. Denn wir alle, die wir mit der evangelischen Theologie befasst sind, bewegen uns zunehmend auf der Ebene eines globalisierten Christentums, das im intensiven Wettbewerb mit anderen Konfessionen, Religionen und Religionsgruppen oder Sekten sowie mit unterschiedlichen Weltanschauungen und politischen Ideologien steht. In diesem Sinne könnte die weltweite Rezeption der lutherischen Hermeneutik so etwas wie eine *lingua franca* bieten, die eine Verständigung zwischen Christinnen und Christen, Theologinnen und Theologen jenseits nationaler, ethnischer oder kultureller Grenzen herbeiführt. Eine solche Hermeneutik könnte eine gemeinsame Sprache für Lutheranerinnen und Lutheraner in unterschiedlichen Kulturkreisen und Kontexten schaffen. Im geopolitischen Sinn liegt hier womöglich sogar die zentrale Aufgabe der Reflexion über die lutherische Hermeneutik und der Darstellung ihres soziopolitischen Potentials. In dieser Hinsicht hat der Lutherische Weltbund eine Schlüsselposition und geht mit der Ausrichtung der Konsultation zum Thema „Lutherische Hermeneutik der Schriftauslegung" einen grundlegenden Schritt in diese Richtung.

Bibel, Tradition und der asiatische Kontext

Monica Jyotsna Melanchthon

Lieben. Geliebt werden. Nie vergessen, wie unwichtig man selbst ist. Sich nie an die unaussprechliche Gewalt und vulgäre Ungleichheit des Lebens um einen herum gewöhnen. An den traurigsten Orten nach Freude suchen. Der Schönheit in ihr Versteck folgen. Nie vereinfachen, was kompliziert ist oder kompliziert machen, was einfach ist. Kraft achten, nie Macht. Vor allem beobachten. Zu verstehen versuchen. Nie wegsehen. Und niemals, niemals vergessen.

— Arundhati Roy, Auszug aus ihrer Rede *„Come September"*

Ort des Geschehens

„Meira Paibi" (Fackelträgerinnen) in Manipur

Im Bundesstaat Manipur im Nordosten Indiens haben Sicherheitskräfte in den letzten fünfzig Jahren bei der Bekämpfung von Aufständen mit deprimierender Regelmässigkeit Menschenrechtsverletzungen verübt. Dabei wurden entweder durch die Streitkräfte oder durch die für einen von Indien unabhängigen Staat kämpfenden militanten Separatistinnen und Separatisten viele Menschen getötet. Schon seit Langem fordern die Manipuri die Aufhebung des Gesetzes über die Sonderbefugnisse der Streitkräfte („Armed Forces Special Powers Act", AFSPA), das den Truppen bei Einsätzen zur Bekämpfung von Aufständen ausserordentliche Befugnisse einräumt.[1] Um die Aufhebung dieses Gesetzes zu fordern befindet sich die Menschenrechtsaktivistin Irom Chanu Sharmila seit fast elf Jahren im Hungerstreik. Ihr Protest begann nach

---

[1] Dieses Gesetz wurde 1958 vom Innenministerium eingeführt und ist im heutigen Gebiet Nagaland und den Bergregionen von Manipur anwendbar.

der Erschiessung von zehn Zivilistinnen und Zivilisten durch die „Assam Rifles" am 2. November 2000. Sie befindet sich unter gerichtlich angeordnetem Hausarrest und wird mit einer Magensonde zwangsernährt. Sharmilas Aussage nach ist es ihre „Pflicht und Schuldigkeit", auf möglichst friedliche Weise zu protestieren.

Thangjam Manorama Devi, eine 32-jährige Bewohnerin des Bundesstaates Manipur, wurde am 10. Juli 2004 von den paramilitärischen „Assam Rifles" verhaftet. Sie wurde verdächtigt, mit einer Separatistengruppe im Untergrund in Verbindung zu stehen. Die Soldaten plünderten ihr Haus im Dorf Bamon Kampu, folterten und verhafteten sie, nachdem sie ein „arrest memo"[2] unterschrieben hatten. Ihre Familie wurde gezwungen, eine „Verzichtserklärung" zu unterzeichnen.[3] Um 5:30 Uhr am darauffolgenden Morgen wurde ihr lebloser Körper etwa vier Kilometer von ihrem Haus entfernt gefunden. Man hatte ihr in den Unterleib geschossen, vermutlich um mit den Kugeln Vergewaltigungsspuren zu vertuschen. Die Sicherheitskräfte agieren als wären sie „Richter, Gericht und Henker – und scheinen sich an diese Rolle gewöhnt zu haben".[4]

Nach Manoramas Ermordung am 12. Juli 2004 riefen mehrere zivilgesellschaftliche Gruppen zu einem 48-stündigen Protest auf. 32 Organisationen schlossen sich im Netzwerk „Apunba Lup" zusammen und riefen eine Kampagne zur Aufhebung des AFSPA ins Leben. Der erschütterndste Protest kam von einer den „Meira Paibi" (Fackelträgerinnen)[5] angehörenden Gruppe 42- bis 73-jähriger Manipuri-Frauen, die sich am 15. Juli 2004 vor dem Stützpunkt der „Assam Rifles" in der Hauptstadt Imphal nackt in ein Spruchband wickelten, auf dem zu lesen war: „Indische Armee vergewaltige uns". Nun unter Zugzwang ordnete die Regierung des Bundesstaates eine gerichtliche Untersuchung an, doch wurden trotz der Vorlage eines Berichtes bislang nichts unternommen.

---

[2] Eine offizielle Festnahmebestätigung, um ein „Verschwinden" zu verhindern.

[3] Mit der sie erklärte, keine Forderungen gegen die Mitglieder der „Assam Rifles", die das Haus durchsucht und die Festnahme vorgenommen hatten, zu erheben, dass die Truppen „sich gegenüber der weiblichen Bevölkerung nicht falsch verhalten und kein Eigentum beschädigt haben". Human Rights Watch: „‚These Fellows must be Eliminated!' Relentless Violence and Impunity in Manipur", New York, 2008, S. 27, siehe: **www.hrw.org**

[4] Ebd., S. 11.

[5] Auch „Mothers' Front" (Front der Mütter) genannt. Eine von zwei bekannten Frauengruppen in Manipur mit folgenden zwei Hauptanliegen: Menschenrechtsverletzungen durch die Streitkräfte sowie der zunehmende Drogenkonsum und das damit einhergehende Auftreten von HIV und AIDS unter den jungen Menschen in Manipur. Jedes Mal, wenn sie von einer Vergewaltigung, der Folter, dem Tod oder Verschwinden einer Person erfahren, versammeln sie sich zu Hunderten und wachen oft die ganze Nacht. Wie die Regierung und die Armee feststellen mussten, lassen sie sich nicht leicht einschüchtern.

Daraufhin ordnete die indische Bundesregierung eine eigene Untersuchung an und es scheint, dass der Ausschuss die Aufhebung des AFSPA forderte, was bislang jedoch noch nicht geschehen ist. Politische Führungspersonen und Mitglieder der Regierung mögen zwar inoffiziell zugeben, dass die Ermordung Manoramas rechtswidrig war, doch hat es der indische Staat wieder einmal versäumt, die verantwortlichen Soldaten für diese schwerwiegende Menschenrechtsverletzung zur Rechenschaft zu ziehen.

L. Gyaneshori, eine der an der Demonstration beteiligten Frauen, berichtete Human Rights Watch:

> Manoramas Ermordung hat uns das Herz gebrochen. Wir hatten für das „arrest memo" gekämpft, um Personen nach ihrer Verhaftung vor Folter zu schützen. Das hat die Soldaten aber nicht davon abgehalten, sie zu vergewaltigen und zu ermorden. Sie haben ihren Körper verstümmelt und in ihre Vagina geschossen. Wir Mütter haben bitterlich geweint. „Jetzt können unsere Töchter vergewaltigt werden. Sie sind all dieser Grausamkeit ausgesetzt. Jedes Mädchen ist in Gefahr." Wir haben unsere Kleider abgelegt und uns vor die Armee gestellt. Wir haben gesagt: „Wir, die Mütter, sind gekommen. Trinkt unser Blut. Esst unser Fleisch. Vielleicht könnt ihr dann unsere Töchter verschonen." Doch es wurde nichts unternommen, um die Soldaten zu bestrafen. Die Frauen von Manipur wurden durch das AFSPA entkleidet. Wir sind immer noch nackt.[6]

Auch 2011 wurde Manoramas anlässlich ihres siebenten Todestages wieder gedacht. Ihre Familie und die Gruppen, die auf ihren Tod aufmerksam gemacht hatten, warten immer noch auf Gerechtigkeit.

Hauptmerkmale des asiatischen Kontextes [7]

Dies ist nur einer von zahlreichen Zwischenfällen, welche die Situation in Indien und möglicherweise in anderen Teilen Asiens veranschaulichen. Eine Analyse der sozialen, politischen und wirtschaftlichen Gegebenheiten Indiens zeigt auf, was hier besonders dringend notwendig ist:

- Die Verteidigung von Menschrechten und Freiheit gegen staatliche Unterdrückung verschiedenster Art und unterschiedlichen Ausmasses. Zu viele Teile Asiens sind gekennzeichnet von politischem Autorita-

---

[6] Interview von Human Rights Watch mit L. Gyaneshori, Präsidentin von „Thangmeiban Apunba Nupi Lup", Imphal, 26. Februar 2008, zitiert in Human Rights Watch, a.a.O. (Fussnote 3), S. 31.

[7] Siehe auch Felix Wilfred: „Asian Public Theology: Critical Concerns in Challenging Times", New Delhi, 2010, S. xii-xv.

rismus und Militarismus, schweren Menschenrechtsverletzungen, der Anerkennung einer bestimmten Religion als Staatsreligion und der Vorherrschaft einer einzigen ethnischen Gemeinschaft. Die Äusserung abweichender Meinungen wird unterdrückt, Protest wird zermalmt und Personen „verschwinden".

- Der Schutz der Armen vor der Unterdrückung durch den Markt: Die Kluft zwischen Reich und Arm, die wachsende Arbeitslosigkeit und die Verarmung der in der Landwirtschaft Tätigen haben nie dagewesene Ausmasse erreicht. Inmitten des sich immer weiter ausbreitenden Konsumdenkens und der Apathie der Mittelklasse werden Arbeiterinnen und Arbeiter unterdrückt und Menschen sterben durch Hunger und Selbstmord. Diese Entwicklung hat zusammen mit der Marktwirtschaft zu zahlreichen Problemen geführt wie Immigration, Migration, der Vertreibung von Menschen, Frauen- und Kinderhandel, dem Handel mit menschlichen Organen und vielem mehr.

- Die Schaffung und Förderung gerechter und integrativer Gemeinschaften angesichts zunehmender Gewalt, Konflikten zwischen verschiedenen ethnischen Gruppen, Kasten, religiösen Gruppen und sprachlichen oder regionalen Gemeinschaften. Religiöser Fundamentalismus, hinduistischer Faschismus, islamischer Fundamentalismus sowie die Ausgrenzung von Frauen und Menschen, die von HIV oder AIDS betroffen sind, nehmen stetig zu.

- Umweltschutz: Die durch Technologie angetriebene schnelle Entwicklung hat zu einer Umweltkrise geführt.

- Eine Förderung des Kampfes und Widerstands gegen alle Formen der Unterdrückung und Unterwerfung und deren Präsentation als Zeichen der Hoffnung.

Forderung von „organischen" Intellektuellen und Exegetinnen und Exegeten

Angesichts des öffentlichen Charakters von Religion[8] und christlichem Glauben betonen viele asiatische Theologinnen und Theologen die Notwendigkeit, derartige Themen aufzugreifen und auf kritische, theologische und biblische Art und Weise zu reagieren, indem „das Leben für alle" oder die „Transformation" als Beurteilungskriterien herangezogen werden. Auch Exegetinnen

---

[8] Ebd., S. vii.

und Exegeten werden ermutigt, die verschiedenen Strategien und Methoden zu berücksichtigen, die von allen Widerstand leistenden oder für Veränderungen kämpfenden Gruppen oder Einzelpersonen angewendet werden. Dies bedeutet, dass Wissenschaftlerinnen und Wissenschaftler Auslegungen der Bibel und der Tradition anbieten müssen, die mit den zahlreichen Gemeinschaft, die den obengenannten Problemen ausgesetzten sind, auf eine gewisse organische Weise verbunden sind. Solche Auslegungen müssen sich von den traditionellen Bibelauslegungen unterscheiden, innovativ sein und mit den neu auf dem Kontinent auftretenden Fragen und Anliegen im ständigen Dialog stehen. Ausgangspunkt für ein solches Projekt sind ausgegrenzte Gemeinschaften – Dalits, Frauen, Eingeborenenstämme, Adivasis, Opfer von Menschenhandel, Menschen, die von HIV und AIDS betroffen sind; all jene, die sich von den verschiedenen Formen der Ausgrenzung befreien müssen. In ihrem Kampf, ihren Bestrebungen und Träumen sind bereits die Umrisse einer zukünftigen gerechten und egalitären Gesellschaft zu erkennen.

Die Forderung nach „organischen" Intellektuellen und Exegetinnen und Exegeten, die dem Studium und der Auslegung der Bibel einen transformatorischen und lebenspendenden Impuls verleihen, wurde nicht überall in Kirche und Wissenschaft mit Begeisterung aufgenommen. Inzwischen unterrichte ich bereits seit mehreren Jahren Bibelwissenschaften am lutherischen Seminar in Südindien. Traditionelle und orthodoxe Vorstellungen von der Rolle von Männern und Frauen, Ungerechtigkeit, Diskriminierung aufgrund der Kastenzugehörigkeit, Korruption und Machtmissbrauch in Gemeinschaften und in der Kirche werden nach wie vor nur sehr zögerlich und mit dem Gefühl, Tabus zu brechen, hinterfragt. Die Vorstellungen sind eine persönliche Angelegenheit, wertend und politisch, und gehören nicht in den Bereich des „Glaubens" oder der „Lehre". Daher gibt es noch viel Selbstzensur und Zurückhaltung, insbesondere bei der Wahl von Forschungsthemen, bei denen perspektivische Methoden oder Ansätze für die Lektüre der Bibel angewandt werden. Die Realitäten und Verhältnisse in Indien oder in der Welt nicht zu beachten, scheint hingegen nicht als Ausdruck einer persönlichen, wertenden oder politischen Meinung zu gelten. So bleibt der Status quo sowohl in der Kirche als auch in der Wissenschaft erhalten und viele Probleme werden abgetan, verschwiegen oder ignoriert. Als systemische Denkerinnen und Denker sind wir uns aber bewusst, dass es unmöglich ist, diese Realität nicht zu erwähnen oder nicht darauf aufmerksam zu machen, und dass das, was wir notgedrungen mitteilen, von jenen urteilsfähigen Zuhörerinnen und Zuhörern oder Studentinnen und Studenten als Billigung der Gewalt, der Einschränkung der Möglichkeit und der Weigerung angesehen werden muss, das Unglück und die Frustration der betroffenen Gemeinschaften widerzuspiegeln.

In breiteren wissenschaftlichen Kreisen (SBL, IOSOT oder sogar im Rahmen von Konsultationen und Studienprojekten des LWB) wurden insbesondere nicht-westliche, für den „Kontext" (des Interpreten oder der Gemeinschaft) eintretende Exegetinnen und Exegeten mit unterschiedlichem Ausmass an Toleranz und Akzeptanz aufgenommen. Die Wissenschaft ist misstrauisch und betrachtet die kontextuelle Bibelinterpretation als „Verwässerung" des „akademischen" oder „wissenschaftlichen" Charakters des Bibelstudiums. Unsere Methoden gelten als fehlerhaft und voreingenommen. Kontextuelle Auslegungen gelten lediglich als „epistemologische Urteile" oder von „Werturteilen" ausgehend, die nur für den Kontext des Interpreten/der Interpretin zutreffen und relevant sind und somit für die breitere Wissenschaft kaum eine Bedeutung haben.

Doch können Exegetinnen und Exegeten aus kontextuellen Standorten und der Landschaft unterschiedlicher legitimer Identitäten die Disziplin nur dann mitgestalten, wenn Religions- und Bibelstudium von ihrem Standpunkt des objektiven Positivismus und der wissenschaftlichen Wertfreiheit abrücken und zu einer „engagierten" und „organischen" Wissenschaft kommen. „Weder eine wertfreie Haltung noch unpolitischer Objektivismus sondern die Artikulierung der eigenen sozialen Positionierung, Auslegungsstrategien und theoretische Rahmen" sind für das Bibel- und Theologiestudium „wesentlich und angemessen."[9]

Die Struktur der kontextuellen Interpretation/Lektüre

> ‚O' für objektiv: eine Täuschung, die andere Verrückte teilen.
> – Bertrand Russell: „The Good Citizen's Alphabet and History of the World",
> in: „Epitome", 1953

In unserem Einsatz für eine Welt, in der Heilung und Gerechtigkeit möglich sind, üben wir nicht nur Kritik sondern beteiligen uns auch an einer öffentlichen konstruktiven theologischen Reflexion.[10] Dabei ist die Bibel eine konstante und zugleich sich stets wandelnde Partnerin. Aufgrund ihres vielfältigen - polyphonen und poly-kontextuellen – Wesens ist die Bibel reichhaltig und birgt einen Schatz an visuellen Ressourcen, die eine grundlegende Struktur für die Kritik bieten, auf der jeder theologische Versuch oder Ausdruck von Gemeinschaft aufbauen sollte.[11] Die Bibel ist eine Goldmine für die fortdauernde Berufung

---

[9] Elisabeth Schüssler Fiorenza: „Changing the Paradigms", unter **www.religion-online.org/showarticle.asp?title=439**.

[10] „Die Beziehung zwischen Religion und Gesellschaft ist in Asien anders. Es besteht keine Verbindung zwischen Religion und Gesellschaft durch Begriffspaare wie heilig und profan, religiös und weltlich. Vielmehr ist im öffentlichen Leben auch Platz für die Religion." In: Ebd., S. xxi.

[11] Siehe Barbara Rossing: „Diversity in the Bible as Model for Lutheran Hermeneutics", in: Karen L. Bloomquist: „Transformative Theological Perspectives", *Theology in the Life of the Church*, Bd. 6, Minneapolis/Genf, 2009, S. 39-50.

aller befreiter Christinnen und Christen, die in ihrer jeweiligen Welt leben aber dennoch wie all unsere menschlichen Bemühungen, von Gott und der Welt zu sprechen, die Kritik als solche benötigen.

Ein wichtiger Aspekt besteht darin, Bibelstudium und Theologie zu verbinden mit den tatsächlichen Problemen der heutigen Gesellschaften wie der Zusammenbruch sozialer Strukturen, der Kampf um Leben, Macht, Würde, Veränderung, Gerechtigkeit, Anerkennung und den Ängsten der Menschen angesichts dieser Realitäten. In dem Versuch, der Verflechtung der drei Bereiche Bibel, Tradition und die Gesellschaft von heute – jeder für sich ein komplexes Feld – Rechnung zu tragen und der vielschichtigen Analyse Kohärenz zu verleihen, wurden Begriffe wie „Transformation", „Leben in Fülle", „Gerechtigkeit", „Widerstand" und „Befreiung" aus dem Evangelium Jesu Christi als hermeneutische Linsen oder Brennspiegel eingesetzt, welche wie Prismen wirken und die verschiedenen Themen in all ihrer Komplexität und mit all ihren Feinheiten aufspalten.

Das Interesse gilt einer Reflexion, die nicht nur die Fragen des sozio-kulturellen Kontextes, sondern auch die **systemischen** (strukturellen, wirtschaftlichen, gesellschaftlichen, rechtlichen, politischen, medialen usw.) und **systematischen** Verzerrungen (Bedeutungssysteme, religiöses Symbolsystem, theologische Artikulierungen, konfessionelle Credos)[12] ernst nimmt, die Bestandteil jedes und aller Kontexte sind. So lassen sich die Wurzeln der in Gesellschaft und Kultur erkennbaren sozialen Strukturen und Verzerrungen analysieren und bewerten, insbesondere jene, die Diskriminierung, Ungerechtigkeit und Unterwerfung verursachen, verstärken und verschärfen. Diese Wurzeln sind oft tief in einem unsere Weltsicht einschliesslich unserer religiösen Vorstellungen und unserer Theologie prägenden kulturellen Symbolsystem vergraben (z.B. das Kastensystem in Indien) und müssen daher ausgegraben und ans Tageslicht gebracht werden.

Nicht zu übersehen ist die starke ethische Komponente der kontextuellen Bibelinterpretation. Inmitten komplexer, widersprüchlicher und vieldeutiger Realitäten und Erfahrungen eine moralische und ethische Perspektive herauszuarbeiten, ist eine äusserst schwierige Aufgabe und kann somit je nach Kontext anders ausfallen. Dies unterstreicht die Bedeutung von Dialog und Austausch mit anderen religiösen Traditionen, Kampf- und Widerstandsbewegungen an der Basis.

Aufgrund ihres Engagements für Gerechtigkeit, Menschenwürde, Gleichheit, Frieden, Versöhnung und Ganzheit arbeiten kontextuelle Exegetinnen und Exegeten und Theologinnen und Theologen immer wieder mit unerwarteten

---

[12] Nach Konzepten von William Schweiker und Michael Welker: „A New Paradigm of Theological and Biblical Inquiry", in: Cynthia L. Rigby (Hg.): „Power, Powerlessness and the Divine: New Inquiries in Bible and Theology", Atlanta, 1997, S. 6.

Partnern zusammen. Durch einen interdisziplinären Ansatz und eine interdisziplinäre Methodologie werden sowohl die gesellschaftliche Realität als auch die Bibeltexte unter Einbeziehung anderer Fachrichtungen – Wirtschaftswissenschaft, Soziologie, Psychologie, Anthropologie, Menschrechte, politische Theorien und andere – und zusammen mit Partnern anderer Religionsgemeinschaften oder ideologischer Überzeugungen studiert und analysiert. In der pluralistischen Welt, in der wir leben, ist es unverzichtbar geworden, mit anderen Religionen zusammenzuarbeiten und die heiligen Schriften anderer Religionsgemeinschaften sowie die ursprünglichen Ressourcen/Texte einer bestimmten Kultur, wie Epen, Mythen, Sagen, Gedichte, Kunst usw. ernst zu nehmen, wenn wir die Probleme unserer heutigen Welt lösen wollen.

Für mich persönlich ist die Interpretation der Bibel emotional, und das muss sie auch sein. Sie muss dem Interpreten/der Interpretin, der sich für eine Bibelauslegung am Rande der Gesellschaft einsetzt, Raum lassen für Gefühl, Verletzlichkeit, Demut und Wohltätigkeit. Es scheint ein ungeschriebenes Tabu zu sein, Bibelauslegung und wissenschaftliche Arbeit mit Herz, Leidenschaft und Gefühl zu betreiben. Für die westlichen/dominanten Interpretinnen und Interpreten in akademischen Kreisen sind Gefühle möglicherweise befremdlich, weil sie den so genannten „objektiven" Ansatz und Rahmen des Bibelstudiums in Frage stellen und zu diesem im Widerspruch stehen. Allen voran haben feministische Wissenschaftlerinnen versucht, der gegenwärtigen Auffassung von Rationalität die emotionale Dimension zurückzugeben. Objektivität und Emotionslosigkeit werden oft als Synonyme verstanden und häufig wurde die Rolle der Emotionen bei der Entstehung von Wissen verleugnet. Dabei wäre ihre Berücksichtigung in unseren Bemühungen möglicherweise sogar hilfreich und wirksam. Alison Jaggar ist der Meinung, dass feministische Wissenschaftlerinnen sowie Wissenschaftlerinnen und Wissenschaftler anderer unterdrückter Gruppen „geächtete Emotionen" (*outlaw emotions*) entwickelt haben, die ihnen die einzigartige Möglichkeit bieten, alternative Epistemologien auszuarbeiten, Epistemologien, die „zeigen, wie sich unsere emotionalen Reaktionen auf die Welt verändern, wenn wir diese anders konzeptualisieren, und wie unsere veränderten emotionalen Reaktionen uns zu neuen Erkenntnissen verhelfen"[13].

TRADITION – LUTHERISCH ODER INDISCH?

Eine Frage, die sich die meisten von uns aus dem globalen Süden stellen müssen, ist welchen Platz oder welche Bedeutung unsere eigenen kulturellen

---

[13] Alison Jaggar: „Love and Knowledge: Emotion in Feminist Epistemologies", in: Alison Jaggar/Susan R. Bordo (Hg.): „Gender/Body/Knowledge", New Brunswick, 1989, S. 164.

und religiösen Traditionen einnehmen sollen – Traditionen, von denen wir uns aufgrund unserer Bekehrung zum Christentum entfernt haben. Damit meine ich nicht, dass es zwischen der „lutherischen" und der „indischen" Tradition ein Machtgerangel geben muss. Ich glaube nicht, dass die beiden Traditionen zwangläufig im Widerspruch stehen müssen, selbst wenn dies zuweilen der Fall sein kann. Für mich geht es eher darum, wie wir beiden gleichviel Bedeutung beimessen können bzw. den Reichtum beider für unsere Auslegung der Bibeltexte und unsere Theologisierung nutzen können.

Seit Jahrhunderten werden die Schriften und die Theologie Luthers sowie deren Interpretationen durch vornehmlich westliche Missionarinnen und Missionare und theologische Ausbilderinnen und Ausbilder an die Kirchen und deren Mitglieder weitergegeben. Luthers Theologie wurde in rein westlicher Verpackung eingewickelt, verschnürt und präsentiert, und mit Interpretationsgeschichte beladen. Es gab nur wenige Versuche, Luther für den indischen Kontext aufzuschnüren und den Reichtum seiner Arbeit und seiner Theologie für die indische Wirklichkeit zu beleuchten. Das ist möglicherweise der Grund, weshalb er auf die Theologisierung und die Bibelinterpretation in Indien keinen grossen Einfluss hatte. Da es an geschulten indischen Exegetinnen und Exegeten oder „Expertinnen" und „Experten" für Luther und die lutherische Tradition mangelt, die mit den Grundsätzen der lutherischen Lehre und Theologie vertraut sind, waren und sind die Kirchen und akademischen Einrichtungen für theologische Ausbildung nach wie vor vom Westen abhängig, der uns erklären muss, worum es im Luthertum eigentlich geht. Gegenwärtig scheinen „kontextuelle" Exegetinnen und Exegeten sowie Theologinnen und Theologen bemüht, sich mit der Arbeit von Denkern und Reformern wie Ambedkar[14] und anderen indischen Führungspersonen und Führungsfiguren von Randgruppen vertraut zu machen, und die gewonnenen Erkenntnisse für den Zweck der Kirche und der Wissenschaft vielleicht traditionellen christlichen theologischen Konzepten gegenüberzustellen.

Unter dem Erwartungsdruck einer lutherischen Stellungnahme zu einem bestimmten Thema wurde zuweilen versucht, die Auslegungen mit beliebteren oder bekannteren Lehren Luthers, wie die Kreuzestheologie, die Zwei-Reiche-Lehre, die Lehre der Rechtfertigung allein aus Gnade durch den Glauben, das lutherische Verständnis der weltlichen Obrigkeit oder der Schrift, (manchmal recht locker) zu verbinden. Diese Versuche wurden meines Erachtens mitunter missverstanden oder es wurde zu wenig darüber nachgedacht. So wurden sie eher zu Hindernissen für die Befreiungs- und Transformationsarbeit. Dass Luthers politische Theorie in einem ganz spezifischen Kontext entstanden ist und seine Thesen radikale Auswirkungen hatten, ist unumstritten. Seine Aufforderung an den deut-

---

[14] Geistiger Führer der Dalit-Bewegung in Indien.

schen Adel in seinem offenen Brief „An den christlichen Adel deutscher Nation", die römischen Machtstrukturen aufzubrechen, wird von allen freiheitlich Gesinnten mit Begeisterung aufgenommen.

Auch das Kreuz hat in der indischen Theologisierung eine wichtige Rolle gespielt, da es all unsere Erwartungen umkehrt, was schadhaft ist, und den Machtbegriff an sich sowie unser Machtverständnis in Frage stellt. Es entfremdet uns sogar von allem was wir vielleicht über Weisheit, Religion und Machtpolitik in der Gesellschaft glauben. Allerdings gilt das auch für die Auferstehung, da sie uns eine Weltanschauung bietet, die nicht durch eine systematische vorbestimmte Art zu denken beurteilt werden kann.[15]

Das wichtigste jedoch ist, dass Luthers Schriften keinen hilfreichen Ausgangspunkt für den interreligiösen Dialog bieten, da viele seiner Schriften von der Judenfeindlichkeit des mittelalterlichen Europas und der Bedrohung durch die Türken gefärbt sind. Die Folgen volkstümlicher Wiedergaben von *sola scriptura* oder *solus Christus* sowie das Sakrament der Taufe in einem multireligiösen Kontext haben dies noch komplizierter gemacht.

Natürlich baut meine Identität als Lutheranerin auf meinem lutherischen Erbe auf. Ich bin aber auch Inderin und eine Frau. Und all dies sollte in der Art und Weise, wie ich an die Bibel herangehe und nach Wahrheiten und Strategien suche, die nicht nur mir als Individuum im Umgang mit meinem Glauben und meinen Anliegen helfen können, sondern auch den Gemeinschaften, in denen ich mich wiederfinde, eine Rolle spielen. Wie kann man sich am besten mit der Komplexität der Bibel, der lutherischen Tradition und des indischen Kontextes auseinandersetzen, ohne einem höhere Priorität einzuräumen als den anderen?

Vergleichende Lektüre

Dem Vorschlag einer multireligiösen oder multikulturellen Hermeneutik liegt der Gedanke zugrunde, dass wir durch eine gemeinsame Lektüre oder die Lektüre wenn wir zu einander in Beziehung stehen, Traditionen entdecken könnten, die Unterdrückungsstrukturen überwinden, die aus anderen als unseren eigenen Quellen stammen. Auch in anderen religiösen Traditionen und Gemeinschaften gibt es Protesthandlungen und freiheitliche Strömungen, die möglicherweise dazu geeignet sind, die hermeneutischen Antennen der Exegetinnen und Exegeten zu sensibilisieren, und uns in die Lage versetzen könnten, innerhalb der biblischen Tradition neue Einsichten zu gewinnen und so den höheren Plan in der Geschichte von Gottes Befreiung aller Männer und Frauen in der ganzen versöhnten Menschheit

---

[15] Anthony C. Thistleton: „New Horizons in Hermeneutics: The Theory and Practice of Transforming Bible Study", London, 1992, S. 612.

umzusetzen. Dazu ist eine gegenüberstellende Lektüre notwendig. Das Einzigartige an einer solchen vergleichenden Lektüre ist die Tatsache, dass die Interpretation des Lesers keine endgültige Interpretation der religiösen Texte ist. Der Prozess der vergleichenden Lektüre setzt sich fort, indem die interpretierten Texte von zahlreichen Leserinnen und Lesern gelesen und auf ihre Weise interpretiert werden. Das ist eines der Grundprinzipien der postmodernen Lektüre, bei der die Sinngebung mit jedem Lesen und erneutem Lesen desselben Textes immer weiter fortgesetzt wird.

Ein Beispiel: Die Samariterin und Akkamahadevi

Ich habe zum Beispiel Johannes 4 und die Schriften von Akkamahadevi, einer Bhakta aus dem 12. Jahrhundert im indischen Karnataka parallel gelesen.[16] Dabei habe ich versucht, mögliche Ähnlichkeiten, Unterschiede und gemeinsame Erkenntnisse der beiden Texte aufzudecken. Dies könnte uns helfen, von Protest und Hoffnung zeugende Bilder und Traditionen zurückzuerobern, mit denen unterdrückerische Systeme überwunden und alternative Strukturen aufgebaut werden können, und so zu Würde und Subjekthaftigkeit von Frauen und Männern beizutragen.

Die *Bhakti*-Bewegungen des 12. Jahrhunderts gaben auch Frauen einen Platz und eine Chance – selbst Frauen aus den sogenannten „unberührbaren" Kastengruppen. Manche dieser *Bhaktas* waren sehr mutig und kreativ, und forderten das Recht, selbst über ihr Leben zu bestimmen. Sie haben uns ein mächtiges kulturelles Erbe hinterlassen. Sie gehören auch heute noch zur lebendigen Tradition, nicht nur weil ihre Lieder wesentlicher Bestandteil der Kultur in ihrer jeweiligen Region sind,[17] sondern auch weil ihnen dafür gedacht und gehuldigt wird, dass sie den vorherrschenden gesellschaftlichen Normen zum Trotz zu ihren frei gewählten Idealen gestanden haben. Die Arbeit dieser Frauen und die Legenden, die sie umgeben, sind ein Zeugnis nicht nur für ihre Kreativität sondern auch für ihre freudvolle Suche nach der eigenen Wahrheit, selbst wenn diese eine radikale Abkehr von dem für die meisten Frauen vorgeschriebenen Leben bedeutete.

Akkamahadevi wurde in Karnataka geboren und als junges Mädchen in den *Virashaivismus* initiiert. Sie wurde mit einem Jain-König vermählt, verlässt diesen aber zugunsten von Shiva, der ihr ihre Gestalt verleiht. Sie trennt die Bande mit Familie und Geburtsort und zieht aus, ihren Herrn Chennamallikar-

---

[16] Monica J. Melanchthon: „Akkamahadevi and the Samaritan Woman: Paradigms of Resistance and Spirituality," in: Devadasan N. Premnath (Hg.): „Border Crossings: Cross-Cultural Hermeneutics. Essays in Honor of Prof. R. S. Sugirtharajah", Maryknoll (New York), 2007, S. 35-54.

[17] http://chnm.gmu.edu/wwh/modules/lesson1/lesson1.php?menu=1&s=7

juna zu finden, mit dem sie sich verlobt.[18] Ihre Art mit ihrer Ehe umzugehen, ist in gewisser Hinsicht mit der tieferen Frage ihrer Sexualität und ihrer expliziten Haltung zum weiblichen Körper verbunden. Sie durchstreift einen grossen Teil des heutigen Bundesstaates Karnataka auf der Suche nach ihrem göttlichen Geliebten, mit nichts anderem als ihrem Haar bedeckt.[19] Sie schämt sich nicht für ihren Körper und betrachtet ihre Sexualität nicht als Hindernis. Im Gegenteil sieht sie ihren Körper als Werkzeug und Ausdruck ihrer Hingabe. Die Beziehung zu ihrem Herrn ist in die Brautmystik eingebettet.[20] Sie begegnet ihrem Körper mit einer Direktheit, die ihresgleichen sucht, und zwingt auf diese Weise ihre Umwelt, dasselbe zu tun. Ihre schonungslose Freimütigkeit sieht keine Scham darin, sich konventioneller Anstandsvorstellungen zu entledigen.[21]

Die Samariterin trifft Jesus an einem Brunnen – und Brunnen sind in Indien umstrittene Orte. Der Ort dieser Begegnung ist auch deshalb von Bedeutung, weil er zwei Dinge betont: Erstens zieht das Bedürfnis nach Wasser beide Figuren zum Brunnen, der dadurch zum Treffpunkt zweier Kulturen, Gemeinschaften und Religionen wird. Zweitens gehörte dieser Brunnen Jakob, womit hervorgehoben wird, dass Jesus und die Samariterin gemeinsame Vorfahren haben, nun aber aus historischen und gesellschaftlichen Gründen getrennt sind. Ich sehe in dieser Frau weder eine Frau von schlechtem Ruf, noch verurteile ich sie ob ihrer fünf Männer. Ich lobe ihre Souveränität und die Rolle, die sie gespielt hat, indem sie vielleicht Jesus die Augen geöffnet und ihr Wissen um Christus mit den Menschen in ihrer Stadt geteilt hat. Ich betrachte die Samariterin nicht als passive Wohltätigkeitsempfängerin sondern als aktive Förderin und Vermittlerin gesellschaftlicher Veränderungen. Derartige Veränderungen beeinflussen natürlich im Allgemeinen das Leben und Wohlergehen von Frauen, aber auch das von Männern und Kindern. Nach mehreren leidvollen Erfahrungen hat die Samariterin erkannt, dass sie zu sich selbst kommen und sich den erwarteten gesellschaftlichen Normen und Bräuchen widersetzen muss. Indem sie mit einem Mann zusammenlebte, mit dem sie nicht verheiratet war, überschritt sie die Grenzen ihres Geschlechts und ihrer Religion und

---

[18] Susie Tharu/K. Lalitha: „Women Writing in India: 600 B.C. to the Present", Bd. I: „600 B.C. to the Early 20th Century", New Delhi, 1993, S. 77.

[19] **www.poetseers.org/the_great_poets/female_poets/spiritual_and_devotional_poets/india/mah**

[20] Tharu/Lalitha, a.a.O. (Fussnote 18), S. 77.

[21] R. G. Mathapati schreibt: „Allerdings sagte sie, um ihre Nichtbeachtung von Körper und Kleidung zu rechtfertigen: Ich habe die Begierde in mir getötet und diese Welt erobert. Also habe ich keinen Körper. Wenn ich keinen Körper und kein Geschlecht habe, wo stellt sich dann die Frage der Kleidung?"; siehe **www.ourkarnataka.com/religion/akka_mathapati.htm** .

schaffte sich selbst einen von Freiheit und Souveränität geprägten Raum. Das war ihre Art, mutig gegen die gesellschaftlich auferlegten Normen und Erwartungen zu protestieren, und sie war bereit, alle Konsequenzen zu tragen. Da sie nicht gesetzlich an einen Mann gebunden war, konnte sie sich allein oder auf jede beliebige Weise mit Jesus unterhalten und die Erkenntnisse aus diesem Gespräch mit dem Rest der Gemeinschaft teilen. Dafür erinnert man sich ihrer und feiert sie. Mit dieser Schlussfolgerung lobe ich nur ihre Selbständigkeit und Souveränität. Durch ihr Streben nach persönlicher Selbständigkeit engagierte sie sich für die Selbständigkeit aller Frauen, da sie diese Selbständigkeit in ihrer Familie lebte, in der Gesellschaft durchsetzte und so Veränderungen förderte.

Wenn wir die beiden Frauen vergleichen, erkennen wir, dass sich beide Frauen auflehnten und Grenzen überschritten. Doch obwohl sich beide auf verblüffende Weise den geltenden Konventionen widersetzten, wurde keine der beiden verfolgt oder verstossen, sondern zeit ihres Lebens respektiert und in lebendige sich entfaltende Traditionen integriert. Beide Texte sind meines Erachtens ein Beispiel für die Fähigkeit einer Tradition, Raum in der Gesellschaft zu schaffen für Frauen mit besonders herausragender Begabung und Mut, selbst wenn sie sich den allgemeingültigen grundlegenden Prinzipien des *stree dharma*, der Ehe und der Mutterschaft, auf ungeheuerliche Weise widersetzten.[22] Diese Frauen sind Sinnbild unzulässiger, aufrührerischer oder Grenzen überschreitender Beziehungen. Obwohl sie Opfer der Grausamkeit sind, erhalten diese Frauen neue Macht, indem sie wiederholt Grenzen überschreiten. Ihre Souveränität spiegelt sich in ihrer aussergewöhnlichen Familiensituation wider.[23]

Um in unserer Gesellschaft mehr Gerechtigkeit und Freiheit zu schaffen, müssen wir eine kreative Beziehung mit den menschlicheren und potenziell befreienden Aspekten unserer kulturellen und religiösen Traditionen entwickeln. Meine Frage ist nun: Was aus der lutherischen Tradition kann ich neben diese Texte stellen oder welches lutherische hermeneutische Prinzip könnte ich anwenden, um diese beiden Texte zu interpretieren und sie lutherisch zu machen? Verkündigen diese beiden Frauen Jesus Christus? Und die Frauen aus Manipur, verkündigen sie mit ihrem Ruf: „Wir, die Mütter, sind gekommen. Trinkt unser Blut. Esst unser Fleisch. Vielleicht könnt ihr dann unsere Töchter verschonen!" Jesus Christus? Ich glaube, dass das Evangelium und die Frohe Botschaft auch in anderen Bibelfiguren, in Frauen und Kindern gefunden werden kann und dass sie es wert sind, ausgegraben und bekannt

---

[22] Hier sei auf die Frauen im Stammbaum Jesu hingewiesen.
[23] Gabriele Dietrich: „Subversion, Transgression, Transcendence: ‚Asian Spirituality' in the Light of Dalit and Adivasi struggles", in: Gabriele Dietrich: „A New Thing on Earth: Hopes and Fears facing Feminist Theology", New Delhi, 2001, S. 246.

gemacht zu werden. Wenn Bibelfiguren und Luther „transfiguriert" werden können – um den von Vítor Westhelle erläuterten Begriff zu verwenden[24] –, dann denke ich, können auch Figuren aus unserer eigenen kulturellen Tradition, unseren Bewegungen und anderen Formen von „Text" transfiguriert werden. Wir benötigen und verwenden sie, weil sie relevant sind und in unseren Erfahrungen mitschwingen, unseren Glauben herausfordern, unser Verständnis von Bibeltexten bereichern und uns neue, innovative Erkenntnisse und Strategien zur Auseinandersetzung mit unseren Realitäten hier und jetzt eröffnen.

Luther, ein Bibelwissenschaftler, der Erfahrungen und Kontext berücksichtigt?

Luther war ein Mann seiner Epoche, ein Produkt seiner Zeit, kontextuell und mit einem Gespür für die Bedürfnisse seiner Zeit. Indem er dieses Gespür in seine Arbeit einfliessen liess, löste er eine Revolution aus. Seine Ausbildung zum Wissenschaftler und Theologen wurde ohne Zweifel von seinen Erfahrungen beeinflusst und seine Theologie durch seine Lehrer geprägt. Die Schriften Augustins, die Predigten des grossen deutschen Mystikers Johannes Tauler, das kleine Buch „Theologia deutsch", das Werk eines unbekannten Mystikers des frühen 15. Jahrhunderts, die Konziliaristen[25] – sie alle hatten einen Einfluss auf sein Leben und seine Theologie. Sie alle haben seine Theologie und seine Reaktion auf die Zeichen seiner Zeit mitbestimmt. So schreibt Walter Altmann:

> Inmitten der dramatischen und umwälzenden Ereignisse für die Kirche, ja für die westliche Welt handelte und reagierte Luther auf eine für ihn notwendige und relevante Art und Weise, als Antwort auf die Zeichen der Zeit und auf das Wort Gottes.[26]

---

[24] Siehe Vítor Westhelle: „Rezeption und Kontext – Luthers kontextuelle Hermeneutik", in dieser Publikation.

[25] Luther zitierte mit Vorliebe den Konziliaristen Nicolo de Tudeschi oder Panormitanus, der sagte, dass „in Glaubensfragen, das Wort einer einzigen Privatperson dem des Papstes vorzuziehen ist, wenn diese Person von solideren Argumenten aus dem Alten und Neuen Testament beseelt ist". So zitiert durch Roland Bainton: „The Bible in the Reformation", in: Stanley L. Greenslade (Hg.): „The Cambridge History of the Bible: The West from the Reformation to the Present Day", Cambridge, 1963, S. 2. Doch ging Luther noch weiter als die Konziliaristen, indem er die Auffassung vertrat, dass Konzile unfehlbare Interpretationen keineswegs mehr gepachtet haben als der Papst.

[26] Walter Altmann: „Luther and Liberation", Minneapolis, 1992, S. vii-viii.

Seine Bibelauslegungen waren deutlich von den mittelalterlichen Interpretationsmethoden geprägt. So kombinierte Luther beispielsweise in seinen frühen Kommentaren zu den Psalmen (1513–1515) die Quadriga oder vierfache Auslegung (wörtliche, allegorische, tropologische und anagogische) mit dem doppelten Literalsinn des französischen Humanisten Jacques Lefèvre d'Étaples und schuf so eine Hermeneutik mit acht Bedeutungen.[27] Meine Frage ist: Welche Texte/Materialien seiner Kultur haben Luther beeinflusst? Inwieweit hat Luther lokale Weisheiten, kulturelle Bräuche, Folklore und Mythen in sein Theologisieren miteinfliessen lassen?

Kontextuelle Exegetinnen und Exegeten versuchen indigene Auslegungsmethoden anzuwenden und greifen auch auf Material ihrer eigenen Kultur zurück. Auf diese Weise versuchen sie, im Rahmen des Bedeutungssystems ihrer Gemeinschaft zu arbeiten. Wenn ein/e sachkundige/r Exeget/in weiss, was in einer bestimmten Kultur wichtig ist, so kann er die mit dieser Kultur verbundenen symbolischen Bedeutungen nutzen. Durch den Einsatz der in Poesie, Sprichwörtern, volkstümlichen Sagen und Mythen verwurzelten kulturellen Metaphern kann der Interpret/die Interpretin die Zuhörerinnen und Zuhörer gewinnen, und Verständnis und Wachstum innerhalb eines kulturell kohärenten Rahmens und Musters wird erleichtert.

DIE HERAUSFORDERUNGEN KONTEXTUELLER ANSÄTZE FÜR DIE LUTHERISCHE HERMENEUTIK

Wir beschäftigen uns schwerpunktmässig mit dem Johannesevangelium und es wurde bereits viel gesagt über „das Wort ward Fleisch". Auch in Indien legen viele Pfarrerinnen und Pfarrer den Schwerpunkt in ihren Predigten nur auf „das Wort ward Fleisch". Dies hat zu einer individualistischen und persönlichen Herangehensweise an den christlichen Glauben geführt und so psychologische Abhängigkeit, politische Passivität und gemeinschaftliche Ausgrenzung gefördert, insbesondere mit Blick auf die christlichen Dalits und anderen Randgruppen. Eine solche Theologie gründet laut Wilson auf dem „Bauwerk der menschlichen Schwäche"; sie nährt ein schlechtes Selbstbild und ein Gefühl der Hilflosigkeit.[28] Durch diese Schwerpunktsetzung wird der soziale Bereich und damit der Gedanke einer gesellschaftlichen Erlösung vernachlässigt bzw. zuweilen sogar ausgeschlossen. Sie hat die Einstellung der Kirche zu Wirtschaft, Politik, Kultur, sozialen Beziehungen

---

[27] Siehe Peter J. Leithart: „Deep Exegesis: The Mystery of Reading Scripture", Waco (Texas), 2009, S. 13.

[28] K. Wilson: „The Twice Alienated: Culture of Dalit Christians", Hyderabad, 1982, S. 26.

sowie internationalen Angelegenheiten beeinflusst. Was es im indischen Kontext braucht, ist die Betonung der Tatsache, dass „das fleischgewordene Wort" auch „unter uns wohnt", dass der historische Jesus, der sich mit den Unterdrückten identifizierte, unter uns wohnt und ein Leben des Aufbegehrens und des Kampfes gegen die Mächte der Unterdrückung führte.[29] Damit wird die Tatsache betont, dass Jesus in Wort und Tat verkündete (Mk 1,15). Dies zu betonen bewirkt Ermutigung, Provokation, Ermächtigung und Befähigung der Unterdrückten, selbst die Verantwortung für ihre Emanzipation und Befreiung zu übernehmen.

Wir scheinen mit der Frage konfrontiert zu sein, wie wir am besten mit der Komplexität nicht nur des Bibeltextes sondern auch der – lutherischen und kulturellen – Tradition sowie mit unserem jeweiligen Kontext umgehen. Verschiedene, häufig miteinander im Wettstreit stehende Gemeinschaften und Traditionen teilen sich einen Raum auf diesem Planeten – das ist unsere Situation. Kommen neue Spieler hinzu, ändert sich manchmal auch das Spiel selbst. Kontextuelle Exegetinnen und Exegeten haben nicht nur an der nordamerikanischen und europäischen Dominanz in der Bibelwissenschaft gerüttelt, sondern neue Prioritäten, neue Fragen und neue Perspektiven auf den Tisch gelegt. Unsere Disziplin ist gespalten und die Wissenschaft streitet über Theorien, Ansätze, Methoden und Hermeneutik, was an sich weder gefährlich noch überraschend ist. Im Gegenteil, es ist für die Weiterentwicklung des Verständnisses von grundlegender Bedeutung. Einheit im Sinne von Homogenität bietet Sicherheit. Doch ist Sicherheit kein Ort für Abenteuer, sie macht die direkte Lebenserfahrung unmöglich. Homogenität und Sicherheit tragen weder zur Blüte einer Disziplin noch zur Neuordnung von Wissen bei, und möglicherweise auch nicht dazu, unserer Gemeinschaft Ausdruck zu verleihen.

Daher müssen wir über die Kohärenz und Komplexität unserer Situation nachdenken, über unsere verschiedenen historischen Hintergründe und Lebenssituationen. Wie können wir mit solch einer Vielfalt von Exegetinnen und Exegeten, Denkerinnen und Denkern, Methoden, hermeneutischen Strategien und Kontexten Kohärenz erzeugen? Gibt es einen einzelnen Grundsatz, der uns bei dieser Aufgabe helfen könnte? Meiner Ansicht nach ist es angesichts der Vielfalt in unserer Gemeinschaft nicht hilfreich, einer einzelnen Methode oder hermeneutischen Strategie eine Vormachtstellung zu geben. Jeder einzelne systematische Ansatz wäre allzu kontrollierend. Er wäre das, was Walter Brueggemann bezeichnet als „ein Eigeninteresse, das als Wahrheit ausgegeben wird, eine Teilwahrheit, die sich als ganze Wahrheit tarnt, ein theologischer Anspruch, der als gesellschaftlicher

---

[29] V. Devasahayam (Hg.): „Frontiers of Dalit Theology", Chennai/New Delhi, 1997, S. 5.

Kontrollmechanismus dient".[30] Unsere Unterschiede und unterschiedlichen Ansätze, Theorien und hermeneutischen Strategien machen uns reich. Schliesslich waren an der Schriftauslegung schon immer zahlreiche Akteure, vielfältige Fertigkeiten und unterschiedliche Überzeugungen beteiligt.

Doch die Bibelwissenschaft kann es sich nicht leisten, sich im intellektuellen Dickicht ihrer Disziplin oder Tradition zu verlieren und dabei die Gemeinschaften zu vernachlässigen, zu denen sie gehört und an die sie sich wenden sollte. Alle Methoden – ob Ansatz oder Hermeneutik – führen auch schnell zu einer gewissen „Leser-Zentriertheit", bei der jeder Leser die richtige Interpretation eines Textes für sich beansprucht. Die Herausforderung besteht darin, ein Gleichgewicht zwischen Komplexität und notwendiger Kohärenz/Einheit zu finden. Was der kontextuelle Ansatz anstrebt, ist eine Kritik der Gesellschaft und ihrer Strukturen aus mehreren Perspektiven, eine Pluralität der Methoden, die zur Erkennung unterdrückerischer Systeme und Praktiken beitragen und Wege zu ihrer Überwindung aufzeigen könnten. Diese Vielfalt ist meines Erachtens eine Chance, eine Einladung, uns miteinander, mit unseren Besonderheiten und unseren kontextuellen Schriftauslegungen auseinanderzusetzen. Sie ist ein Aufruf zu Aufgeschlossenheit, und mit Aufgeschlossenheit kommt vielleicht das, was Clarke und Ringe als „die Fähigkeit zur Interpretationselastizität"[31] bezeichnen. Aufgeschlossenheit bedeutet, dass wir uns aus unserem Wohlfühlbereich und unserem Sicherheitsnetz heraus strecken, dass wir unser Herz und unseren Geist öffnen, um den Text aus der Perspektive eines anderen zu verstehen und so eine „gegenseitige Befruchtung"[32], eine „Fremdbefruchtung", eine „Akkulturation" zu bewirken und das Wort Gottes für uns selbst und für die Gemeinschaft formulieren zu können.

Wir müssen auch die Rezeptionsgeschichte der Bibel in den verschiedenen Kontexten berücksichtigen, sowie die Umstände zu der Zeit, als die Bibel zum ersten Mal in einer bestimmten Gemeinschaft eingeführt wurde. Die gewöhnlichen Leserinnen und Leser arbeiten nicht mit dem hebräischen oder griechischen Text, weshalb wir erforschen müssen, auf welche Weise Sprach- und Übersetzungspolitiken die Bedeutung eines Textes im jeweiligen Kontext beeinflussen.

---

[30] Walter Brueggemann: „Israel's Praise: Doxology Against Idolatry and Ideology", Philadelphia, 1989, S. 111. Siehe auch Rex Mason: „Propaganda and Subversion in the Old Testament", London, 1997.

[31] Sathinathan Clarke/Sharon Ringe: „Inter-Location as Textual Trans-version: A Study in John 4: 1-42", in: Tat Siong Benny Liew (Hg.): „Post Colonial Interventions: Essays in Honor of R. S. Sugirtharajah", Sheffield, 2009, S. 59.

[32] Duane A. Priebe: „Mutual fecundation: The Creative Interplay of Texts and New Contexts", in: Karen Bloomquist, a.a.O. (Fussnote 11), S. 91-104.

KEINE SCHLUSSFOLGERUNG...

Für diese Aufgabe kann es keine Schlussfolgerung geben, denn der Kontext ist stets in Bewegung und verlangt eine dynamische Bibelinterpretation, die sich auf den jeweiligen Kontext zu einem bestimmten Zeitpunkt an einem bestimmten Ort bezieht. Der öffentliche Charakter der Bibelinterpretation endet nie und kann auch gar kein Ende haben – er wartet einfach auf eine neue Darbietung und neue Schauspieler. Bibelwissenschaftlerinnen und -wissenschaftler müssen sich ernsthaft auf den Kontext einlassen, um kritisch beurteilen zu können, auf welche Zukunft die gegenwärtigen Methoden, hermeneutischen Grundsätze oder Ansätze für die Gemeinschaften, denen wir zu dienen versuchen, hindeuten. Dieses Engagement ist notwendig, wenn der Diskurs weiter an seinem Ziel festhalten will, tatsächlich etwas im Leben der Männer und Frauen zu verändern, selbst solange noch über das weitere Vorgehen debattiert wird.

Die Rolle von Tradition im Blick auf die Schrift: Fragen und Überlegungen

Dennis T. Olson

Gedenket des Vorigen, wie es von alters her war:
Ich bin Gott, und sonst keiner mehr,
ein Gott, dem nichts gleicht.
    Jesaja 46,9

Gedenkt nicht an das Frühere
und achtet nicht auf das Vorige!
Denn siehe, ich will ein Neues schaffen,
jetzt wächst es auf, erkennt ihr's denn nicht?
    Jesaja 43,18-19

„Tradition ist der lebendige Glaube der Toten, Traditionalismus ist der tote Glaube der Lebenden."
    Jaroslav Pelikan[1]

Wenn man über die Beziehung zwischen Schrift und Tradition nachdenkt, ergibt sich natürlich eine Fülle von Fragen. Ich habe in dem begrenzten Rahmen dieses Beitrags nicht vor, alle diese Fragen zu beantworten. Ich möchte vielmehr drei Gruppen von möglichen Fragen ansprechen und nach jeder Gruppe einige begleitende „Überlegungen" zur betreffenden Gruppe vorlegen.

Die erste Gruppe von Fragen untersucht die Bedeutung und Funktion von Tradition als allgemeines Thema. Diese Fragen werden sich mit dem Gedanken der Tradition nicht nur in religiösen Gemeinschaften befassen, sondern

---

[1] Jaroslav Pelikan: „The Vindication of Tradition", New Haven, 1984, S. 65.

mit Tradition, wie sie in verschiedenartigen Disziplinen, Kulturen und Forschungsbereichen vorkommt. Die zweite Fragengruppe wird Aspekte spezifisch religiöser Traditionen innerhalb der Kirche, das heisst der universalen Kirche, untersuchen. Die dritte Fragenreihe wird den spezifischen Fragen nachgehen, die sich dann stellen, wenn man die Rolle der Tradition innerhalb der spezifisch lutherischen Gemeinschaft untersucht, das heisst aus reformatorischer Sicht. Was hier vorgelegt wird, ist nur eine Auswahl von Themen und Fragen.

ALLGEMEIN AUSGERICHTETE STUDIEN ÜBER TRADITION

Fragen

Wie definieren wir „Tradition" aus kultureller Sicht oder in einem beliebigen Forschungsbereich aus einer generellen und breiten Perspektive? Sind Traditionen wesensmässig konservativ und resistent gegen Veränderung? Wie entsteht eine Tradition? Was sind die Vorzüge und die Gefahren beim Gebrauch oder Missbrauch von Traditionen? Haben komplexe Traditionen klare Grenzen und eine einheitliche Form unabhängig davon, aus welcher Perspektive wir sie betrachten? Oder haben Traditionen verschwommene, aber erkennbare Grenzen und Formen? Oder verändern sich die Grenzen und Formen komplexer Traditionen vollkommen je nachdem, wer sie betrachtet?

Überlegungen

Der Begriff „Tradition" wird in verschiedenen Disziplinen ganz unterschiedlich benutzt. In den Sozialwissenschaften, wie beispielsweise der Anthropologie, beschreibt „Tradition" meistens etablierte volkstümliche Lebensweisen und gesellschaftliche Bräuche, die ohne explizite oder bewusste Reflexion praktiziert werden und oft durch zeitgenössische Kräfte bedroht werden. In den Bereichen Philosophie, Religion, Naturwissenschaft und Recht beschreibt Tradition einen Komplex von Gedanken und Praktiken, die bewusst ausführlicher als Wissen untersucht und analysiert werden, das interpretiert und manchmal bewusst geändert und von einer Generation zur anderen weitergereicht wird. Doch selbst in diesen Bereichen objektiverer Traditionsanalyse bleibt weiter wirksam, was Michael Polanyi in seiner Wissenschaftsphilosophie beschreibt als „implizites Wissen" („tacit knowledge", manchmal auch als „stilles Wissen" übersetzt) und als Unvermeidbarkeit persönlichen Engagements, die in die menschlichen Wege des Wissens hineinkommen.[2]

---

[2] Mark S. Phillips/Dordon Schochet (Hg.): „Questions of Tradition", Toronto, 2004, S. ix-x.

Einige dekonstruktionistische Theoretikerinnen und Theoretiker betrachten Tradition skeptisch und sind der Meinung, sie funktioniere hauptsächlich als eine autoritative Ideologie, die dazu bestimmt ist, den ‚status quo' und die Stellung derer zu bewahren, die in der Gesellschaft oder in einer Gruppe Macht haben. Von diesen Theoretikern und Theoretikerinnen wird Tradition häufig als „erfundene Tradition" beschrieben, die die Interessen der an der Macht stehenden maskiert und unterstützt.[3] Solche Abhandlungen scheinen manchmal alle Traditionen zusammen über einen Kamm zu scheren, und es gelingt ihnen oft nicht, Traditionalismen, die wirklich repressiv und Macht missbrauchend sind, von positiven lebendigen Traditionen zu unterscheiden, die konstruktiv, kreativ, befähigend und offen sind für neue Gegebenheiten und die Weisheit anderer Traditionen.

Die oft vorgenommene Unterscheidung von „Tradition" gegenüber „Moderne" ist als solche eine falsche Unterscheidung. Der Aufklärungsrationalismus der Moderne wie jedes umfassende Gefüge von Glaubensvorstellungen und Praktiken ist selbst eine Tradition.[4] Bei der Suche nach Wahrheit geht es nicht darum, zwischen Tradition und Modernem zu wählen, sondern darum, welcher Tradition unter miteinander konkurrierenden Traditionen man folgen oder sie unterstützen möchte. Das gilt auch für Gegenüberstellungen wie Tradition gegen Innovation oder Tradition gegen Veränderung. Tradition kann genauso leicht den Anstoss geben zu radikalem Wandel gegenwärtiger Tendenzen wie zur Unterstützung und Erhaltung gegenwärtiger Denkstrukturen oder Praktiken. Der Hermeneutik-Philosoph Hans-Georg Gadamer bekräftigte die Bedeutung fruchtbarer Vorurteile und der Tradition (in enger Verbindung mit der menschlichen Sprache) als ein notwendiges Verstehenselement innerhalb der Humanwissenschaften. Für die Physik stellte Thomas Kuhn die Bedeutung von Paradigmen heraus (als exemplarische Lösungen für einen Kernbereich von Problemen, die als eine Art von Tradition wirken), die die Konsensgrundlage bilden für neue Forschung und Innovation.[5]

Für mich war Delwin Browns Buch „Boundaries of Our Habitations, Tradition and Theological Construction" hilfreich bei der Frage nach der unumgänglichen Rolle der (religiösen, akademischen und kulturellen) Tra-

---

[3] Eric Hobsbawn, Terence Ranger (Hg.): „Invention of Tradition", Cambridge, 1983.

[4] John Michael: „Tradition and Critical Talent", in: *Telos 94*, 1993/94, S. 58.

[5] Thomas Kuhn: „The Essential Tension: Tradition and Innovation in Scientific Research", in: C. W. Taylor (Hg.): „The Third University of Utah Research Conference on the Identification of Scientific Talent", Salt Lake City, 1959. Dies war ein Aufsatz, der seinem später sehr bekannten Buch vorausging: Thomas Kuhn: „Structures of Scientific Revolutions", Chicago, 1962. Vgl. auch: Phillips, Schochet, a.a.O. (Fussnote 2), S. 22-25.

ditionen, die unser Lesen, Denken und Handeln prägen, und nach der Rolle und Funktion eines Kanons verbindlicher Dokumente (sei es ein Schriftkanon oder Glaubensbekenntnisse in verschiedenen religiösen Traditionen).[6] Brown stellt eine Metapher vor, die hilfreich ist, um zu verstehen, wie man über jede komplexe und „dichte" Tradition denken sollte. Wenn man die Astronomie als Metapher benutzt, kann man eine inhaltsreiche Tradition mit einer Galaxie vergleichen, einer Galaxie von Bedeutungen sozusagen. Eine Galaxie ist irgendwo zwischen dem einen Extrem eines Planeten und dem anderen Extrem einer Konstellation angesiedelt. Eine komplexe und tief verwurzelten Tradition ist nicht wie ein einzelner Planet mit einer absolut festgelegten Kreisbegrenzung, der aus jedem Blickwinkel immer gleich aussehen wird, der immer die gleiche runde Gestalt hat, ganz gleich von welchem Beobachtungspunkt im Universum man schaut. Eine komplexe Tradition ist auch nicht wie eine Konstellation von Sternen am Himmel (die von der Erde aus wahrgenommene Sternenanordnung am nächtlichen Himmel, aus der man verschiedene Kreaturen und Figuren erkennen kann – Leo der Löwe, Orion der Jäger, Pisces der Fisch usw.). Konstellationen sind willkürlich und können nur von einem Beobachtungspunkt im Universum gesehen werden, d.h. von der Erde aus, indem man die Punkte einer beliebigen Reihe von Sternen am Himmel miteinander verbindet. Andere hypothetische Beobachter/innen an anderer Stelle im Universum würden nicht die Sternbilder sehen, die ein Erdbewohner sieht.

Brown vertritt die Meinung, dass eine komplexe Tradition (zum Beispiel die Glaubensbekenntnisse oder die lutherischen Bekenntnisschriften) besser vergleichbar ist mit einer Galaxie wie der Milchstrasse. Eine Sternengalaxie hat eine Gestalt und eine gewisse materielle Objektivität, eine Gegebenheit, eine dreidimensionale Dichte. Eine Sternengalaxie übt ihre eigene Anziehungskraft aus, ihren eigenen inneren Drang in Wechselbeziehung mit ihrer eigenen sich verändernden inneren Dynamik und einer wechselseitigen Interaktion mit externen Körpern ausserhalb der Galaxie. Gleichzeitig weist eine Galaxie an den Rändern eine gewisse Verschwommenheit und keine klare Abgrenzung auf. Die Galaxie als Ganze hat eine beständige, aber dynamische dreidimensionale Gestalt, die von vielen Beobachtungspunkten aus gesehen und identifiziert werden kann, sowohl von innerhalb als auch von ausserhalb ihrer selbst. „Zu jedem gegebenen Zeitpunkt", so schreibt Brown, „und aus jeder gegebenen Perspektive hat ein Kanon (oder eine Tradition) eine grobe und praktische

---

[6] Delwin Brown: „Boundaries of Our Habitations: Tradition and Theological Construction", Albany (New York), 1994, S. 75-76.

Einheit, wenngleich diese Einheit aus unterschiedlichen Perspektiven immer unterschiedlich gestaltet ist."[7]

So kann eine dichte, komplexe Tradition zugänglich sein für ein gewisses Mass an annähernd objektiver Beschreibung, die zahlreiche Beobachter und Beobachterinnen derselben Galaxie von verschiedenen Beobachtungspunkten des Universums teilen. Andererseits wird deren Interpretation (die spezifische Sicht der einzelnen Beobachter und Beobachterinnen) teilweise auch von dem Beobachtungspunkt abhängig sein. Die Sicht des/der einzelnen Beobachter/in wird zum Teil abhängig sein von dem Netz anderer Traditionen, in denen er/sie steht und durch das er/sie die gegebene komplexe Tradition interpretiert. Er/sie sieht denselben Wirbel der Milchstrasse wie andere Beobachterinnen und Beobachter, aber aus einer anderen Perspektive.

TRADITION UND DIE UNIVERSALE KIRCHE

Fragen

Wenn wir von der Tradition der universalen oder „katholischen" Kirche sprechen, was ist dann die rechte Beziehung zwischen Schrift und Tradition der Kirche? Sollten wir eigentlich von *einer* wahren apostolischen Tradition sprechen, wie es in den frühen patristischen Quellen steht? Was machen wir dann mit den vielfältigen verbindlichen Traditionen angesichts der vielen denominationellen und theologischen Spaltungen und Verschiedenheiten innerhalb der universalen Kirche? Wie verstand die frühe Kirche die Glaubensregel? Wie funktionierte sie? Ist sie für uns heute von Bedeutung? Erfordert der rechte Gebrauch der Schrift der Kirche und ihrer Bekenntnistraditionen auch ein starkes Bischofsamt mit Bischöfinnen und Bischöfen, deren Hauptaufgabe darin besteht, das Festhalten an der Tradition, die rechte Predigt und Verwaltung der Sakramente sicherzustellen? Muss ein menschliches Gremium oder eine Gruppe (Bischöfe, theologische Kommissionen) als Polizei oder Richter handeln, damit die Tradition in der Kirche als Richtschnur wirksam wird?

Überlegungen

In den frühen Jahrhunderten der Kirche wirkte die „Glaubensregel" als Richtschnur für Glauben und Auslegung, um Rechtgläubigkeit zu bewahren und häretische Glaubensvorstellungen zu vermeiden. Die meisten Wissen-

---

[7] Ebd., S. 76.

schaftlerinnen und Wissenschaftler würden die Entwicklungslinie des Begriffs einer „Regel" zurückführen auf Paulus und seine Verwendung des Substantivs κανων in Galater 6,16 („Regel" [bei Luther „Massstab" – Anm. d. Übers.], derselbe griechische Begriff, der später mit dem „Kanon" der Schrift verbunden wurde). In Galater 6 spricht Paulus davon, dass es für die Galater notwendig sei, sich allein „des Kreuzes unseres Herrn Jesus Christus" zu rühmen und diesem zu trauen. „Denn weder Beschneidung noch Unbeschnittensein bedeutet etwas, sondern eine neue Schöpfung ist alles. Und alle, die sich nach diesem Massstab (κανόνι) richten – Friede und Barmherzigkeit über sie und über das Israel Gottes!"[8]

Irenäus (zweites Jahrhundert) war einer der ersten, die den Begriff „Glaubensregel" (Adv. Haer. 1.9.4) ausdrücklich im Sinne eines Massstabs oder einer Norm zur Beurteilung der christlichen Wahrheit benutzten. Auch wenn dies unter einigen Wissenschaftlern und Wissenschaftlerinnen umstritten ist, wurden die Glaubensregel und die Schrift von verschiedenen Kirchenvätern vor dem vierten Jahrhundert mit der Schliessung des neutestamentlichen Kanons eng miteinander verbunden (doch oft auch voneinander unterschieden). Die Glaubensregel oder Wahrheitsregel wurde gleichgesetzt mit dem einen wahren apostolischen Zeugnis, das in den frühen Jahrhunderten der Kirche sowohl in schriftlicher als auch in mündlicher Form überliefert wurde.[9]

In „Canon and Creed" argumentiert Robert Jenson für die wechselseitige Reziprozität zwischen Kanon (Schrift) und Bekenntnis (die formellen katechetisch-taufbezogenen Bekenntnisse der Kirche) auf der einen **und** der weniger formellen Glaubensregel, das eine wahre apostolische Zeugnis der frühen Kirche, auf der anderen Seite:

> Die Glaubensregel, die *regula fidei*, war eine Art gemeinschaftliches linguistisches Bewusstsein des den Aposteln vermittelten Glaubens, das der Kirche für Generationen genügte. Die Gabe des Geistes lenkte die missionarische Verkündigung, gestaltete die Unterweisung, identifizierte Häresie und wirkte im Allgemeinen überall, wo im Leben der Kirche eine kurz formulierte Erklärung des Inhalts des Evangeliums nötig war.
>
> Wir sprechen von „der" Glaubensregel, obwohl kein einheitlicher Text in allgemeinem Gebrauch war und es streng genommen gar keinen Text gab. Die *regula fidei* war zwar auf eine sprachliche Aussage ausgerichtet und abgestimmt, wurde aber als solche nicht schriftlich niedergelegt oder gar memorisiert [...] Die

---

[8] William Farmer: „Galatians and the Second-Century Development of the *Regula Fidei*", in: „The Second Century 4", 1984, S. 143-170.

[9] Jonathan Armstrong: „The Rule of Faith and the New Testament Canon", in: Ronnie Rombs/Alexander Hwant (Hg.): „Tradition and the Rule of Faith in the Early Church", Washington, 2010, S. 47.

altkirchlichen Pastoren und Theologen, die sich auf die Glaubensregel bezogen, [...] lokalisierten die „Regel" des Glaubens dieser Gemeinschaft in ihrem gemeinschaftlichen Selbstbewusstsein.[10]

Obwohl zwischen der Glaubensregel und der Schrift unterschieden wurde, spielte die Schrift eine Rolle, die dem Verständnis der Glaubensregel für spätere christliche Interpreten ähnlich war: „Wir stellen fest, dass die Kirchenväter sich in der auf die Festlegung des neutestamentlichen Kanons folgenden Ära in gleicher Weise auf die kanonischen Schriften beriefen, wie sie sich früher auf die Glaubensregel beriefen.[11]

Neben der frühen Verwendung der Bezeichnung „Glaubensregel" erscheint bei den frühen Kirchenvätern auch der Begriff „Tradition" (παραδοσιϛ). In Everett Fergusons Studie über den Begriff „Tradition" in alten jüdischen, griechischen und lateinischen Schriften wie auch in frühen christlichen Schriften ergab sich die folgende Liste mit acht möglichen Bedeutungen von „Tradition":

- Im aktive Sinne das Weitergeben [Prozess]
  1. Weitergabe von Gegenständen
  2. Übergabe, Verrat, Preisgabe von Personen oder eines Ortes
  3. Weitergabe von Lehre, insbesondere durch Philosophen

- In der passiven Bedeutung des Weitergegebenen [Inhalt]
  4. Jeder Informationsgegenstand
  5. Bräuche der Vorfahren
  6. Jüdische Auslegungen und Anwendungen der Torah-*halakah* [mündlich überlieferte Torah neben der schriftlichen Torah]
  7. Die christliche Botschaft – von Gott, Christus oder den Aposteln
  8. Apostolische oder kirchliche Praktiken – liturgische, organisatorische und disziplinäre
  9. Falsche oder häretische Lehre
  10. Inhalt unabhängig vom Kontext (Verschiedenes)

Ferguson schliesst seine Studie mit folgender Feststellung:

Weder Paradosis noch Tradition scheinen in der frühesten christlichen Literatur ein Fachbegriff gewesen zu sein [...] Selbst wo Tradition in einem theologischen Kontext erscheint, gibt es vor dem vierten Jahrhundert weder einen spezifischen Inhalt noch eine festgelegte Überlieferungsform [mündlich gegenüber schriftlich]. Die frühesten christlichen Autoren benutzen Tradition in sehr vielfältigen Kontexten und mit un-

---

[10] Robert Jenson: „Canon and Creed", Louisville, 2010, S. 15.
[11] Armstrong, a.a.O. (Fussnote 9), S. 45-46.

terschiedlichen Bedeutungen [...] Tradition gewann in einem polemischen Kontext Bedeutung, zunächst als Reaktion auf gnostische Behauptungen und dann in innerkirchlichen Konflikten [...] Doch bei vielen strittigen Fragen war sie ein zweischneidiges Schwert, wobei beide Seiten die Tradition zu ihren Gunsten beanspruchten. Wo dies nicht möglich war (wie bei Cyprian in der Kontroverse über die Wiedertaufe), wurde die Tradition anderen Massstäben untergeordnet [Vernunft, Brauchtum und dergleichen].[12]

Die Konzilien und die formellen Bekenntnisse der Kirche, zu denen es in den nachfolgenden Jahrhunderten kam (z. B. das Apostolische Glaubensbekenntnis, das Nizänischen Glaubensbekenntnis, das Athanasianische Bekenntnis und deren Vorläufer), festigten das, was die sich entwickelnde Tradition der Kirche genannt werden könnte. Neben den Schriften des Alten und Neuen Testaments und den Glaubensbekenntnissen gab es Sammlungen von Auslegungen durch die Kirchenväter. Die Standardsammlung dieser Auslegungen war die Zusammenstellung von Erläuterungen oder Kommentaren, die im Mittelalter entstanden waren. Sie wurde *glossa ordinaria* (Sammlung von Bibelauslegungen) genannt und war auf die Ränder der Seiten der Vulgata-Bibel geschrieben. Luther zog die *Glossa* regelmässig zu Rate und setzte sich damit in seiner eigenen Schriftauslegung auseinander.[13]

Die Kirchen haben im Laufe der Jahrhunderte weiterhin als Teil ihrer sich ausweitenden Tradition Glaubensbekenntnisse und Bekenntnisschriften verfasst. In der Tat ist das Verfassen von Bekenntnissen und Glaubenserklärungen ein typisches Element der christlichen Tradition, das von den meisten anderen Weltreligionen nicht geteilt wird. Juden und Jüdinnen sind mehr als 3.000 Jahre mit dem einfachen Bekenntnis des *Sch'ma* ausgekommen: „Höre, Israel, der HERR ist unser Gott, der HERR allein." Muslime und Muslima sind seit Jahrhunderten vereint durch das schlichte Bekenntnis: „Es gibt keinen Gott ausser Allah, und Mohammed ist sein Prophet." Sie genügen als gemeinsame Erklärungen des Glaubens. Das gilt jedoch nicht für das Christentum. Der Yale-Historiker Jaroslav Pelikan war an der Sammlung und Herausgabe von vier Bänden christlicher Glaubensbekenntnisse und Bekenntnisschriften von der alten bis in die moderne Zeit beteiligt.[14] Sein Herausgeberteam sammelte über 2.000 solcher Bekenntnisse, hatte für die Veröffentlichung aber nur Platz für etwa 200 Glaubensbekenntnisse und Bekenntnisschriften in vier Bänden. In einem Interview über das Projekt machte Pelikan folgende drei interessante Beobachtungen:

---

[12] Everett Ferguson: „Paradosis and Traditio: A Word Study", in: Rombs/Hwant, a.a.O. (Fussnote 9), S. 4 u. 28.

[13] Karlfried Froehlich: „Martin Luther and the Glossa ordinaria", in: *Lutheran Quarterly 23*, 2009, S. 29-48.

[14] Jaroslav Pelikan/Valerie Hotchkiss (Hg.): „Creeds and Confessions of Faith in the Christian Tradition", New Haven, 2003.

1) „Die einzige Alternative zur Tradition ist schlechte Tradition."

2) [Auf den Verweis des Interviewers auf eine Bemerkung, die Pelikan in einem der Bände gemacht habe, dass es einer der bemerkenswertesten Aspekte der Arbeit als Herausgeber dieser Sammlung verschiedener Bekenntnisse gewesen sei, die „durchgängigen Wiederholungen" in all diesen Bekenntnissen zu beobachten, antwortete Pelikan mit folgender Bemerkung]: „Sie sollten einmal versuchen, sie alle in einigen wenigen Wochen Korrektur zu lesen, wie wir es taten, dann entdecken Sie, wie sehr sie sich einfach wiederholen – und dann fragen Sie sich: Habe ich das nicht schon gestern gelesen?"

3) [Der Interviewer bemerkte: „Es ist so interessant, weil ich meine, dass man dann, wenn man hört, dass es Tausende von Bekenntnissen gibt, davon ausgeht, dass jeder es immer anders macht, aber das stellt man gerade nicht fest. Aber ich möchte noch kurz auf ein Bekenntnis eingehen, das – wie ich spüre – Ihnen besonders am Herzen liegt, nämlich jenes Bekenntnis vom Maasai-Stamm in Afrika, das um 1960 von der ‚Congregation of the Holy Ghost' in Ostnigera geschrieben wurde." Darauf antwortet Pelikan:] „O ja...Wie die meisten Glaubensbekenntnisse ist es nach dem dreifachen Muster von Vater, Sohn und Heiligem Geist aufgebaut und erwächst aus der Erfahrung der Christinnen und Christen in Afrika. [Ein Teil davon lautet:] ‚Wir glauben an einen hohen Gott, der aus Liebe diese schöne Welt schuf. Wir glauben, dass Gott sein Versprechen erfüllte, indem er seinen Sohn, Jesus Christus, sandte, einen Menschen im Fleisch, einen Juden nach seinem Stamm, der in einem kleinen armen Dorf geboren wurde, der sein Zuhause verliess und immer auf Safari war, um Gutes zu tun, Menschen durch die Kraft Gottes zu heilen, über Gott und den Menschen zu lehren und zu zeigen, dass der Sinn von Religion Liebe ist. Er wurde von seinem Volk abgelehnt, gefoltert und mit Händen und Füssen ans Kreuz genagelt und ist gestorben. Er wurde in einem Grab begraben, doch die Hyänen berührten ihn nicht, und am dritten Tag stand er aus dem Grab auf."

„Das Nizänischen Glaubensbekenntnis wie auch das Apostolische Glaubensbekenntnis gehen direkt von ‚geboren von der Jungfrau Maria' über zu ‚gelitten unter Pontius Pilatus'. Und die ganze Geschichte in den Evangelien [...] wird einfach übersprungen. [...] Man geht von Alpha zu Omega. Und hier sieht man: Er wurde geboren, wie es im Bekenntnis heisst, er verliess sein Zuhause – darüber sagen die Glaubensbekenntnisse nichts –, und er war immer auf Safari in Afrika. Als ich das zum ersten Mal las, kam eine meiner Studentinnen, die Mitglied eines religiösen Ordens gewesen war, zu mir. Sie war eine Schwester in einem Krankenhaus in Ostnigeria gewesen und hatte dort dieses Glaubensbekenntnis in ihrer Liturgie mitgesprochen. Und so brachte sie es mir und mich schauerte. Einfach der Gedanke, dass die Hyänen ihn nicht berührten, und diese herausfordernde Haltung – Gott lebt auch trotz der Hyänen. Aber es ist ein gutes Beispiel für jenes

Modell, das ich früher schon zitierte, nämlich dass es nicht genug ist, Afrika zu christianisieren. Wir müssen das Christentum afrikanisieren."[15]

Pelikans drei Kommentare unterstreichen drei wichtige Einsichten in das Wesen der Tradition. Erstens sind Menschen traditionsgebundene Geschöpfe, die die Wirklichkeit unvermeidlich aus der Perspektive der Traditionen betrachten (oft vielfältige, miteinander konkurrierende Traditionen, die aus vielen Quellen stammen), von denen einige fruchtbar und gut sein können und einige von Zeit zu Zeit kritische Überprüfung erfordern. Zweitens hat die christliche Tradition in ihrer Ausbreitung und Neuformulierung von Glaubensbekenntnissen und Bekenntnisschriften im Laufe eines langen Zeitraums (Jahrhunderte und Jahrtausende) und eines grossen geographischen Raums (jede grosse Region der Welt) eine bemerkenswerte Beständigkeit behalten. Die christliche Tradition hat eine Schwerkraft, eine materielle Wirklichkeit, die ein beachtliches Durchhaltevermögen in Zeit und Raum bewiesen hat. Drittens wirkt eine solche Wiederholung und Beständigkeit der christlichen Tradition neben der Notwendigkeit einer starken – sprachlichen, kulturellen und historischen – Übersetzung und Inkarnation in die jeweiligen Idiome, Metaphern und Realitäten der konkreten Kontexte, in die das christliche Evangelium hineingeht. Diese letztere Einsicht gehört zu dem, was der christliche Missionswissenschaftler Andrew Walls das „Übersetzungsprinzip" in der christlichen Geschichte nennt, die Fähigkeit des Christentums, am stärksten in einem Umfeld zu gedeihen, in dem sein Evangelium in neue Kulturen, Sprachen und Kontexte übersetzt werden muss.[16]

TRADITION IN DER LUTHERISCHEN TRADITION

Fragen

Wenn wir unsere Perspektive noch weiter verengen und nur die lutherische kirchliche Tradition in den Blick nehmen, stellt sich die Frage, was die lutherische Tradition neben der Heiligen Schrift ausmacht und was wir neben der Heiligen Schrift hochhalten? Ist es der Grosse und der Kleine

---

[15] Mitschrift eines Interviews mit Jaroslav Pelikan in Krista Tippets „On Being", National Public Radio, 20. März 2008, erneute Sendung eines Interviews von 2006, **http://being.publicradio.org/programs/pelikan/transcript.shtml**.

[16] Andrew Walls: „The Translation Principle in Christian History", in: Philip Stine (Hg.): „Biblical Translation and the Spread of the Church: The Last 200 Years", Leiden, 1990, S. 24-39.

Katechismus, die Augsburger Konfession, die lutherischen Bekenntnisschriften? Gehören zur Tradition auch die Kirchenlieder der lutherischen Tradition? Soll Tradition nicht nur verkündigen und in Prosa erklären, sondern auch singen und Poesie rezitieren? Gehören die Form der Liturgie, die Verwaltung der Sakramente und andere spezifische Gemeindepraktiken ebenfalls zu unserer gemeinsamen lutherischen Tradition, und wenn ja, welche Rolle spielen diese Elemente neben anderen?

Welche Funktion hat die Tradition für Lutheranerinnen und Lutheraner im Licht der Prinzipien der Reformation, *sola scriptura* (die Schrift allein) und *sacra scriptura sui ipsius interpres* (die Heilige Schrift ist selbstauslegend oder die Schrift legt sich selbst aus)? In welcher Weise, wenn überhaupt, sollten die nachbiblische Auslegungsgeschichte, die Glaubensbekenntnisse der Kirche und die Bekenntnisse anderer kirchlicher Traditionen das Lesen und Auslegen der Schrift leiten? Haben Lutheranerinnen und Lutheraner innerhalb der universalen Kirche eine besondere Verantwortung, ein spezifisches, solides und gemeinsames lutherisches Bekenntnis deutlich zu formulieren als ihren einzigartigen und wichtigen Beitrag zum ökumenischen Gespräch? Sollten Lutheraner und Lutheranerinnen bei theologischen Formulierungen in anderen intellektuellen Disziplinen (z. B. Neurologie, Psychologie, Astrophysik, Sozialwissenschaft, Studien über die sich ausweitende Digital- und Internettechnologie und dergleichen) nach weisen Einsichten suchen und unsere lutherische Tradition im Dialog mit diesen Traditionen anpassen und umgestalten? Wie entscheiden wir, woran wir festhalten und was wir loslassen? Werden die wachsende Demokratisierung von Wissen und Möglichkeiten der Zusammenarbeit durch die wachsende Nutzung der Digitaltechnologie und des Internets eine Auswirkung haben auf die Form und Rolle der lutherischen Tradition?

Überlegungen

Hier möchte ich einfach eine Reihe hilfreicher oder provokativer Zitate und Prinzipien auflisten, die Anstösse geben können für unser Nachdenken über Schrift und Tradition bei Luther und in der lutherischen Kirche.

Das protestantische Prinzip der sola scriptura („Die Schrift allein") verstanden innerhalb eines trinitarischen Rahmens. Das protestantische Prinzip der *sola scriptura* ging nicht von der Behauptung aus, dass die Schrift losgelöst von jeder konfessionellen Tradition ausgelegt werden sollte. *Sola scriptura* setzte den Gebrauch der christlichen Tradition als Leitfaden der biblischen Auslegung voraus. Luther schrieb die Katechismen als Anleitung zum Gebrauch der Schrift. Wie Gerhard Ebeling erklärt, bekräftigt *sola scriptura*, dass die durch die Schrift vermittelte primäre Autorität die konkrete Begegnung mit der Person Jesu Christi durch die ortsgebundene und mündliche Verkündigung der Schrift ist.

> [...die Art und Weise verschiedener Verkündigungs- und Lehrtraditionen,] „von denen keine einzige einfach als das *traditum tradendum* ausgegeben werden kann, lässt gerade auf das Entscheidende achten: Nicht eine fixierte Lehre, nicht ein Gesetz, nicht ein Offenbarungsbuch, vielmehr die Person Jesu selbst als das fleischgewordene Wort Gottes und darum als die Autorisation von Evangelium, von Geschehen vollmächtigen Wortes des Glaubens ist der Inbegriff dessen, was zu überliefern ist, und entsprechend der Heilige Geist als Gottes Gegenwart im Glauben schaffenden Wort der Verkündigung." In dieser Begegnung offenbart sich das Evangelium „nicht nur als Freiheit von falschem Gebrauch, sondern auch und vor allem zu rechtem Gebrauch von Traditionen".[17]

„Christus allein" ist das „die Schrift allein" tragende vorgeordnete Prinzip. David Lotz hat mit Recht festgestellt, dass *solus Christus* die Voraussetzung und das Fundament von *sola scriptura* ist.[18] Die in der Gemeinschaft verkündigte Schrift ist der Ort, an dem der lebendige Christus der Kirche in der Verwaltung von Wort und Sakrament begegnet.

Luther vertraute darauf, dass Gott die wahre Kirche und die authentische Tradition inmitten der gebrochenen Vorstellungen von beiden bewahren würde. Najeeb George Awad erklärte, dass

> Luther daran glaubte, dass Gott die wahre Kirche trotz des irrenden Wesens der sichtbaren Kirche auf wunderbare Weise bewahren kann inmitten ihres gebrochen sichtbaren Bildes. Dasselbe gilt für Luthers Vorstellung von Tradition und seine Bekräftigung von guten und authentischen Elementen in dieser. Diese Elemente gibt es in der Tradition, weil Gott auch in der Lehre, die die Kirche von einer Generation an die nächste weitergibt, eine Heilsbotschaft bewahren kann. Aufgrund dieser Überzeugung hatte Luther kein Problem damit, mit der Wahrheit des Glaubens verbundene Elemente aus der „kirchlichen Tradition" zu übernehmen.[19]

Luthers erklärte Absicht war nicht, etwas Neues einzuführen, sondern die wahre frühchristliche Tradition wiederzugewinnen. David Steinmetz erklärt in einem Aufsatz über Luthers Schrift „Über die Konzilien und die Kirche" (1539), dass

---

[17] Gerhard Ebeling: „‚Sola scriptura' und das Problem der Tradition", in: „Wort Gottes und Tradition", Göttingen, 1964, S. 141f.

[18] David Lotz: „Sola Scriptura: Luther on Biblical Authority", in: *Interpretation 35*, 1981, S. 258-273.

[19] Najeeb George Awad: „Should We Dispense with Sola Scriptura? Scripture, Tradition and Postmodern Theology", in: *Dialog 47*, 2008, S. 70.

sowohl Luther als auch Calvin die Vorstellung ablehnten, dass protestantische Reformatoren theologische Erneuerer sind, die einen 1500-jährigen Konsens in der christlichen Lehre zerbrochen haben. Im Mittelalter wurden von der katholischen Kirche Erneuerungen eingeführt, die in der frühesten Kirche nicht zu finden waren [...] Was die Protestanten versuchen wollten (zumindest nach ihrem Verständnis) ist, die Kirche davon zu überzeugen, ihre Faszination im Blick auf die theologischen und kirchenrechtlichen Erneuerungen des späten Mittelalters loszulassen und zur Schrift und zu den Vätern zurückzukehren, zur Schrift als dem verbindlichen Text und den Vätern als hilfreichen Interpreten (nicht unfehlbar, aber weitaus besser als die Scholastiker).[20]

Luthers exegetischer Optimismus im Blick auf die Klarheit der Schrift. In einer Studie über die Auffassungen Luthers und Calvins von Schrift und Tradition kommt David Steinmetz zu dem Schluss, dass

sowohl Luther als auch Calvin den exegetischen Optimismus, der den frühen Protestantismus prägte, widerspiegeln. Für eine kurze Zeit waren Protestanten der Meinung, dass es möglich sei, eine Theologie zu schreiben, die durchweg biblisch ist und alle philosophischen und spekulativen Fragen ausschliesst. Innerhalb eines Jahrzehnts wurde klar, dass eine solche Hoffnung nicht gut begründet war. Dennoch blieben die Protestanten optimistisch im Blick auf die Klarheit der Schrift und die Einfachheit und Überzeugungskraft der in ihr enthaltenen Wahrheit. Die Protestanten waren nicht auf interne Meinungsverschiedenheiten innerhalb des Protestantismus vorbereitet, als die gründliche Exegese einer Gruppe von gottesfürchtigen und gelehrten Männern mit der Exegese einer anderen Gruppe von gleichermassen gottesfürchtigen und gelehrten Männern zusammenstiess.

Im Grossen und Ganzen scheinen Luther und Calvin geglaubt zu haben, dass gute Exegese eine schlechte vertreiben wird, und sie erweisen sich nicht als sehr hilfreich im Blick auf Vorschläge für einen praktischen Mechanismus zur Versöhnung bei Konflikten [...] Luther und Calvin vertrauen darauf, dass das lebendige und lebende Wort Gottes in jeder Generation Gemeinschaften gehorsamer Hörerinnen und Hörer und Täterinnen und Täter des Worts schaffen wird. Die Einheit, die die Kirche über allen theologischen und dogmatischen Streit hinaus anstrebt, ist die Einheit, die das Wort Gottes selbst schafft durch das Wirken des Heiligen Geistes: „denn Gottes Wort kann nicht ohne Gottes Volk sein, und umgekehrt kann Gottes Volk nicht ohne Gottes Wort sein."[21]

---

[20] David Steinmetz: „Luther and Calvin on Church and Tradition", in: David Steinmetz: „Luther in Context", Grand Rapids, 1995, S. 95.

[21] Ebd., S. 96-97.

Luther selbst war in mehrere (christliche, philosophische, methodologische und kulturelle) „Traditionen" eingebunden und bezog sich in seiner Arbeit auf diese.

Die Luther-Forscherin Christine Helmer beschreibt die vielfältigen Einflüsse auf Luthers Denken, zu denen nicht nur die Schrift, sondern auch andere nicht-biblische Traditionen gehörten, wie folgt:

> Meine Vorstellungen von der Beziehung zwischen Bibel und Theologie haben sich im Laufe der Jahre stark verändert. Ich kann hier mit [der englischen Standardausgabe von] Luthers Werken beginnen. Die ersten dreissig Bände befassen sich mit Luthers Bibelauslegung. Seine Werke über Theologie und Pastoraltheologie beginnen mit Band 31. Doch wenn man die deutsche Ausgabe von Luthers Werken, die Weimarer Ausgabe, betrachtet, ist die Reihenfolge mehr oder weniger chronologisch. In die englische Übersetzung der Werke Luthers wurde also das „Vorurteil" eingearbeitet, dass die exegetischen Kommentare die Grundlage seiner auf die Bibel gegründeten Theologie sind. Das jedoch ist ein Vorurteil, das im Blick auf Luther, aber auch im Blick auf die Art und Weise, wie die Bibel in neueren Zusammenhängen kontextualisiert und konzeptualisiert wird, kritisch überprüft werden muss.[22]

Helmer weist auch auf die Bedeutung anderer wichtiger Mitgestalter der Theologie Luthers und der Art seiner Schriftauslegung hin:

> Ich denke, wir müssen Luthers Auslegung der Bibel als komplexe Matrix verstehen. Erstens spielt Philosophie in Luthers Schriftauslegung eine sehr grosse Rolle. Man nehme nur einmal seine Liebe zu bestimmten Bibelstellen, die eine Symmetrie in Gott hervorheben. Gott ist derjenige, der „aufbaut und zerstört". „Gott liebt Jakob und hasst Esau." Die theologische Weite, die Luther in seine Lehre von Gott hineinbringt, ist mehr als das, was er dem prophetischen Corpus der Bibel entnommen hat. Luther interpretiert die göttliche Symmetrie durch seine eigene geistige Bildung in der Kunst der Disputation. Eine durch Disputation erworbene Logik in binären Gegenüberstellungen. Doch bei meiner Erforschung der göttlichen Allmacht, die Luther definiert als die göttliche Fähigkeit, zu schaffen und das Geschaffene zu zerstören, entdeckte ich, dass Luther diese Definition von William of Ockham übernommen hat. Dies führt zu der Frage, welche philosophischen Mittel und Quellen Luther für seine Bibelauslegung benutzte.[23]

---

[22] Ein Interview mit Christine Helmer über das Buch „The Global Luther: A Theologian for Modern Times", Minneapolis, 2009, das englische Original ist zu finden unter: **www.fortressforum.com/profiles/blogs/an-interview-with-christine-1**
[23] Ebd.

Zu einem weiteren wichtigen Aspekt von Luthers Durchbruch in der Bibelauslegung gehörten seine Übersetzungen aus den ursprünglichen biblischen
Sprachen, die im Vergleich zu den zu seiner Zeit üblichen traditionellen
lateinischen Vulgata-Übersetzungen neue Möglichkeiten der Bedeutung
eröffneten. Die Vulgata gründete auf der griechischen Septuaginta und nicht
auf der ursprünglicheren hebräischen Fassung des Alten Testaments. Luther
verwendete sorgfältige Philologie und Übersetzung, um durch seine Übersetzung des biblischen Textes wichtige theologische Aussagen zu machen:

> Luther nahm grössere Anpassungen an der christlichen Bibel vor. Er übersetzte
> die Bibel aus dem ursprünglichen Griechischen und Hebräischen statt aus der
> lateinischen Vulgata, wie es zu seiner Zeit üblich war. Mit der Hinwendung zum
> massoretischen Text als die hebräische Grundlage für seine Bibelübersetzung
> machte Luther diesen Text kanonisch und ersetzte damit die Kanonizität der
> griechischen Septuaginta (die Grundlage der lateinischen Vulgata). Ausserdem
> nutzte er die kritische Ausgabe des griechischen Neuen Testaments von Erasmus
> und forderte die damaligen Hebraisten auf, seine Übersetzung des Alten Testa-
> ments zu verbessern. Die Übersetzung theologischer Fragen ist eng verbunden
> mit Fragen der Grammatik und der Syntax [...][24]

Diese Beachtung von Details der Grammatik und der Syntax führte Luther zu
neuen Einsichten im Blick auf die Frage, wie die Schrift von sich selbst weg
und zu dem Bezugspunkt hinzeigt, der Christus ist. Wenn Christus der wahre
Bezugspunkt und die wahre Bedeutung der Schrift ist, dann sei man um der
wahren Referenz Christus frei, bestimmte Teile der Schrift zu kritisieren oder
abzulehnen. Gleichzeitig können wir dem lebendigen Christus jedoch nur
durch die Verkündigung des durch die Schrift vermittelten Wortes begegnen.

**Eine Warnung, Luther zu einer versteinerten oder legalistischen Tra-
dition zu machen.** Wenn der wahre Bezugspunkt der Schrift der lebendige
Christus ist, erinnert uns Christine Helmer, dann sollten wir nicht Luthers
eigene Worte zu einem starren Traditionalismus machen, der hauptsächlich
dazu dient, die Vergangenheit zu bewahren. Helmer stellt fest, dass

> ein ehrlicher Blick auf Luthers Einfluss auf verschiedene Bereiche Spannungen, Konflikte
> und Unstimmigkeiten – ich würde sogar sagen Ambivalenz – aufzeigt. Das Beispiel von
> Luthers starkem Einfluss auf die deutsche Sprache ist ein typischer Fall. Luther eröffnete
> Möglichkeiten, in vielen Diskursen über religiöse Wirklichkeiten zu sprechen. Er führte
> in seiner Bibelübersetzung den Gebrauch umgangssprachlicher Begriffe ein, und selbst
> seine akademischen Disputationen gingen von einem strengen theologischen Latein über

---

[24] Ebd.

zu einem Latein, das reich an neuartigen Formulierungen und Ausrufen war. Was Luther uns damit lehrt ist, dass religiöses Denken ein sprachlich kreatives Unternehmen ist. Wenn Theologie ein lebendiges Unternehmen sein soll, ist dies wesensmässig mit der Schaffung einer neuen und lebendigen Sprache verbunden. Zur Ambivalenz kommt es, wenn spätere Generationen von Luther-Fans seine Sprache, insbesondere spezifische Formulierungen, als autoritativ verhärten, ohne die Fülle von Worten zu beachten, die er benutzte, um eine religiöse Wirklichkeit zu beschreiben. So wird der Appell an Luther als einen Verbündeten für „Schrift und Tradition" zu einem Appell, in einem historischen Diskurs gefangen zu bleiben, statt Fragen zu stellen, was dieser Diskurs für uns heute bedeuten könnte. Diese Ambivalenz entsteht, wenn Luthers eigene lebendige Sprache in einen autoritativen Diskurs verkehrt wird und als autoritativ zum Massstab und zur Norm statt zu einem lebendigen Gespräch wird.[25]

Die Rolle der Tradition innerhalb der Schrift selbst: Beispiele aus dem Alten und Neuen Testament

Das Studium der vielfältigen Traditionen, die zusammengeführt wurden, um die Bücher der Bibel zu bilden, liefert uns als solches eine innerbiblische Fallstudie darüber, wie Traditionen im Laufe der Zeit in neuen Kontexten sowohl bewahrt als auch verändert und sogar erfunden werden. So liefern zum Beispiel neuere Studien, die die verschiedenen Rechtskodices vergleichen, die innerhalb der jetzigen Form des Pentateuchs, den ersten fünf Büchern der Bibel (Genesis – Deuteronomium) nebeneinander bestehen, anschauliche Beispiele dafür, wie sich Rechtstraditionen innerhalb der Bibel entwickelt haben. Der Bibelwissenschaftler David Wright erklärt in einer neueren grossen Studie, dass der früheste Rechtskodex in der Bibel, das sogenannte Bundesbuch in Exodus 20,22-23,19 wahrscheinlich von einem israelitischen Schriftgelehrten geschrieben wurde, der in der akkadischen Sprache ausgebildet war, einer Fachsprache der Schriftgelehrten, die von dem damals regierenden assyrischen Reich benutzt wurde. Der Schriftgelehrte adaptierte den biblischen Rechtskodex aus Abschriften einer älteren Rechtsordnung, den altbabylonischen Gesetzen von König Hammurabi, die erhalten geblieben waren und über Jahrhunderte weitergegeben wurden, auch innerhalb Assyriens. Bemerkenswerte Parallelen zwischen den Gesetzen Hammurabis und den biblischen Gesetzen des Bundesbuches lassen auf eine literarische Abhängigkeit schliessen. Es gibt jedoch auch bedeutende Unterschiede, die zurückgehen auf Unterschiede in der Religion (mesopotamischer Polytheismus im Gegensatz zu israelitischer Verehrung des einen Gottes allein) oder Unterschiede in den Identitätserzählungen (allgemeine Sorge für Gerechtigkeit für die „Schwachen" in Hammurabis Kodex

---

[25] Ebd.

im Unterschied zu dem besonderen Anliegen für „im Ausland Lebende" oder „Fremdlinge", was sich ergibt aus Israels Erfahrung und seiner Kernidentität, Fremdlinge als Sklaven in Ägypten zu sein; Exodus 22,20 – „Die Fremdlinge sollst du nicht bedrängen und bedrücken; denn ihr seid auch Fremdlinge in Ägyptenland gewesen"). So bildete eine „Tradition" von ausserhalb der Kultur des alten Israel die Grundlage für Israels besonderen Bundeskodex (Bundesbuch), der grosse Teile der mesopotamischen Tradition bewahrte und sie doch für seinen eigenen Kontext und seine eigenen ideologischen Ziele anpasste und revidierte als ein Akt des Widerstands gegen die assyrische imperiale Herrschaft über Israel oder Juda im späten achten oder frühen siebenten Jahrhundert vor Christus.[26]

Ein zweiter grosser Schritt in der Entwicklung der Rechtstraditionen des Pentateuchs kam mit der Überarbeitung und Neuinterpretation der Gesetze des Bundesbuchs durch einen Verfasser oder eine kleine Gruppe von Verfassern, die für die Formulierung des Gesetzeskodex in Deuteronomium 12-26 verantwortlich waren und einige der Gesetze abänderten, damit sie den Bedürfnissen einer neuen Zeit und eines neuen Kontextes im alten Israel entsprachen. So setzt das Bundesbuch zum Beispiel eine Vielzahl von Opferstätten und Altären im ganzen Land voraus (Exodus 20,23-26). Im Gegensatz dazu bestehen die Gesetze in Deuteronomium darauf, dass Israel nur eine zentrale Gottesdienststätte im ganzen Land Israel haben sollte, vermutlich den Tempel in der Stadt Jerusalem. Obwohl Jerusalem in Deuteronomium nicht genannt wird, wird angenommen, dass dies „die Stätte [ist], die der Herr, euer Gott, erwählen wird aus allen euren Stämmen, dass er seinen Namen daselbst wohnen lässt" (Deuteronomium 12,5). Diese und viele weitere subtile Veränderungen richten Israels Gesetze auf neue Weise aus; die Tradition wird weitergeführt, aber auch verändert.[27]

Ein drittes Stadium in der Entwicklung von Bewahrung und Neuinterpretation dieser biblischen Gesetzestraditionen ist kürzlich von Jeffrey Stackert untersucht worden. Er zeigt, wie bestimmte Gesetze im Heiligkeitsgesetz in Levitikus 17-26 Gesetze aus dem Bundesbuch in Exodus 20-23 und Gesetze aus Deuteronomium 12-26 wiederholen und revidieren, um eine neue Gesetzesordnung mit einer eigenen spezifischen Perspektive und Ideologie zu schaffen. Die Tradition wird in gewissem Masse bewahrt, doch es werden auch Erfindung und Veränderung in die Tradition eingefügt.

Eine spätere Erzählung in Numeri 27,1-11 bietet in der Geschichte von den Töchtern Zelofhads eine ausdrückliche Rechtfertigung genau für eine

---

[26] David Wright: „Inventing God's Law: How the Covenant Code of the Bible Used and Revised the Laws of Hammurabi", New York, 2009, insb. S. 3-30 u. 286-321.

[27] Bernard Levinson: „Deuteronomy and the Hermeneutics of Legal Innovation", New York, 1997.

solche rechtliche Neuerung und Neuinterpretation. Der Vater Zelofhad stirbt, bevor er in der Lage ist, seinen zugesprochenen Anteil am Landbesitz der Familie im Lande Kanaan zu erben. Er stirbt auch auf der Wanderung Israels durch die Wüste, ohne Söhne oder männliche Erben zu haben. Üblicherweise ist es Brauch, dass nur Söhne Land erben, doch die Töchter Zelofhads treten dafür ein, dass sie das Land erben sollten und nicht entfernte männliche Verwandte. Moses ist ratlos, denn in der Tradition trifft kein Gesetz auf diesen besonderen Fall zu, und so bringt Moses den Fall zur Entscheidung vor den Herrn. Der Herr stimmt den Töchtern zu: Sie sollten das Land ihres Vaters erben, obwohl die frühere Praxis das Erben von Land allein auf männliche Erben begrenzt hatte. Die Geschichte zeigt, dass die Bibel selbst anerkennt, dass Tradition lebendig, flexibel und offen für neue Auslegungen ist.

Im Neuen Testament wird aus der Bewahrung und dem Einfluss früherer Evangelien (wie Markus) auf spätere Evangelien (wie Matthäus und Lukas) klar, wie weise es ist, die Tradition zu bewahren (Markus als das früheste Evangelium zu behalten) und zugleich die Tradition für neue Kontexte und Verhältnisse anzupassen und zu revidieren (Matthäus und Lukas).

Der Apostel Paulus erkannte in gleicher Weise seine Rolle zum Teil darin, einer zu sein, der die Tradition des Evangeliums, das als eine Tradition von Christus empfangen oder überliefert worden war, weitergibt. Paulus benutzt diesen Anspruch, der Empfänger dieser empfangenen Tradition zu sein, in 1.Korinther 15,3-5 als eine Grundlage zur Stärkung seines Anspruchs auf Autorität als ein echter Apostel neben den anderen Jüngern Jesu:

> „Denn als erstes habe ich euch weitergegeben, was ich auch empfangen habe: Dass Christus gestorben ist für unsre Sünden nach der Schrift; und dass er begraben worden ist; und dass er auferstanden ist am dritten Tage nach der Schrift; und dass er gesehen worden ist von Kephas, danach von den Zwölfen."

Die Neutestamentlerin Oda Wischmeyer argumentiert, dass dieser Text in 1.Korinther 15 ein Beispiel für das ist, was Eric Hobsbawn „erfundene Tradition" nennt, eine Tradition, die benutzt wird, um Autorität oder Macht in Kontexten mit raschem sozialen Wandel und sich entwickelnden neuen Formen der Führung und der Machtausübung aufzuwerten.[28] In ähnlicher

---

[28] Oda Wischmeyer: „‚Invented Traditions' and ‚New Traditions' in Earliest Christianity", in: Anders-Christian Jacobsen (Hg.): „Invention, Rewriting and Usurpation: the Discursive Fight over Religious Traditions in Antiquity", Frankfurt, 2011. Ich danke Professorin Wischmeyer, dass sie mir diesen Aufsatz vor Drucklegung zur Verfügung gestellt hat, und Professorin Eve-Marie Becker, dass sie mich auf diesen Aufsatz aufmerksam gemacht hat. Siehe auch Hobsbawn/Ranger, a.a.O. (Fussnote 3).

Weise tritt Paulus in Galater 1,11-12 nachdrücklich dafür ein, dass er die Evangeliumstradition direkt von Christus empfangen hat:

> „Denn ich tue euch kund, liebe Brüder und Schwestern, dass das Evangelium, das von mir gepredigt ist, nicht von menschlicher Art ist. Denn ich habe es nicht von einem Menschen empfangen oder gelernt, sondern durch eine Offenbarung Jesu Christi."

Meinem Verständnis nach bedeutet die Bezeichnung „erfundene Tradition" einfach, dass Paulus in dieser Kette der Tradition der erste Mensch war; sie wurde ihm nicht durch eine andere Person oder Gemeinschaft weitergegeben. Dies darf nicht als Widerspruch zu der Behauptung des Paulus verstanden werden, dass Christus der Urheber der Tradition war.

Andererseits bezeugt der Apostel Paulus auch Traditionen, die deutlicher in die Kategorie der echten gemeinschaftlichen Traditionen fallen und vorpaulinisch waren, und die Paulus von anderen Gläubigen empfangen hatte, wenngleich Paulus nicht immer die Identität derer angibt, die die Tradition an ihn weitergegeben haben. So gibt Paulus beispielsweise die Tradition der Abendmahlsworte weiter, die ihren Ursprung vor Paulus im Obergemach mit den Jüngern am Vorabend der Kreuzigung Jesu haben. Die Abendmahlsworte blieben von da an in Erinnerung und wurden weitergegeben. „Denn ich habe von dem Herrn empfangen, was ich euch weitergegeben habe: Der Herr Jesus, in der Nacht, da er verraten ward, nahm er das Brot, ..." (1.Korinther 11,23).[29]

Die Art und Weisen, wie die verschiedenen Bücher des Neuen Testaments – seien es die Evangelien oder die Paulusbriefe oder andere neutestamentliche Zeugnisse – im Gegensatz zu verschiedenen jüdischen Anpassungen der hebräischen Bibel oder des Alten Testaments alttestamentliche „Traditionen" benutzen und neu interpretieren, liefern weitere Beispiele für den dynamischen Charakter der Überlieferungsprozesse innerhalb der Bibel selbst, der dann auch in nachbiblischen Interpretationen energisch weitergeführt wurde.

Abschliessend zeigt sich klar, dass das Thema „Tradition" und seine Beziehung zur Schrift aus lutherischer Sicht auch mit Missverständnissen und Infragestellungen verbunden ist. Was hier vorgelegt wird, kann hoffentlich hilfreiche Quelle sein für einen andauernden Dialog über die Entwicklung einer lebendigen und dynamischen biblischen Hermeneutik für unsere Zeit und unseren Kontext. Eine solche Hermeneutik wäre zugleich durch die reichen Quellen der christlichen Tradition geprägt und gleichzeitig offen für die Stimme des lebendigen Gottes in Jesus Christus, der durch den Heiligen

---

[29] Ebd.

Geist wirkt, um „alles neu zu machen" (Offenbarung 21,5). Diese wichtige Spannung zwischen der Bewahrung der Tradition und der Erfindung und Neuinterpretation von Tradition ist eingefangen in dem Doppelgebot von Gott an die jüdischen Exilierten in Babylon in Jesaja 40-55. Auf der einen Seite gebietet Gott: „Gedenkt des Vorigen, wie es von alters her war" (Jesaja 46,9). Auf der anderen Seite mahnt Gott: „Gedenkt nicht an das Frühere und achtet nicht auf das Vorige! Denn siehe, ich will ein Neues schaffen, jetzt wächst es auf, erkennt ihr's denn nicht?" (Jesaja 43,18-19).